职业教育改革创新示范教材

Qiche Dianqi Xitong Weixiu
汽车电气系统维修

(第二版)

陈凡主　尹向阳　**主　编**

许永华　孙永江　黄　斌　**副主编**

人民交通出版社股份有限公司
China Communications Press Co.,Ltd.

内 容 提 要

本书是职业教育改革创新示范教材之一,其主要内容包括:蓄电池的检查和更换、充电警告灯常亮的检修、起动机不转动的检修、火花塞的检查和更换、前照灯不亮的检修、转向信号灯和危险警告灯都不亮的检修、燃油表显示不准的检修、刮水器电动机不转动的检修、电动车窗不工作的检修、电动座椅不能调整的检修、电动后视镜无法调整的检修、中控门锁系统失效的检修。

本书可作为职业院校汽车运用与维修专业的教材,也可供汽车维修及相关技术人员参考阅读。

图书在版编目(CIP)数据

汽车电气系统维修/陈凡主,尹向阳主编. —2版. —北京:人民交通出版社股份有限公司,2016.7
职业教育改革创新示范教材
ISBN 978-7-114-13048-9

Ⅰ.①汽… Ⅱ.①陈… ②尹… Ⅲ.①汽车—电气系统—车辆修理—高等职业教育—教材 Ⅳ.①U472.41

中国版本图书馆 CIP 数据核字(2016)第 117197 号

职业教育改革创新示范教材

书　　名:	汽车电气系统维修(第二版)
著 作 者:	陈凡主　尹向阳
责任编辑:	翁志新　戴慧莉
出版发行:	人民交通出版社股份有限公司
地　　址:	(100011)北京市朝阳区安定门外外馆斜街 3 号
网　　址:	http://www.ccpress.com.cn
销售电话:	(010)59757973
总 经 销:	人民交通出版社股份有限公司发行部
经　　销:	各地新华书店
印　　刷:	北京市密东印刷有限公司
开　　本:	787×1092　1/16
印　　张:	18.25
字　　数:	425 千
版　　次:	2012 年 1 月　第 1 版 2016 年 7 月　第 2 版
印　　次:	2021 年 7 月　第 2 版　第 2 次印刷　总第 4 次印刷
书　　号:	ISBN 978-7-114-13048-9
定　　价:	39.00 元

(有印刷、装订质量问题的图书由本公司负责调换)

职业教育改革创新示范教材编委会

(排名不分先后)

主　　任：刘建平(广州市交通运输职业学校)
　　　　　杨丽萍(阳江市第一职业技术学校)
副 主 任：黄关山(珠海城市职业技术学院)　　周志伟(深圳市宝安职业技术学校)
　　　　　邱今胜(深圳信息职业技术学院)　　朱小东(中山市沙溪理工学校)
　　　　　侯文胜(佛山市顺德区中等专业学校)韩彦明(佛山市华材职业技术学校)
　　　　　庞柳军(广州市交通运输职业学校)　程和勋(中山市中等专业学校)
　　　　　冯　津(广州合赢教学设备有限公司)邱先贵(广东文舟图书发行有限公司)
委　　员：谢伟钢、孟婕、曾艳(深圳市龙岗职业技术学校)
　　　　　李博成(深圳市宝安职业技术学校)
　　　　　罗雷鸣、陈根元、马征(惠州工业科技学校)
　　　　　邱勇胜、何向东(清远市职业技术学校)
　　　　　刘武英、陈德磊、阮威雄、江珠(阳江市第一职业技术学校)
　　　　　苏小举(珠海市理工职业技术学校)
　　　　　陈凡主(中山市沙溪理工学校)
　　　　　刘小兵(广东省轻工高级职业技术学校)
　　　　　许志丹、谭智男、陈东海、任丽(佛山市华材职业技术学校)
　　　　　孙永江、李爱民(珠海市斗门区第三中等职业学校)
　　　　　欧阳可良、马涛(佛山市顺德区中等专业学校)
　　　　　周德新、张水珍(河源理工学校)
　　　　　谢立梁(广州市番禺工贸职业技术学校)
　　　　　范海飞、闫勇(广东省普宁职业技术学校)
　　　　　温巧玉(广州市白云行知职业技术学校)
　　　　　冯永亮、巫益平(佛山市顺德区郑敬怡职业技术学校)
　　　　　王远明、郑新强(东莞理工学校)
　　　　　程树青(惠州商业学校)
　　　　　高灵聪(广州市信息工程职业学校)
　　　　　黄宇林、邓津海(广东省理工职业技术学校)
　　　　　张江生(湛江机电学校)
　　　　　任家扬(中山市中等专业学校)
　　　　　邹胜聪(深圳市第二职业技术学校)
丛书总主审：朱　军

第二版前言
PREFACE TO THE SECOND EDITION

"十二五"期间,人民交通出版社以职教专家、行业专家、学校教师、出版社编辑"四结合"的模式开发出了"职业教育改革创新示范教材",受到广大职业院校师生的欢迎。

随着职业教育教学改革的不断深入,学校对课程、教材的内容与形式提出了更高的要求。《教育部关于深化职业教育教学改革全面提高人才培养质量的若干意见》(教职成〔2015〕6号)中提出:对接最新职业标准、行业标准和岗位规范,紧贴岗位实际工作过程,调整课程结构,更新课程内容,深化多种模式的课程改革。要普及推广项目教学、案例教学、情景教学、工作过程导向教学,广泛运用启发式、探究式、讨论式、参与式教学,充分激发学生的学习兴趣和积极性。根据文件精神,人民交通出版社组织专家和编者,对已出版的"职业教育改革创新示范教材"进行了全面修订,对个别不能完全适应学校教学的教材进行了重新整合,并增加了几种学校急需教材,更新了教材内容,并对教材中的错漏进行了修改。

《汽车电气系统维修》是其中一本,此次修订,纠正了第一版中的错误之处;增加了中职技能大赛使用的科鲁兹车型以及宝马车型的相关内容;将第一版中的"电动天窗不能开启的检修"和"防盗系统失效的检修"两个学习任务删除。配套的电子课件也进行了修订。

本书由中山市沙溪理工学校陈凡主、广州市机电高级技工学校尹向阳担任主编,许永华、孙永江、黄斌担任副主编,参加编写的还有张立新、李培军、张凤云、王丽梅、康爱琴、吴志远、曹伟、陆炳仁、杨艳芬、柳振凯、于林发、侯建党、韩希国、高元伟、黄宜坤、项仁峰、李春芳等。

职业教育改革创新示范教材编委会
2016年1月

第一版前言 PREFACE

《国家中长期教育改革和发展规划纲要(2010—2020年)》中提出:大力发展职业教育,把职业教育纳入经济社会发展和产业发展规划,把提高质量作为重点;以服务为宗旨,以就业为导向,推进教育教学改革。实行工学结合、校企合作、顶岗实习的人才培养模式;满足人民群众接受职业教育的需求,满足经济社会对高素质劳动者和技能型人才的需要。

职业教育的发展已作为国家当前教育发展的战略重点之一,但目前学校所使用的教材普遍存在以下几个方面的问题:

(1)学生反映难理解,教师反映不好教;

(2)企业反映脱离实际,与他们的需求距离很大;

(3)不适应新一轮教学改革的需要,汽车车身修复、汽车商务、汽车美容与装潢等专业教材急缺;

(4)立体化程度不够,教学资源质量不高,教学方式相对落后。

针对以上问题,结合人民交通出版社汽车类专业教材的出版优势,我们开发了《职业教育改革创新示范教材》。本套教材以"积极探索教学改革思路,充分考虑区域性特点,提升学生职业素质"的指导思想,采用职教专家、行业一线专家、学校教师、出版社编辑"四结合"的编写模式。教材内容的特点是:准确体现职业教育特点(以工作岗位所需的知识和技能为出发点);理论内容"必需、够用";实训内容贴合工作一线实际;选图讲究,易懂易学。

该套教材将先进的教学内容、教学方法与教学手段有效地结合起来,形成课本、课件(部分课程配)和习题集(部分课程配)三位一体的立体教学模式。

本书由中山市沙溪理工学校陈凡主、广州市机电高级技工学校尹向阳担任主编,由深圳市宝安职业技术学校李博成、中山市沙溪理工学校谢望新担任副主编,参加编写的还有李培军、张凤云、王丽梅、康爱琴、吴志远、曹伟、陆炳仁、杨艳芬、柳振凯、于林发、侯建党、韩希国、高元伟、黄宜坤。

限于编者的经历和水平,书中难免有不妥或错误之处,敬请广大读者批评指正,提出修改意见和建议,以便再版修订时改正。

职业教育改革创新示范教材编委会
2011 年 5 月

CONTENTS

学习任务一　蓄电池的检查和更换 …………………………………… 1
学习任务二　充电警告灯常亮的检修 …………………………………… 17
学习任务三　起动机不转动的检修 …………………………………… 48
学习任务四　火花塞的检查和更换 …………………………………… 83
学习任务五　前照灯不亮的检修 …………………………………… 109
学习任务六　转向信号灯和危险警告灯都不亮的检修 ………… 137
学习任务七　燃油表显示不准的检修 …………………………………… 153
学习任务八　刮水器电动机不转动的检修 …………………………………… 180
学习任务九　电动车窗不工作的检修 …………………………………… 205
学习任务十　电动座椅不能调整的检修 …………………………………… 226
学习任务十一　电动后视镜无法调整的检修 ………… 249
学习任务十二　中控门锁系统失效的检修 ………… 262
参考文献 …………………………………… 282

学习任务一
蓄电池的检查和更换

学习目标

完成本学习任务后,你应能:
1. 正确描述蓄电池的基本结构和各部件的作用;
2. 了解蓄电池的工作原理和型号;
3. 规范地对蓄电池进行检查和维护;
4. 正确更换蓄电池;
5. 规范地对蓄电池进行充电。

 建议完成本学习任务的时间为 **8 课时**。

 学习任务描述

一辆卡罗拉(1.6L)乘用车停驶一段时间后,再次使用时出现起动无力,经过技术人员检查后发现,蓄电池电解液密度明显偏低,且蓄电池端电压明显下降,需要对蓄电池进行进一步检查、充电或更换。

学习内容

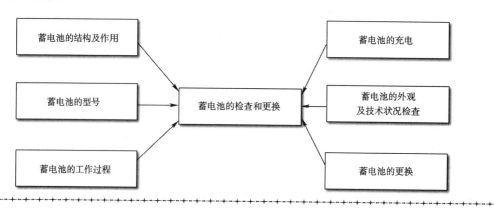

一、资料收集

引导问题1 车用蓄电池的功能是什么？安装在什么位置？

汽车蓄电池是一种储能装置，可将电能转变成化学能储存起来。在放电过程中，蓄电池中的化学能转变为电能；在充电过程中，电能被转变成化学能。

当起动发动机时，由蓄电池供给起动机工作所需的大工作电流来使发动机起动，当发动机起动后正常运转时，发动机通过传动带驱动发电机发电，给汽车的全部电器提供所需电流，同时对蓄电池进行充电，补充起动发动机时所消耗的电能。

汽车用蓄电池一般有以下功能：

（1）起动发动机时，供给起动机所需的大工作电流；

（2）当发电机发出的电压低于蓄电池电压时或发电机不工作时，给全车电器提供所需的电流；

（3）当汽车上电器的用电量超过发电机的输出电量时，帮助发电机提供电器所需的电流；

（4）平衡汽车电气系统的电压，保持整车电气系统电压稳定。

车用蓄电池是一种低压直流电源，一般使用12V的蓄电池，大型柴油车则常用两个12V蓄电池串联而成24V系统。汽车蓄电池在车上安装位置及外观如图1-1所示。

引导问题2 蓄电池由哪几部分组成？各组成部分的作用是什么？

1 组成

汽车蓄电池由多个单格电池组成。单格电池主要由极板组（包括正极板、负极板和隔板）、联条、极柱、壳体、盖板及内部的电解液等组成，其结构如图1-2所示。

学习任务一　蓄电池的检查和更换

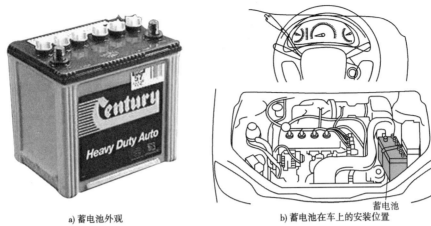

a) 蓄电池外观　　　　　　b) 蓄电池在车上的安装位置

图 1-1　蓄电池在车上的安装位置及外观

2 主要组成部分的结构及作用

❶ 极板组

极板组主要由正极板、负极板和隔板组成,其结构如图 1-3 所示。

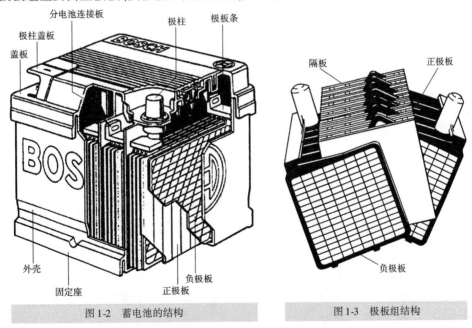

图 1-2　蓄电池的结构　　　　　　图 1-3　极板组结构

（1）极板。极板是蓄电池的核心部分,由栅架和活性物质组成,可分为正极板和负极板,正极板为咖啡色微粒结晶状的过氧化铅（PbO_2）,负极板为海绵状的纯铅（Pb）。栅架是极板的骨架,其主要成分为铅（Pb）,加入 5%～12% 的锑（Sb）制成。

（2）隔板。在正极板与负极板间使用一片多孔材质的绝缘板来分隔,称为隔板。其材质有木材、微孔硬橡胶、合成树脂、玻璃强化纤维板、玻璃纤维板等。目前,以使用微孔硬橡胶及玻璃纤维板等较多,如图1-4所示。隔板一面平滑,须面向负极板;另一面有槽沟,面向正极板,使脱落的活性物质能够掉入沉淀室中。

将多块正极板及负极板分别用联条结成一体,正、负极板间插入隔板,即形成极板组,每一分电池中放置一组极板组。极板组中负极板比正极板多一片,即正极板的两面都要有负极板,因正极板充电、放电时的膨胀率大,若仅有一面作用,容易弯曲损坏,负极板则不会,故极板组中的极板数均为单数。

❷ 联条和极柱

联条和极柱的结构如图1-5所示。

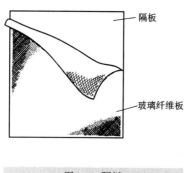
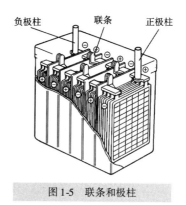

图1-4 隔板　　　　　图1-5 联条和极柱

(1)联条。联条的作用是将分电池串联起来,提高整个电池的端电压。普通电池联条的串联方式一般是外露式,而新型蓄电池联条的串联方式是封闭式。

(2)极柱。蓄电池顶部有两个极柱露出,是将各分电池的极板串联后,成为输出或输入的总接头。为了便于识别,极柱的上方或旁边刻有"＋"、"－"标记,也有的在正极柱上涂有红色油漆。

❸ 电解液

蓄电池中的电解液是以蒸馏水或精制水与硫酸配合而成的稀硫酸,具有较强腐蚀性,一般密度为 $1.260 \sim 1.280 \text{g/cm}^3$。

电解液必须保持高出极板 10~12mm。配制电解液必须穿着防护器具,将稀硫酸慢慢倒入水中,且均匀搅拌。绝不可将水倒入硫酸中,否则,硫酸会飞溅伤人。

❹ 壳体和盖板

壳体和盖板的结构如图1-6所示。

旧型蓄电池每一分电池的中央均有一个加水通气盖,使用螺纹连接在盖板上,上有通气孔,构造如图1-7所示,其功用为:

(1)供添加蒸馏水或供检验电解液用;

(2)在充电时,使产生的氢气及氧气能逸出,以防聚积过多气体而发生爆炸。

现代汽车用蓄电池多为免维护(Maintenance Free,简称MF)蓄电池,其盖板上无加水通气盖。但仍有部分免维护蓄电池设有加水盖,其盖顶部与蓄电池盖板表面平齐,或有的装在盖板表面以下。

学习任务一　蓄电池的检查和更换

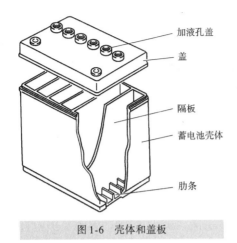

图1-6　壳体和盖板

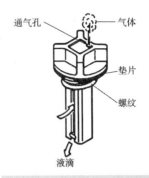

图1-7　加水通气盖的构造

❺ 蓄电池观察窗

免维护蓄电池在盖板上均设有密度与液面观察窗,俗称"电眼",以显示蓄电池的充电情况及电解液液面是否过低。

如图1-8所示,当蓄电池液面及充电正常时,绿色浮球在中央最高点,从观察窗中在黑色区可看到绿色圆圈;当蓄电池液面正常,但充电不足时,绿色浮球在球室下方,从观察窗中看不到绿色圆圈,整个是黑色,应对蓄电池进行补充充电;当蓄电池电解液液面过低时,观察窗中看到的是透明色,表示蓄电池需换新。

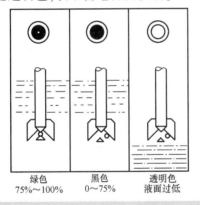
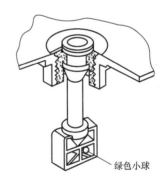

图1-8　观察窗的作用

引导问题3　蓄电池的容量和型号是如何规定的?

❶ 蓄电池的容量

比较蓄电池的大小,除电压大小外,就是它能供应电量的多少。蓄电池电压的大小与其串联的分电池数量有关,与其能供应电量的多少是无关的,因此,必须有一定的比较标准。现在通常使用"安培小时电容量"作为核定蓄电池电容量的标准来衡量蓄电池电量的大小,又称20h放电率电容量。

它是以稳定电流在20℃条件下放电20h,终止时每一单格电池的电压维持在1.75V时的放电量,故12V蓄电池放电后的两极柱间端电压应为10.5V。

安培小时电容量(A·h) = 放电电流(A) × 放电时间(h)

如以3A放电20h,则其电容量为60A·h。安培小时电容量目前也常以5h放电率电容量表示。如以10A放电5h,则其电容量为50A·h。

2 蓄电池的型号

1 国内蓄电池型号

国内蓄电池型号由三部分组成。

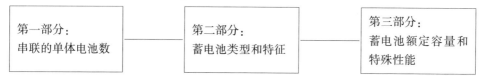

(1)串联的单体电池数,用阿拉伯数字表示。

(2)蓄电池的类型和特征用字母表示。蓄电池类型是根据其主要用途来划分的,如"Q"起动用蓄电池,"T"表示拖动型蓄电池,"M"表示摩托车用蓄电池;蓄电池特征为附加部分,仅在同类用途产品中具有某种特征而在型号中又必须加以区别时采用。当产品同时具有两种特征时,原则上按表1-1顺序将两个代号并列标示。

蓄电池产品特征代号表 表1-1

序号	1	2	3	4	5	6	7	8	9	10	11	12
产品特征	干荷电	湿荷电	免维护	少维护	防酸式	密封式	半密封式	液密式	气密式	激活式	带液式	胶质电解质
代号	A	H	W	S	F	M	B	Y	Q	I	D	J

(3)蓄电池的额定容量和特殊性能。蓄电池额定容量指20h放电率额定容量,单位为A·h,用阿拉伯数字表示;蓄电池特殊性能用字母表示,可在相应产品型号的末尾注明,如G表示薄型极板的高起动率蓄电池,S表示采用工程塑料外壳、电池盖及热封工艺的蓄电池。

例如"6-QAW-100",第一部分:"6"表示由6个分电池组成,额定电压12V;第二部分:"QAW"表示蓄电池的类型和特征,起动型干电荷免维护蓄电池;第三部分:"100"表示蓄电池的额定容量和特殊性能,额定容量为100A·h。

2 国外蓄电池型号

(1)日本标准蓄电池型号。

①在1979年,日本标准蓄电池型号用N代表,后面用表示接近蓄电池额定容量的数字表示,如NS40ZL。

N:表示日本JIS标准。

S:表示小型化,即实际容量比40A·h小,为36A·h。

Z:表示同一尺寸下具有较好起动放电性能。

L:表示正极柱在左端,R:表示正极桩在右端。

②到1982年,日本标准蓄电池型号按照新标准来执行,如55D33L。

55:表示蓄电池的性能参数,表示蓄电池的容量。

D:表示蓄电池的宽度和高度代号。蓄电池的宽度和高度组合是由8个字母(A~H)中的一个表示的,字符越接近H,表示蓄电池的宽度和高度值越大。

33:表示蓄电池的长度约为33cm。

L:表示正极端子的位置,正极端子在右端的标R,正极端子在左端的标L。

(2)德国标准蓄电池型号。以型号为54434MF的蓄电池为例,说明如下。

第一位数字:5表示蓄电池额定容量在100A·h以下;6表示蓄电池容量在100~200A·h之间;7表示蓄电池额定容量在200A·h以上。

44:表示蓄电池额定容量为44A·h;610 17MF蓄电池额定容量为110A·h;700 27MF蓄电池额定容量为200A·h。

后两位数字:34表示蓄电池尺寸组号。

MF:表示免维护型。

(3)美国标准蓄电池型号。以型号为58430(12V430A80min)的蓄电池为例,说明如下。

58:表示蓄电池尺寸组号。

430:表示冷起动电流为430A。

80min:表示蓄电池储备容量为80min。

注意

冷起动电流:在规定的某一低温状态下,可获得的某特定意义下的最小电流。这个指标把蓄电池的起动能力与发动机的排量、压缩比、温度、起动时间、发动机和电气系统的技术状态以及起动和点火的最低使用电压这些重要的变量联系起来。它是指充满电的12V蓄电池在30s内,其端电压下降到7.2V时,蓄电池所能供给的最小电流,冷起动额定值给出的是总电流值。

储备容量:汽车在充电系统不工作的情况下,在夜间靠蓄电池点火和提供最低限度的电路负载所能运行的大约时间,具体可表述为"完全充足电的12V蓄电池,在(25±2)℃的条件下,以25A恒流放电至蓄电池端电压下降到(10.5±0.05)V时的放电时间"。

 **蓄电池是如何实现化学能和电能相互转化的?**

1 蓄电池的工作原理

将两种不同的金属板放入电解液中,因化学作用产生电离子,聚集电子的极板产生较高的负电位,称为负极板,失去电子的极板产生正电位,称为正极板,在正、负两块极板间会产生电动势。若有导线及负荷连接在两极板之间,则有电流流通,如图1-9所示。

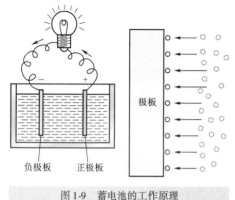

图1-9 蓄电池的工作原理

2 蓄电池充放电

蓄电池的工作原理就是化学能与电能的相互转化。

当蓄电池将化学能转化为电能而向外供电时,称为放电过程,放电的结果是正、负极板都变成相同结构的硫酸铅,而电解液中的硫酸成分减少,水的成分增加,其放电化学反应式如下:

正极板　电解液　负极板　　正极板　电解液　负极板
$$PbO_2 + 2H_2SO_4 + Pb \longrightarrow PbSO_2 + 2H_2O + PbSO_4$$

当蓄电池与外界直流电源相连而将电能转化为化学能储存起来时,称为充电过程。充满电后,蓄电池的负极板成为海绵状铅(Pb),正极板成为过氧化铅(PbO_2),电解液为稀硫酸($H_2SO_4 + H_2O$)。其充电化学反应式如下:

正极板　电解液　负极板　　正极板　电解液　负极板
$$PbO_2 + H_2O + PbSO_4 \longrightarrow PbSO_2 + H_2SO_4 + Pb$$

引导问题5　蓄电池放置一段时间不使用为什么会没电?

充满电的蓄电池放置一段时间后,内部存电自然消耗的现象,称为自放电。

(1)产生自放电的原因很多,归纳如下:

①负极板上的活性物质海绵状铅与电解液产生化学作用而慢慢变成硫酸铅;

②蓄电池的极板上附着金属杂质,如铁、锰等,金属杂质与极板构成一局部电池而产生自放电现象;

③蓄电池表面有电解液附着而造成漏电;

④脱落的活性物质堆满沉淀室后形成短路而放电。

(2)自放电的大小与下列因素有关:

①温度越高时,自放电量越多;

②电解液密度越高时,自放电量也越多。

引导问题6　如何对蓄电池进行技术状况检查?

蓄电池技术状况检查主要包括液面高度检查、电解液密度检查和蓄电池端电压检查。

1 检查液面高度

(1)对于透明壳体的蓄电池,可以通过观察液面高度指示刻线来检查电解液液面高度,如图1-10所示。电解液必须保持高出极板10～15mm,即在最高刻线与最低刻线之间,高度不足时,直接添加蒸馏水。

（2）对于有观察窗的免维护蓄电池，可直接通过观察窗检查观察孔的颜色，如果观察孔出现透明色，说明液面过低，应更换蓄电池。

2 测量电解液密度

使用密度计测量蓄电池密度时，汲取各分电池的电解液后，不要拔出密度计，如图1-11所示，以免电解液溅出腐蚀零件或衣物，并读取靠浮球杆壁上的读数。

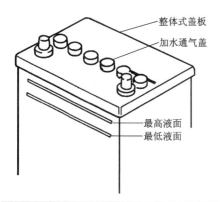

图1-10 通过液面高度指示刻线检查液面高度　　　图1-11 测量电解液密度

测量密度时，同时放入温度计测量电解液温度。读取密度，并做温度校正。蓄电池电解液正常的密度值见表1-2。

蓄电池电解液密度　　　　　　　　　　　　表1-2

温度条件	蓄电池状态	电解液密度（g/cm³）
常温下	放电	1.12
	半充电	1.20
	全充电	1.28
热带地区	放电	1.08
	半充电	1.14
	全充电	1.23

若各分电池中的电解液密度相互间的偏差不超过0.02g/cm³，可对蓄电池进行充电，以恢复其性能；若在一个或两个相邻分电池中的电解液密度明显地下降，说明蓄电池有短路故障，应对其进行修复或更换。

3 测量蓄电池端电压

蓄电池的端电压可用高率放电计和万用表进行测量检查，具体方法如下。

（1）用高率放电计测量蓄电池端电压。如图1-12所示，将高率放电计的两触针用力迅速压紧在蓄电池的正、负极柱上，观察放电计的电压值，测量时间尽可能短，一般不超过15s。

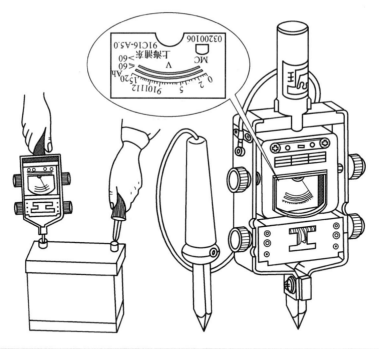

图1-12 用高率放电计测量蓄电池端电压

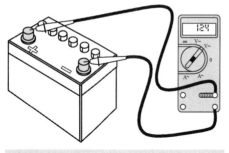

图1-13 测量蓄电池开路电压

对于12V整体蓄电池,若指针指示电压在9.6V以下,说明蓄电池性能不良或存电不足,需充电;若指针指示在10.6~11.6V,说明蓄电池存电充足,不需要充电;若指针指示蓄电池电压迅速下降,则说明蓄电池有故障。

(2)用万用表测量蓄电池开路端电压。如图1-13所示,将万用表置于直流20V挡位,正表笔接蓄电池的正极端,负表笔接蓄电池的负极端,读出指示电压值,12V以上为正常值,电压值低于12V,表明蓄电池已放电,需进行补充充电。

二、实施作业

引导问题7 作业需要哪些工具、设备和材料?

(1)组合扳手、扭力扳手、钳子、螺丝刀、万用表、温度计,部分工具如图1-14所示。
(2)卡罗拉(1.6L)乘用车、蓄电池充电机、高率放电计,部分设备如图1-15所示。
(3)磁力护裙、座椅套、转向盘套、变速杆手柄套和脚垫。
(4)砂纸、蒸馏水和润滑脂。
(5)卡罗拉(1.6L)乘用车维修手册。

a) 组合扳手　　　　　b) 扭力扳手　　　　　c) 万用表

图 1-14　作业需要的工具

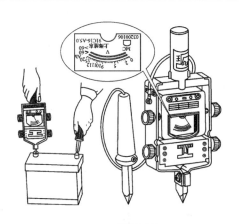

a) 高率放电计

b) 充电机

图 1-15　作业需要的设备

引导问题8　通过查询和查找，填写以下信息。

车辆生产年份_____，车牌号码_____，行驶里程_____，发动机型号及排量_____，车辆识别代码(VIN)_____。

引导问题9　如何对蓄电池外观进行检查？

(1) 检查蓄电池接线柱。检查极柱及接头上是否有白色或绿白色的腐蚀物，如图1-16所示。使用钢丝刷或砂纸刷除腐蚀物，必要时拆下接头清洁后再装回。可用润滑脂涂抹在极柱及接头上。

最后检查蓄电池正极的橡胶保护套有无定位及是否破裂，如图1-17所示。

(2)蓄电池外壳的检查。检查蓄电池外壳是否龟裂、渗漏或变形,如图 1-18 所示。外壳变形时,注意是否因过度充电所引起。

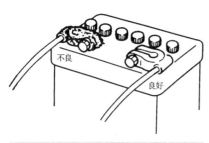

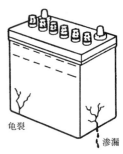

图 1-16 检查极柱及接头上的腐蚀物　　图 1-17 蓄电池正极的橡胶保护套　　图 1-18 蓄电池外壳龟裂

引导问题 10 如何拆卸和安装蓄电池?

1 蓄电池的拆卸

(1)如果音响装置设有防盗密码,则应先查询防盗密码并记录后再进行操作。
(2)关闭车上所有的电气设备。
(3)先断开蓄电池负极电缆,再断开蓄电池正极电缆,如图 1-19 所示。
(4)从蓄电池压杆上拆卸蓄电池压杆箍带紧固螺母,如图 1-20 所示。
(5)拆卸蓄电池托架下螺栓,从托架中取出蓄电池,如图 1-21 所示。

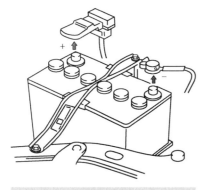

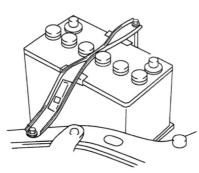

图 1-19 拆卸蓄电池电缆　　图 1-20 拆卸蓄电池压杆箍带紧固螺母　　图 1-21 取出蓄电池

2 蓄电池的安装

(1)安装蓄电池托架,紧固蓄电池托架上、下和侧螺栓,拧紧力矩为 20N·m。
(2)将蓄电池负极电缆卡子卡入蓄电池托架侧部的孔中,将蓄电池装入托架。
(3)从蓄电池托架洞口,通过压杆箍带孔,带上蓄电池压杆,轻微紧固螺母,将蓄电池压杆箍带连接到蓄电池上,如图 1-22 所示,紧固蓄电池箍带至蓄电池压杆的螺母,拧紧力矩为 5N·m。

学习任务一　蓄电池的检查和更换

（4）如图1-23所示，连接蓄电池正极和负极电缆。紧固蓄电池电缆的螺母，拧紧力矩为5N·m。

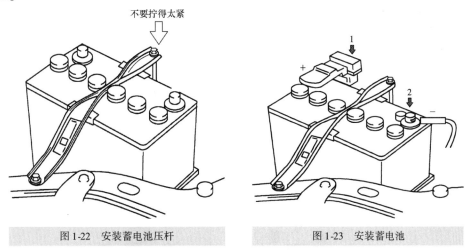

图1-22　安装蓄电池压杆　　　　　　　图1-23　安装蓄电池

在拆卸或安装任何电气装置前和在工具或设备容易接触裸露的电气端子时，务必首先断开蓄电池负极电缆。断开这条电缆，可防止伤人或损坏车辆。如没有特别说明，必须将点火开关拧到LOCK（锁定）位置。

引导问题11　如何对蓄电池进行充电？

1 充电方法

蓄电池的常规充电方法有定电流充电和定电压充电两种，非常规充电有脉冲快速充电。

① 定电流充电

蓄电池在充电过程中，使其充电电流保持恒定不变，随着蓄电池电动势的逐渐提高，逐步增加充电电压的方法称为定电流充电。当充到蓄电池单格电池电压上升至2.4V（电解液开始冒气泡）时，再将充电电流减小一半后保持恒定，直到蓄电池完全充足电。

一般使用充电机在充电工作间对蓄电池充电，常采用定电流充电法。因为它有较大适用性，可任意选择和调整电流，适应各种不同条件下（新蓄电池的初充电，使用中的蓄电池补充充电以及去硫充电等）的蓄电池充电，其主要特点是充电时间长。

② 定电压充电

在充电过程中，加在蓄电池两端的充电电压保持恒定不变的充电方法，称为定电压充电。

❸ 脉冲快速充电

脉冲快速充电,又称分段充电法,充电过程为:正脉冲充电→停充(25ms)→负脉冲(瞬间)放电或反充→停充再正脉冲充电,之后又重复循环。

该充电方法的显著特点是充电速度快,即充电时间大大缩短。但其缺点是充电速度快,易使活性物质脱落,因而对蓄电池的使用寿命会有一定影响。

2 充电程序

❶ 一般充电

(1)将充电机电源插头插在500W以上的专用线束插座上。

(2)将红色夹夹在蓄电池正(+)极,黑色夹夹在蓄电池负(-)极,如图1-24所示。

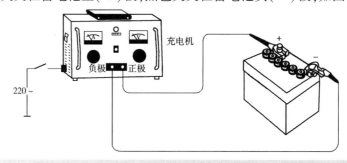

图1-24 充电机与蓄电池的连接

(3)将切换开关扳在正确电压侧,如12V或24V等。

(4)转动调节器至规定的充电电流,补充充电一般为额定容量的1/10,初充电一般为额定容量的1/15。

(5)可根据表1-3的充电时间将蓄电池充满电。

剩余电量状况与充电时间的关系　　　表1-3

剩余电量情况(密度值,单位:g/cm³)	充电时间(h)
几乎没有剩余电量(密度1.10以下)	10
只点小灯也暗(密度1.15以下)	8
前照灯暗(密度1.20以下)	7
发动机起动有困难(密度1.23以下)	6

(6)充完电后,先关闭充电机开关,再拆开蓄电池的连接线,并收放整齐。

(7)装回加水通气盖,并将蓄电池表面的电解液擦拭干净,将蓄电池摆放整齐。

新蓄电池或修复后的蓄电池在使用之前的首次充电称为初充电。初充电的充电电流要小些,充电时间适当延长。

2 快速充电

(1)车上蓄电池充电前,必须先拆开蓄电池的搭铁线。

(2)将快速充电机插头插在500W以上的线束插座。

(3)将红色夹夹在蓄电池正(+)极,黑色夹夹在蓄电池负(-)极。

(4)将切换开关扳在正确电压侧,如单一蓄电池在12V侧。

(5)旋转电流调节器至充电电流为蓄电池额定容量安培数的1/2,例如100A·h时,充电电流为50A。

(6)利用定时器,设定充电时间,例如30min。

(7)测量电解液温度,超过45℃时,降低充电电流或停止充电。

(8)充电完成后,先关闭充电机开关,再拆开蓄电池的连接线,并收放整齐。

3 充电注意事项

(1)严格遵守各种充电方法的操作规范。

(2)充电过程中,要密切观察各单格电池的电压和密度变化,及时判断其充电程度和技术状况。若发现个别单格电池的端电压和电解液密度上升比其他单格电池缓慢,甚至变化不明显时,应停止充电,及时查明原因。

(3)在充电过程中,必须随时测量各单格电池的温度,以免温度过高影响蓄电池的性能。当电解液温度上升到40℃时,应立即将充电电流减半,减小充电电流后,如果电解液温度仍继续升高,应该停止充电,待温度降低到35℃以下时,再继续充电。

(4)初充电作业应连续进行,不可长时间间断。

(5)充电时,应旋开加液孔盖,使产生的气体能顺利逸出,充电室要安装通风和防火设备,严禁明火,以免发生事故。

(6)就车充电时,一定要将蓄电池负极断开,否则,充电机的高电压会将电控系统的电器元件损坏。

(7)对于长时间未使用的蓄电池,如库存车蓄电池等,必须以小电流进行充电。

三、评价与反馈

(1)对本学习任务进行评价,见表1-4。

评 分 表　　　　　　　　　　　　　表1-4

考核项目	评分标准	分数	学生自评	小组互评	教师评价	小计
团队合作	是否协调	5				
活动参与	是否积极主动	5				
安全生产	有无安全隐患	10				
现场5S	是否做到	10				
任务方案	是否正确、合理	15				

续上表

考核项目	评分标准	分数	学生自评	小组互评	教师评价	小计
操作过程	外观检查； 技术状况检查； 蓄电池充电	30				
任务完成情况	是否圆满完成	5				
工具和设备使用	是否规范、标准	10				
劳动纪律	是否能严格遵守	5				
工单填写	是否完整、规范	5				
总分		100				
教师签名：			年　月　日		得分	

(2)在实施作业时，每一个安全事项都注意到了吗？如果没有，找出忽略的地方和原因。

(3)能否向车主解释故障诊断及排除的过程？如果不能，分析原因并提出改进措施。

四、学习拓展

(1)查阅凯越(1.6L)乘用车维修手册，比较凯越(1.6L)乘用车与卡罗拉(1.6L)乘用车蓄电池在结构和拆装方法上的不同。

(2)查阅相关资料，说说电动汽车常用蓄电池的种类。

(3)查阅相关资料，说说如何能够延长汽车蓄电池的使用寿命。

学习任务二

充电警告灯常亮的检修

学习目标

完成本学习任务后,你应能:
1. 正确描述充电系统的组成及各部件的主要作用;
2. 正确描述交流发电机及电压调节器的工作原理;
3. 正确描述交流发电机的基本结构及其主要零部件的功能;
4. 正确描述充电警告灯的工作过程;
5. 掌握发电机的检查与更换方法;
6. 掌握发电机的分解、元件检查及装配方法;
7. 掌握电压调节器的检查方法;
8. 掌握充电系统的故障诊断方法。

 建议完成本学习任务的时间为 **16** 课时。

 学习任务描述

一辆桑塔纳2000乘用车以中、高速行驶时,仪表板上的充电警告灯常亮。经过技术人员的分析,可能是发电机传动带打滑、充电系统线路故障或发电机内部故障等,需要对充电系统进行检查或维修。

学习内容

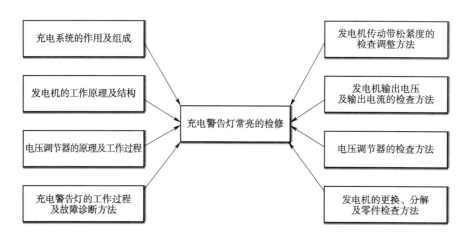

一、资料收集

引导问题1 充电系统有何作用？由哪些零部件组成？

起动发动机时，需利用蓄电池供应起动机及点火系统等各种电器所需的电流；发动机起动后，必须由发电机来提供点火系统、空调、音响以及其他电器的用电，并补充蓄电池在起动发动机时所消耗的电能，只有这样，发动机才能维持运转，熄火后才能再起动。充电系统就是将发动机一部分机械能转变为电能的装置，其系统组成如图2-1所示。

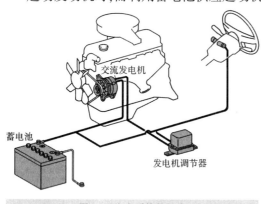

图2-1 充电系统的组成

充电系统最重要的部件为产生电能的交流发电机，由曲轴带轮通过传动带驱动；其次为控制发电机最高输出电压的调节器；另外，还有警告充电系统工作是否正常的警告灯或电流表，以及连接各电器部件的导线等。

引导问题2 交流发电机的基本原理是什么？

1 电磁感应原理

导体在磁场内运动切割磁力线，在导体中会产生感应电压。如果将导体连成完整电路，则电路中会有电流,如图2-2所示。

在导线中放置磁铁,并使磁铁旋转,则旋转的磁力线切割导线,在导线中会产生电流,如图2-3所示。

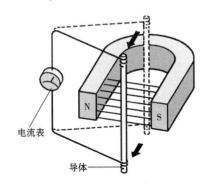

图2-2 导体在磁场内运动

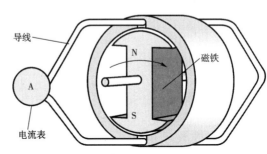

图2-3 磁铁在导线中旋转

无论导体或是磁铁运动时,电流表指针都会摆动。电流表指针摆动的方向,由导体或磁铁运动方向而定。指针摆动的角度,随导体或磁铁的运动速度加快而增大。

磁力线切割线圈,能在线圈中产生感应电压(电动势),这种现象称为电磁感应。发电机是由电磁感应产生感应电压,因而产生电压与电流。

2 三相交流电的产生方法

使磁铁在定子线圈中旋转,定子线圈中将产生电流。由于电流作用,定子线圈发电越大越易发热。因此,定子线圈装在发电机外层对冷却有好处。所以,所有交流发电机的发电线圈(定子线圈)都在外层,而旋转磁铁(转子铁芯)都在定子线圈内,如图2-4所示。

若在定子中仅装一组线圈,则磁铁每旋转一圈,线圈中产生一次电压的变化,称为单相交流电,如图2-5a)所示。

若在定子中装置二组线圈,则磁铁每旋转一圈,线圈各产生一次电压的变化,称为双相交流电,如图2-5b)所示,相位落后90°,交流电波的变化不稳定,故不被采用。

若在定子中装置三组线圈,则磁铁每旋转一圈,线圈各产生一次电压的变化,称为三相交流电,如图2-5c)所示。每一相位相差120°,波形变化平均且密集,输出平稳,故交流发电机都采用三相方式。

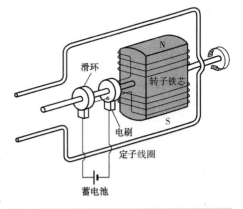

图2-4 磁铁在线圈中旋转

汽车用交流发电机的转子一般采用8~16极,若以6对(12极)计算,则转子每旋转一圈,可以产生18次交流电波,再经整流管全波整流后,则电压的输出变化很小,非常平稳。

三相交流电每相绕组的电动势有效值的大小与转子的转速及磁极的磁通量成正比。即

$$E_\Phi = C_1 n \Phi$$

式中：E_Φ——相电动势的有效值；

C_1——电动机常数；

n——转子的转速；

Φ——磁极的磁通量。

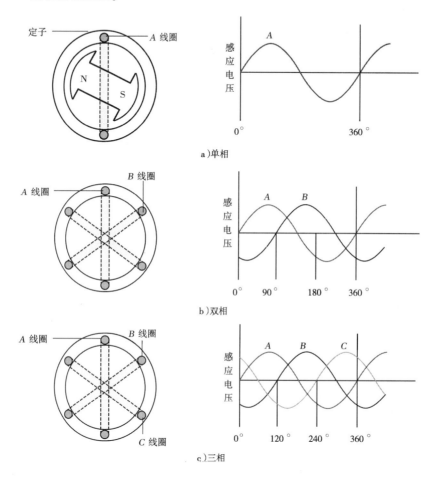

图 2-5　三相交流电的产生方法

为了从线圈产生的电动势中引出电流，一般采用三角形接法和星形接法将 3 根线圈连接起来，如图 2-6 所示。

（1）三角形接法。采用三角形接法时，三组线圈头尾相接，如图 2-6a) 所示。这种接法，在高速时发电量大，低速时发电量小。由于汽车发电机必须在低速下也能保证发出足够的电量，所以三角形接法很少使用。

（2）星形接法。又称为丫形接法，采用这种接法时，只是将三组线圈尾部相接，如图 2-6b) 所示。由于星形接法即使在低速下也能发出足够的电量，所以广泛地应用在汽车交流发电机上。

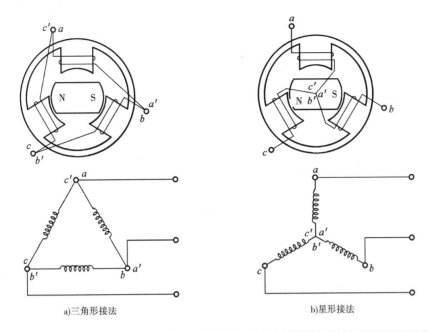

a) 三角形接法　　　　　　　　　　b) 星形接法

图 2-6　定子线圈的两种接法

引导问题3　交流发电机所发出的交流电是如何转变为直流电的？

1 整流原理

汽车上的电器均使用直流电,因此,交流发电机产生的交流电必须转变为直流电才能被汽车电器使用,并给蓄电池充电。将交流电转变成直流电的过程称作整流,整流的方法很多,汽车交流发电机所使用的是一种既简单又有效的二极管整流法。整流的方式有全波整流及半波整流两种,如图2-7所示。

在线路中装1只整流管时,只能让一方向的电流通过,反方向则不能流过,称为半波整流,如图2-7a)所示。

在线路中安装4只整流二极管,方向交替变化,则电流可依实箭头及虚箭头两条通路流出,正反方向的电流均能利用,效率比半波整流大一倍,故汽车交流发电机均采用全波整流,如图2-7b)所示。

一组线路做全波整流需4只整流管,但三相交流的三组线路因可互相共用,故仅需使用6只整流二极管,即可做全波整流,如图2-8所示。

2 整流过程

整流过程如图2-9所示。

(1)正极管的导通原则。由3只正极管(VD_1、VD_3、VD_5)的正极分别接在发电机三相绕组的始端(A、B、C)上,它们的负极又连接在一起,所以3只正极管的导通原则是在某一瞬间,正极电位最高者导通。

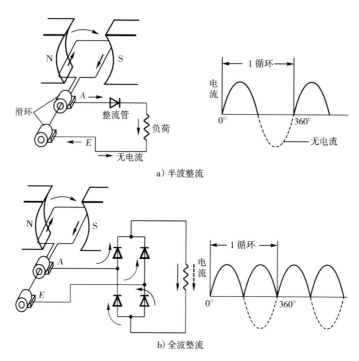

图2-7 整流回路

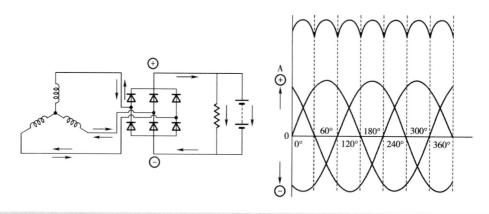

图2-8 三相全波整流电路

(2)负极管的导通原则。由于3只负极管(VD_2、VD_4、VD_6)的负极分别接在发电机三相绕组的始端,它们的正极又连接在一起,所以3只负极管的导通原则是在某一瞬间负极电位最低者导通。

由图2-9我们可以看到,从每个线圈流到二极管的电流在3根导线处不断改变方向。但是从二极管出来的电流方向将固定不变,从而形成正(+)极和负(-)极。

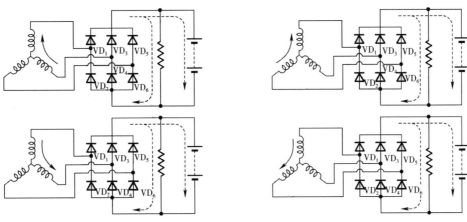

图 2-9 整流过程

引导问题 4 交流发电机结构如何?

交流发电机如图 2-10 所示,由定子、转子、整流器、前端盖、电刷、后端盖与风扇等组成。图示的交流发电机采用 IC 调节器。

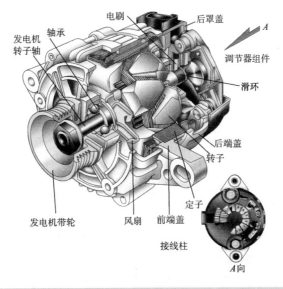

图 2-10 交流发电机的构造

引导问题 5 交流发电机各组成部件的结构和作用如何?

1 定子

交流发电机的定子又称电枢,是用来产生交流电动势的。由定子线圈及硅钢片叠成的定子铁芯组成,两端为铝制的端盖所支撑,为外壳的部分,其结构如图2-11所示。

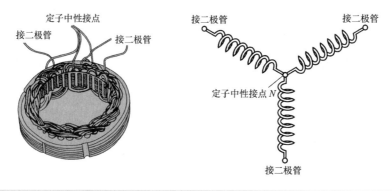

图2-11 定子的构造

定子铁芯由许多涂有绝缘漆的硅钢片叠成,内有直槽,以容放定子线圈,槽数为转子磁极数的3倍。

定子线圈由漆包线绕成,共有3组线圈,每组线圈由与转子磁极数相等数量的线圈串联而成。定子绕组的接法有星形(Y)和三角形(△)两种方式。发电机一般采用星形连接,即每相绕组的首端分别与整流器的硅二极管相接,作为交流发电机的输出端,每相绕组的尾端接在一起,形成中性点N。

2 转子

交流发电机的转子是用来建立磁场的,主要由磁极、磁场线圈、滑环和轴等组成,如图2-12所示。两块爪形磁极交叉组合在一起,一边全为N极,另一边全为S极,N、S极相间排列,一般为8~16极。磁场线圈在内部由磁极包住。两端以轴承支持在端壳上,前端装有带轮,由发动机曲轴通过传动带驱动,使转子在定子中旋转。

磁场线圈以细的漆包线绕成,线的两端各接在一个滑环上,与轴及磁极有良好绝缘。滑环装在转子轴的一端,以黄铜或铜制成,与轴绝缘,供电流输入磁场线圈用。

转子线圈电流的流动回路如下:

由调节器来的电流→电刷→滑环→磁场线圈→滑环→电刷→搭铁。

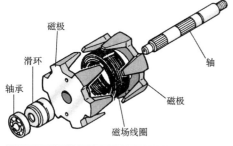

图2-12 转子的构造

3 整流器

整流器的作用是将定子绕组产生的三相交流电变成直流电输出,其构造如图2-13所示。3个正极整流二极管装在一块金属板上成为正整流板,3个负极整流二极管装在另一块金属板上成为负整流板,两块整流板装在铝制的端盖上。

整流二极管为大功率的二极管,构造如图2-14所示,正、负极整流二极管的外形一样,在外壳上有记号注明电流方向,正极整流二极管用红色、负极整流二极管用黑色字注明规格。

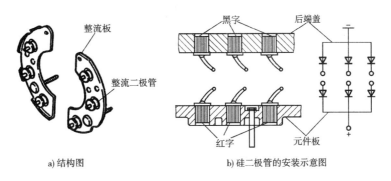

图 2-13　整流器的构造

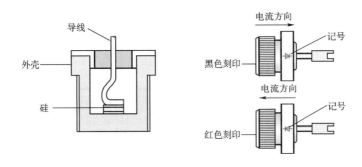

图 2-14　整流二极管的构造

整流器必须散热良好,因此,安装在端壳的通风口上,利用风扇强制通风冷却。整流二极管温度超过 150℃ 即失去整流作用。

有些交流发电机的整流器采用 9 只二极管,增加的是 3 只小功率磁场二极管,专门用来供给励磁电流,这样可以提高发电机的电压调节精度。采用磁场二极管后,仅用简单的充电警告灯即可指示发电机的发电情况。

另外,有些交流发电机为了提高中性点电压,提高发电机输出功率,增加了两只二极管对中性点电压进行整流,汇入发电机的输出端。同时具备上述两种功能的发电机整流器共有 11 只整流二极管,图 2-15 所示为几种不同的发电机整流器。

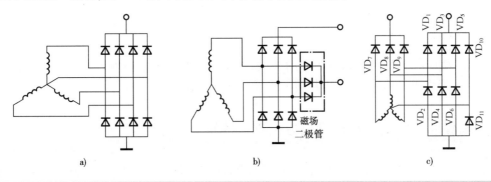

图 2-15　具有中性点和励磁二极管的整流器

4 电刷与电刷架

两只电刷装在电刷架的方孔内,利用弹簧的压力使其与滑环保持良好的接触。电刷与电刷架的结构有外装式和内装式两种,其构造如图2-16所示。

搭铁电刷的引出线用螺钉直接固定在后端盖上(标记"−"),此方式称为内搭铁;如果此电刷的引出线与机壳绝缘接到后端盖外部的接线柱上(标记"F"),这种方式称为外搭铁,如图2-17所示。

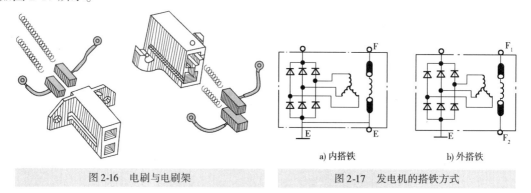

图2-16 电刷与电刷架   图2-17 发电机的搭铁方式

5 前、后端盖

发电机的前、后端盖如图2-18和图2-19所示,使用不导磁的铝合金制成,用以支撑转子与定子,并用固定架安装于发动机上。端盖上有通风孔,让冷却空气通过。后端盖上安装有整流器、电刷架、输出接头及轴承等。

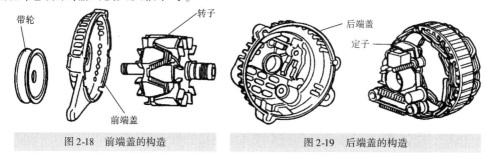

图2-18 前端盖的构造   图2-19 后端盖的构造

6 带轮及风扇

如图2-20所示,带轮装在转子轴的前端,由发动机曲轴通过传动带驱动。风扇装在转子轴的前端或发电机的内部,以冷却转子线圈及整流二极管等。

引导问题6 发电机的励磁方式有几种?

由于交流发电机转子的爪极剩磁较弱,所以发电机在低速运转时,加在硅二极管上的正向电压也很小。此时,二极管的正向电阻较大,较弱的剩磁产生的很小的电动势很难克服二极管的正向电阻,使发电机电压不能迅速建立起来,这样,发电机低速充电的要求就不能满足。因此,汽车上发电机必须与蓄电池并联,开始由蓄电池向励磁绕组供电,进行他励,使发电机电压很快建立起来,当发电机电压达到蓄电池电压时,即由发电机自己供给励磁电流,也就是由他励转变为自励,蓄电池被充电的机会就多一些,有利于蓄电池的使用。励磁电路如图2-21所示。

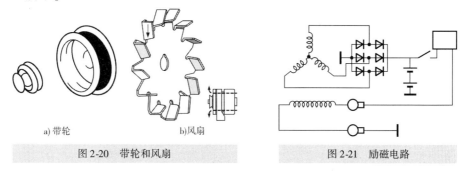

a) 带轮　　　　　　b) 风扇

图 2-20　带轮和风扇

图 2-21　励磁电路

引导问题7　发电机的工作特性如何?

交流发电机的工作特性是指发电机经整流后输出的直流电压、电流和转速之间的关系,它包括输出特性、空载特性和外特性,如图2-22所示。

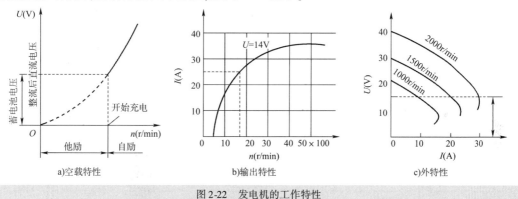

a) 空载特性　　　　b) 输出特性　　　　c) 外特性

图 2-22　发电机的工作特性

1　空载特性

发电机的空载特性是指发电机空载运行时,发电机端电压和转速之间的关系,如图2-22a)所示。空载特性可以用来判断该发电机低速充电性能的好坏,同时也可以看出发电机的输出电压是随着发电机的转速升高而增高的。

2　输出特性

输出特性是指当发电机输出电压一定时,发电机输出电流随转速变化的规律,如图2-22b)所示。对于12V系列的交流发电机,规定输出电压为14V;对于24V系列的交流发电机,规定输出电压为28V。

从输出特性曲线中可以看出,当转速达到一定值后,发电机的输出电流几乎不再继续增加,具有限制输出电流的能力。这是由于随着定子绕组中的感应电动势增加,定子绕组的阻抗也随转速的升高而增加。同时,定子线圈输出电流增加时,电枢反应的增强也使感应电动势下降。由于上述两个原因,使发电机转速达到一定值后,其输出电流几乎不变。由于具有这种自我保护作用,交流发电机一般不需设置限流器。

3 外特性

外特性是指发电机转速一定时,发电机端电压与输出电流之间的关系,如图2-22c)所示。从外特性曲线可以看出,在转速变化时,发电机端电压有较大的变化;在转速恒定时,由于输出电流的变化对端电压也有很大影响,因此要使输出电流稳定,必须配用电压调节器;当发电机高速运转突然失去负载时,端电压会急剧升高,这时电气设备中的电子元件将有被击穿的危险。

引导问题8 国产发电机型号是如何规定的?

汽车交流发电机的型号主要包括以下几部分内容。

1 产品代号

交流发电机的产品代号有JF、JFZ、JFB和JFW共4种,分别表示交流发电机、整体式交流发电机、带泵交流发电机和无刷交流发电机(字母J、F、Z、B和W分别为"交"、"发"、"整"、"泵"和"无"字的汉语拼音第一个大写字母)。

2 电压等级代号和电流等级代号

交流发电机的电压等级代号和电流等级代号分别用一位阿拉伯数字表示,其含义分别见表2-1和表2-2。

电 压 等 级 代 号　　　　　　　　　　　　表2-1

电压等级代号	1	2	3	4	5	6
电压等级(V)	12	24	—	—	—	6

电 流 等 级 代 号　　　　　　　　　　　　表2-2

电流等级代号	1	2	3	4	5	6	7	8	9
电流等级(A)	~19	≥20~29	≥30~39	≥40~49	≥50~59	≥60~69	≥70~79	≥80~89	≥90

3 设计序号

按产品设计先后顺序,由1~2位阿拉伯数字组成。

4 变形代号

交流发电机以调整臂位置作为变形代号。从驱动端看,在中间不加标记,在左边时用Z表示,在右边时用Y表示。

例如,JF152表示:交流发电机,其电压等级为12V,电流等级≥50~59A,第2次设计。

桑塔纳、奥迪100型乘用车用的JFZ1913Z型交流发电机是：电压等级为12V，电流等级≥90A，第13次设计，调整臂在左边的整体式交流发电机。

引导问题9　电压调节器是如何实现电压调节的？

1 电压调节器的基本工作原理

电压调节器是把发电机输出电压控制在规定范围内的调节装置，其功用是在发电机转速和发电机的负载发生变化时自动控制发电机电压，使其保持恒定，防止发电机电压过高而烧坏用电设备和导致蓄电池过量充电，同时也防止发电机电压过低而导致用电设备工作失常和蓄电池充电不足。

根据交流发电机产生的有效电动势公式 $E_\Phi = C_1 n \Phi$ 可以得出：发电机产生的电动势 E_Φ 与发电机转速 n 和磁通量 Φ 成正比。发电机的转速 n 随发动机转速变化而在很大范围内变化。如果要在转速 n 变化时维持发电机输出电压恒定，就必须相应的改变磁极磁通量 Φ。因为磁极磁通量多取决于磁场电流的大小，所以在发电机转速变化时，只要自动调节磁场电流，就能使发电机电压保持恒定。

电压调节器就是利用自动调节磁场电流使磁极磁通量改变这一原理来调节发电机输出电压的。

交流发电机在低速时就要能发出足够的电压供汽车用电器及对蓄电池充电使用，因此，在低速时需以较大的电流供应磁场线圈以产生强力磁场，使发电机能产生足够的电压。当交流发电机的转速升高后，必须降低流过磁场线圈的电流，以减弱磁场强度，来保持发电机的电压不继续升高，以免烧坏电器。电压调节器通常利用晶体三极管的开关特性，使磁场电流接通与切断，从而来调节磁场电流，以控制发电机输出电压。

2 晶体管电压调节器

晶体管电压调节器又称电子调节器。它以稳压管作为电压感受元件，控制晶体管的通断来调节励磁电流，从而使发电机电压保持稳定。这种调节器在使用过程中无须维护，结构简单，体积小，质量小。

电子调节器基本工作原理如图2-23所示。

调节器的"+"接线柱接点火开关，F接线柱接发电机励磁绕组，"+"和F之间为晶体管的集电极与发射极之间形成的开关电路，"+"与"-"之间有两个电阻 R_1、R_2 组成的分压器，其O点电压正比于发电机电压，O点与放大器之间接有稳压管 D_W，用来感知电压。其工作过程为：在发电机电压较低的情况下，分压器中间O点电压

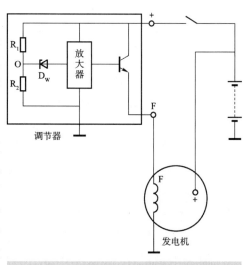

图2-23　晶体管电压调节器基本工作原理

也较低,此时稳压管处于截止状态,此状态经放大器放大,给晶体管的基极一个高电位信号,使晶体管导通,励磁电流可以通过晶体管流入发电机励磁绕组,使发电机电压上升,当电压上升到调节器电压调整值时,O点电压升高至稳压管的击穿电压,稳压管被击穿,此信号经放大器放大后给晶体管一个低电位信号,使晶体管截止,切断了励磁电流,发电机无励磁电流,电压便下降,这样又使晶体管导通,如此反复,使发电机的电压稳定在一定值。

从上述调节器的结构和工作情况看,电子调节器共有三个接线柱,即"+"、"F"和"-",在接线时不能接错。值得注意的是,电子调节器的接线方式根据发电机和调节器的形式而有所不同。虽然调节器的接头标注都一样,但接法完全不同。图2-24为发电机和调节器的两种接线方式。

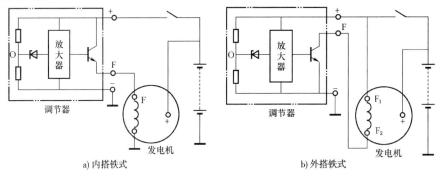

图2-24 发电机和调节器的两种接线方式

图2-24a)为磁场线圈内搭铁式,调节器装在发电机与点火开关之间,发电机励磁绕组有一端搭铁。图2-24b)为外搭铁式,调节器装在发电机励磁绕组与搭铁之间,发电机励磁绕组无搭铁端,调节器控制励磁绕组搭铁。这两种形式的发电机与调节器不能互换,否则将会造成发电机电压失调或不发电。

3 集成电路调节器

集成电路调节器是利用集成电路(IC)组成的调节器,可分为全集成电路调节器和混合集成电路调节器两类。前者是将二极管、晶体管、电阻、电容等电子元件同时制在一块硅基片上;后者是用厚膜或薄膜电阻与集成的单片芯片或分立元件组装而成,使用最广泛的是厚膜混合集成电路调节器。

集成电路调节器除具有晶体管调节器的优点外,还有以下一些特点:

(1)体积小、质量小,因此,可以直接装在发电机内部或壳体上,成为整体式交流发电机的一个零件,这样可以省去调节器和发电机之间的导线,减小了线路损失,减少了线路故障,使调节器的精度可达±0.3V,工作更为可靠;

(2)耐高温性能好,可在130℃高温下正常工作;

(3)更加耐振,使用寿命长。

目前轿车上已大量采用集成电路调节器。

集成电路调节器的基本工作原理与晶体管调节器完全一样,都是利用晶体管的开关特性控制发电机磁场电流来达到稳定发电机输出电压的目的,如图2-25所示。它也有内搭铁和外搭铁之分,而且以外搭铁使用的较多。

集成电路调节器根据不同的电压检测方法可分为蓄电池感应型和发电机感应型,如图2-26所示。蓄电池感应型的IC调节器通过端子S(蓄电池检测端子)来检测蓄电池的电源系统电压,并把输出电压调节到规定的值;发电机感应型的IC调节器通过检测发电机的内部电压来把输出电压调节到规定的值。

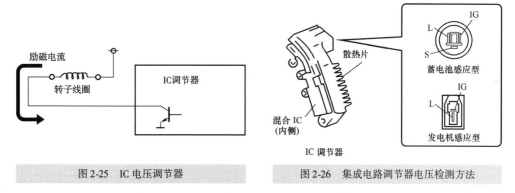

图2-25 IC电压调节器   图2-26 集成电路调节器电压检测方法

IC调节器的主要功能是:电压调节和当发电机停止发电或充电条件异常时发出警告。当检测到转子线圈开路或短路、端子S脱开、端子B脱开、过电压(由于端子F和E之间短路使蓄电池电压上升)时,IC调节器通过亮起充电警告灯发出警告。

引导问题10 充电警告灯是怎样工作的?

现代汽车大部分都用充电警告灯来表示电源系统的工作情况,但也有用电流表指示蓄电池充电、放电的。充电警告灯的控制方法主要有三种:第一种是利用交流发电机中性点电压进行控制;第二种是利用九管交流发电机进行控制;第三种利用交流发电机输出端电压,通过电子控制器进行控制。带有集成电路调节器的整体式交流发电机与外部(蓄电池、线束)连接端子通常用B+(或+B、BAT)、IG、L、S(或R)和E(或"-")等符号表示,这些符号通常在发电机端盖上标出,其代表的含义如下。

B+(或+B、BATT):发电机输出端子,用一根粗导线连接至蓄电池正极或起动机上。

IG:表示通过线束连接至点火开关,在部分发电机上无此端子。

L:充电警告灯连接端子,通过线束接充电警告灯或充电指示继电器。

S(或R):调节器的电压检测端子,通过导线直接连接蓄电池的正极。

E:发电机和调节器的搭铁端子。

1 利用中性点控制的充电警告灯

利用中性点控制的充电警告灯电路如图2-27所示。

2 利用九管发电机控制的充电警告灯

九管发电机控制的充电警告灯电路如图2-28所示。
接通点火开关,电流从蓄电池"+"极→点火开关S→充电警告灯HL→调节器火线接线柱"+"→磁场接线柱 F→发电机励磁绕组→搭铁→蓄电池"-"极,构成回路。充电警告灯亮,表示不充电。

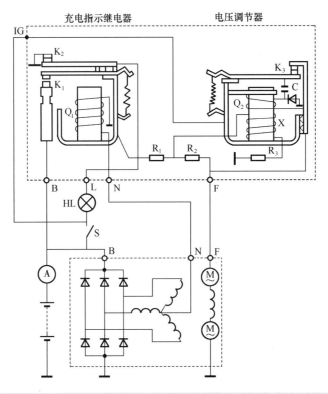

图 2-27 利用中性点控制的充电警告灯电路

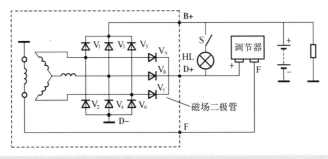

图 2-28 利用九管发电机控制的充电警告灯电路

当发动机起动后,充电警告灯受蓄电池电压和励磁二极管输出端的电压 D_+ 的差值所控制。随发电机转速的升高,D_+ 处电压升高,充电警告灯两端的电位差减小,充电警告灯就会自动变暗与熄灭。此后,B_+ 与 D_+ 等电位(都高于蓄电池电动势),充电警告灯一直熄灭,表示发电机对蓄电池充电。

3 利用 IC 调节器控制的充电警告灯

利用集成电路 IC 调节器控制的充电警告灯电路如图 2-29 所示。

学习任务二　充电警告灯常亮的检修

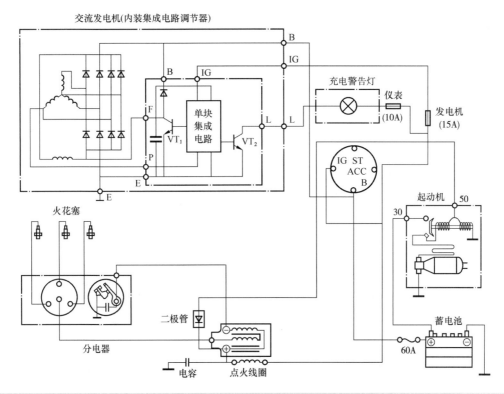

图 2-29　利用 IC 调节器控制的充电警告灯电路

调节器的 IG 端经点火开关接至蓄电池,用于检测蓄电池和发电机电压,从而控制晶体管 VT_1 的导通与截止,控制发电机磁场电路。调节器的 P 端接至发电机定子绕组某一相上,该点电压为交流发电机直流输出电压的一半,单片集成电路调节器从 P 端检测到交流发电机的电压,从而控制晶体管 VT_2 的导通与截止,从而控制充电警告灯电路。

当点火开关接通,发电机未转动时,蓄电池电压经点火开关加到发电机 IG 端和调节器的 IG 端,调节器的电源就被接通,单片集成电路检测出这个电压,使 VT_1 导通,于是磁场电路接通。磁场电路为:蓄电池正极→60A 易熔线→点火开关电源端子 B→发电机输出端子 B→磁场绕组→调节器磁场端子 F→调节器晶体管 VT_1→调节器搭铁端子 E→蓄电池负极。

此时,交流发电机未运转不发电,P 端电压为零,单片集成电路检测出该电压使 VT_2 导通,于是充电警告灯亮,指示蓄电池放电,其电路为:蓄电池正极→易熔线(60A)→点火开关 B 端子→点火开关触点→点火开关 IG 端子→仪表熔断器(10A)→充电警告灯→发电机线束插接器 L 端子→IC 调节器晶体管 VT_2→搭铁端子 E→蓄电池负极。

当发电机输出电压高于蓄电池电压而低于调节电压时,单片集成电路控制 VT_1 导通,VT_2 截止,发电机励磁电路仍然接通,由他励转为自励,充电警告灯自动熄灭。

此外,集成电路调节器还有自我保护功能,当出现输入端 IG 与蓄电池之间有断路故障时,集成电路控制 VT_2 导通,使充电指示灯点亮,提醒驾驶人充电系统有故障;当发电机的电压超过调节电压时,集成电路自动控制 VT_2 截止,防止发电机发电电压过高。

引导问题 11 桑塔纳 2000 充电警告灯是如何工作的？

桑塔纳 2000 充电系统电路如图 2-30 所示。

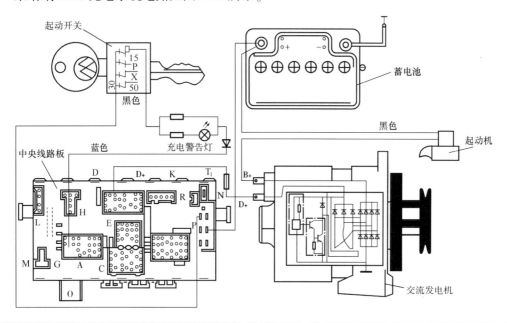

图 2-30 桑塔纳 2000 充电系统电路

整体式交流发电机的 3 只正极管与 3 只负极管组成一个三相桥式全波输出电流整流电路,其输出端 B_+ 用红色导线与起动机"30"端子连接(1996 年后部分乘用车输出端 B_+ 用红色导线经 80A 易熔线与蓄电池正极柱连接)。3 只磁场二极管与 3 只负极管也组成一个三相桥式全波磁场电流整流电路,其输出端 D_+ 用蓝色导线经蓄电池旁边的单端子插接器 T_1 后与中央线路板 D 插座的 D_4 端子连接,再经中央线路板内部线路与 A 插座的 A_{16} 端子相连。点火开关"30"端子用红色导线经中央线路板上的单端子插座 P 与蓄电池正极连接。点火开关"15"端子用黑色导线与仪表板左下方 14 端子黑色插座的 14 端子连接(图中未画出,可参见原版线路图),经仪表板印制电路上的电阻 R_1、R_2 和充电警告灯、二极管接回到 14 端子黑色插座 12 端子,再用蓝色导线与中央线路板 A 插座的 A_{16} 端子连接。

充电警告灯及发电机磁场绕组线路为:蓄电池正极端子→中央线路板单端子插座 P 端子→中央线路板内部线路→中央线路板单端子插座 P 端子→点火开关"30"端子→点火开关→点火开关"15"端子→组合仪表板下方 14 端子连接器的"14"端子→电阻 R_2 和充电警告灯(发光二极管)→二极管→中央线路板 A_{16} 端子→中央线路板内部线路→中央线路板 D_4 端子→单端子插接器 T_1(蓄电池旁边)→交流发电机 D_+ 端子→发电机的磁场绕组→电子调节器功率管→搭铁→蓄电池负极。当接通点火开关,起动发动机,当发电机不发电或发电不足时,充电警告灯便会点亮;当发电机的发电电压高于蓄电池电压时,充电警告灯便熄灭。

引导问题 12　充电系统部件常见的故障有哪些？

充电系统部件常见的故障如图 2-31 所示。

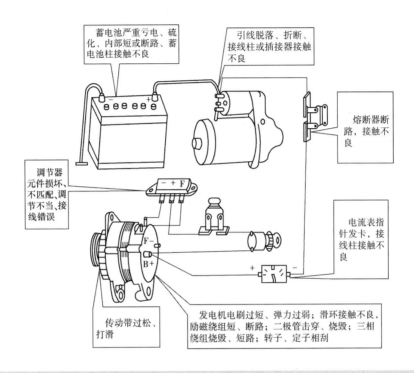

图 2-31　充电系统部件常见故障部位

引导问题 13　充电警告灯常亮故障的检测流程是怎样的？

充电警告灯常亮的检测流程如图 2-32 所示。

二、实　施　作　业

引导问题 14　作业需要哪些工具、设备和材料？

（1）组合扳手、扭力扳手、钳子、螺丝刀、万用表、电流表、轴承拉拔器。
（2）桑塔纳 2000 乘用车、直流稳压电源、压力机、电烙铁。
（3）磁力护裙、座椅套、转向盘套、变速杆手柄套和脚垫。
（4）桑塔纳 2000 乘用车维修手册。

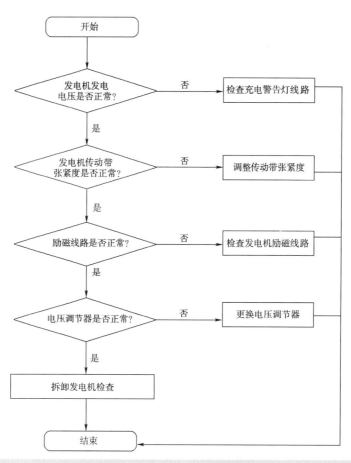

图 2-32 充电警告灯常亮的检测流程图

引导问题 15 通过查询和查找，填写以下信息。

车辆生产年份_____，车牌号码_____，行驶里程_____，发动机型号及排量_____，车辆识别代码（VIN）_____。

引导问题 16 如何检查充电警告灯工作情况？

转动点火开关位于"ON"挡位，此时组合仪表中的充电警告灯应点亮；起动发动机，并提高转速到 600～800r/min，充电警告灯应自动熄灭。

引导问题 17 如何检查发电机输出电压？

1. 充电系统空载电压的检测

（1）将电压表并联到蓄电池电缆接头上，红表笔接蓄电池正极，黑表笔接蓄电池负极。

(2)测量蓄电池开路电压,一般情况下蓄电池开路电压为12V以上。

(3)把发动机转速提高到大约1500r/min,在无负载的情况下,充电系统电压应比开路电压高约2V,根据汽车型号的不同在13.5~15.0V。

(4)测量结果若低于13.5V,表明充电系统存在发电不足的问题;若高于15.0V,表明发电机的发电电压过高。

2 发电机输出线路的电压降的检测

如果发电机输出线路电阻过大,也会造成充电不良,所以要检查发电机B端子和蓄电电正极间的配线是否正常。

(1)检查发电机的安装状态是否正常;检查发电机传动带的张紧度是否正常;检查发电运转时有无异响等。

(2)把点火开关转到"OFF"挡位,拆下蓄电池的负极电缆。

(3)从B端子拆下发电机的输出线,在B端子和已拆下的输出线之间串联一个0~100A的测试用直流电流表,线路连接如图2-33所示。

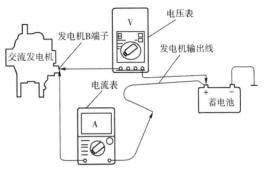

图2-33 发电机输出线路电压降的检查接线

电流表的正极线接到B端子上,把电流表的负极线接到已拆下的输出线上。

如果采用钳形电流表,就可以不拆发电机输出线也能测量,这样可避免因连接不良而造成测量误差。

(4)把一个电压表接在交流发电机的B端子和蓄电池正极之间。

(5)连接蓄电池的负极电缆线。起动发动机,当转速为2500r/min的状态下,用打开或关断前照灯和其他灯的方法来调整发电机的负载,使电流表指针指示在比30A稍高的位置。慢慢地降低发动机转速使电流表的指示值为30A,并读取此时的电压表指示值,极限值为0.3V。若电压值高于极限值,可认为发电机的输出线不良,应检查发电机B端子和蓄电池正极间的配线。

当发电机输出功率大而不能使电流表的指示值下降到30A时,调整到40A并读取电压的指示值,此时的极限值变成0.4V。

3 发电机输出电流的检测

发电机输出电流检测的线路连接如图2-34所示。

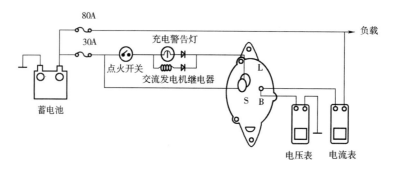

图2-34 输出电流检测线路连接示意图

(1)检查蓄电池的状态是否正常;检查发电机传动带的张紧度是否正常;检查发电机运转时有无异响等。

蓄电池处于稍微放掉些电的状态为好,使用充足电的蓄电池往往因电负载不足而不能正确地进行试验。

(2)把点火开关转到"OFF"挡位,拆下蓄电池的负极电缆。
(3)从发电机的B端子拆下输出线,在B端子和已拆下的输出线之间串联一个0~100A的测试用直流电流表。

由于有大电流通过,因此各连接部分须用螺栓和螺母牢牢固定,切勿使用夹子固定的方法,最好采用不拆下交流发电机输出线也能测量的钳形电流表。

(4)把一个0~20V的测试用电压表接到B端子和搭铁之间(把电压表的正极导线接到B端子上,把电压表的负极导线可靠搭铁)。
(5)连接蓄电池的负极电缆。检查电压表的读数是否与蓄电池的电压相同。若电压为0V,则认为发电机的B端子与蓄电池正极间的接线脱开或熔断丝烧断。
(6)将照明开关置于"ON"挡位,前照灯点亮后,起动发动机。
(7)把前照灯调到远光束位置,取暖器送风机开关调到大风量位置,然后将发动机转速升高到2500r/min,观察该电流表上的最大输出电流值,极限值应为额定输出电流的70%。

> ①额定输出电流值在交流发电机的铭牌上。
> ②发动机起动后,由于充电电流急剧下降,因此必须快速地读取最大电流值。
> ③输出电流随电负载大小或交流发电机本身的温度而变。当交流发电机本身或周围环境温度过高时,也往往达不到规定的输出电流。在此情况下,待交流发电机冷却后再进行试验。
> ④若汽车的电负载小,即使发电机本身正常也不能获得规定的输出电流。这时打开前照灯,使蓄电池放电或者利用车上其他大功率用电设备等来增大电负载,再进行试验。

(8)电流表的读数值应大于极限值。若低于极限值而交流发电机的输出线正常时,从发动机上拆下交流发电机加以检查。

引导问题18 如何检查发电机传动带是否打滑?

1 经验法检查

先检查传动带是否有撕裂、磨光、浸油、裂缝等情况。如果传动带情况正常,以98N的拇指力向下压,检查传动带的变形量,如图2-35所示。新传动带的变形量为4~6.5mm;旧传动带的变形量为7~10mm。如果大于规定值,则说明传动带打滑。

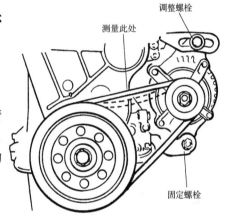

图2-35 检查传动带紧度

> 各车型及不同形式传动带的规格稍有差异,请查阅修护手册。

所谓新、旧传动带的分法,装在发动机上运转时间未超过5min的传动带,称为"新传动带";运转时间超过5min以上的传动带,称为"旧传动带"。因此,新传动带安装调整后,让发动机运转5min以后,必须重新检查传动带的变形量或张力。

2 使用传动带张力器检查

使用传动带张力器检查传动带松紧度的方法如图2-36所示,新传动带的传动带张力为650~800N;旧传动带的传动带张力为

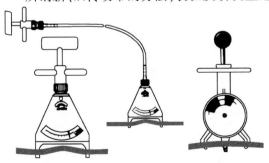

图2-36 传动带张力器的形式

500~650N。图中为三种不同形式的传动带张力器,中间的传动带张力器,可检查空间较狭窄处传动带的紧度。

3 传动带紧度调整

拧松发电机固定螺栓和调整螺栓,将发电机朝发动机的相反侧推移,调整好传动带松紧度后,锁紧固定螺栓及调整螺栓。传动带紧度调整完成后,发动发动机,检查发电机运转是否正常,及充电指示灯是否熄灭。

引导问题 19 如何检查电压调节器?

1 电压调节器短路的检测

电压调节器短路检测又称满励磁检查。这种测试方法是将电压调节器短路,用蓄电池供电电压给发电机内的转子磁场线圈供电,使磁场线圈处于满励磁状态,进一步判断电压调节器是否失效。

当进行满励磁测试时,必须按各个汽车制造商的指定步骤,另外并不是所有的电压调节器都可以达到满励磁状态,在进行此项测试之前应查看制造商的相关要求。

满励磁测试步骤在发动机可工作的转速范围内使发电机输出最大化。为了保护元器件和电路,不允许电压输出高于16V。如果输出电压在参数范围内,电压调节器就是有问题的。

在一个典型的带外搭铁电压调节器的充电系统中(以桑塔纳发电机为例),进行满励磁状态测试。首先需要把电压调节器拆下,并在"F"接头和"-"接头之间,如图2-37所示,使用短路线连接,然后,再将电压调节器装回,进行测试。起动发动机,并提高转速,如果电流输出在参数范围内,则表示电压调节器失效。

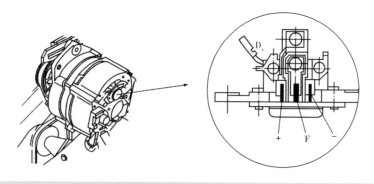

图2-37 电压调节器的短路检测

2 调节器调节电压的检测方法(稳压电源检测法)

使用可调直流稳压电源和测试灯试验其性能,检测设备包括可调直流稳压电源(输出电压为 0～30V,电流为 5A)和一只 20W 的汽车灯泡(代替发电机磁场线圈),接线方法如图 2-38 所示。

注意

检查内搭铁式晶体管调节器时,测试灯应接在调节器"F"与"－"接线柱之间;检查外搭铁式晶体管调节器时,测试灯应接在调节器"F"与"＋"接线柱之间。

调节直流稳压电源,使其输出电压从零逐渐升高,14V 调节器当电压升高到 6V(28V 调节器电压升高到 12V)时,测试灯开始点亮;随着电压的不断升高,测试灯逐渐变亮,14V 调节器当电压升高到 (14±0.5)V,28V 调节器当电压升高到 (28±1)V 时,测试灯应立即熄灭。继续调节直流稳压电源,使电压逐渐降低,测试灯又重新变亮,且亮度随电压的降低逐渐减弱,则说明调节器良好。

当施加到调节器上的电压超过调节电压规定值时,测试灯仍不熄灭,或者起控电压数值与规定值相差较大时,说明调节器有故障,已不能起调节作用;如测试灯一直不亮,也说明调节器有故障。

3 电压调节器就车检查

(1)关闭所有电器负荷,如前照灯、空调、刮水器等。车辆行驶后不宜立刻检验,应待电压调节器冷却至适当温度后再检查。

(2)接上电压表、电流表,如图 2-39 所示。

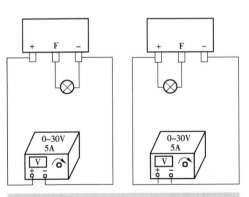

图 2-38 用直流稳压电源检测电压调节器的电压

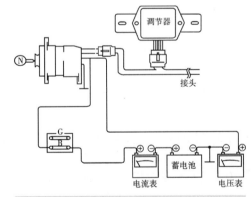

图 2-39 接上电压电流表

(3)起动发动机,暖车后并以 2500r/min 运转。

(4)检查电流表,正常情形下,充电电流应在 5A 以下。

(5)发动机转速在急速与 2500r/min 间升降,检查电压表读数,若在 14.4～15.1V 范围内时,表示电压调节器功能正常。

引导问题20 如何更换发电机?

(1)拆卸蓄电池负极搭铁线。
(2)移开橡胶保护套,拆卸发电机的插销,如图2-40所示。
(3)拆卸发电机接头。
(4)拆卸调整螺栓及固定螺栓,如图2-41所示。

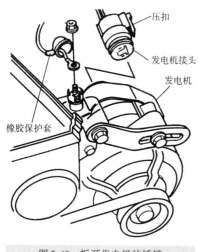

图2-40 拆开发电机的插销

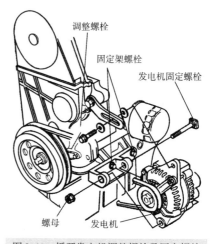

图2-41 拆开发电机调整螺栓及固定螺栓

(5)取下传动带及发电机。
(6)依拆卸的相反顺序装回。

注意

发电机的固定螺栓及调整螺栓先暂时装上,不要锁紧。

(7)按要求调整发电机传动带松紧度,锁紧固定螺栓和调整螺栓。

引导问题21 如何对发电机进行解体?

发电机分解图如图2-42所示。
(1)拆卸固定螺栓,使前盖总成与后盖总成分离,如图2-43所示。
(2)拆卸转子轴上的固定螺母,使带轮、前盖、转子等分离,如图2-44所示。
(3)使用轴承拉拔器拆下轴承,如图2-45所示。
(4)拆卸插销固定螺母及绝缘衬套。
(5)拆卸整流器固定螺栓及电刷架固定螺栓。
(6)将后盖与定子分离,如图2-46所示。

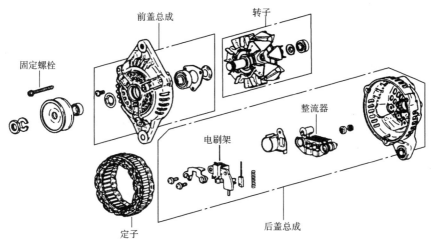

图 2-42 发电机的分解图

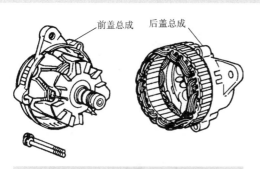

图 2-43 分开前盖总成与后盖总成

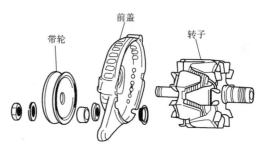

图 2-44 拆卸带轮、前盖与转子

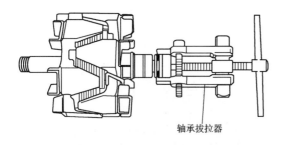

图 2-45 拆下轴承

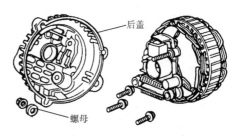

图 2-46 将后盖与定子分离

（7）拆下 IC 调节器，如图 2-47 所示。

（8）以电烙铁将整流器上的定子线圈插销熔开，如图 2-48 所示。取下整流器。

注意

电烙铁停留在焊点上的时间不要超过 5s，并使用尖嘴钳以帮助散热。

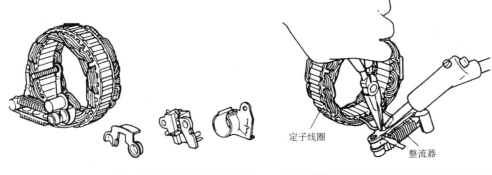

| 图 2-47 拆下 IC 调节器 | 图 2-48 熔开整流器上的焊点 |

引导问题 22　如何对发电机各零件进行检查？

1 转子总成的检查

（1）滑环的检查。滑环表面应平滑，无刮痕或粗糙的状况。使用游标卡尺测量滑环外径，滑环标准外径为 32.3～32.5mm，滑环最小外径为 32.1mm。

（2）磁场线圈电阻的检查。使用电阻表在冷态时检查，如图 2-49 所示。若不导通时，更换转子。非 IC 调节器的磁场线圈电阻为 3.9～4.1Ω，IC 调节器的磁场线圈电阻为 2.8～3.0Ω。

（3）搭铁的检查。使用电阻表检查滑环与磁极或滑环与转子轴间应不导通，如图 2-50 所示。若导通，应更换转子。

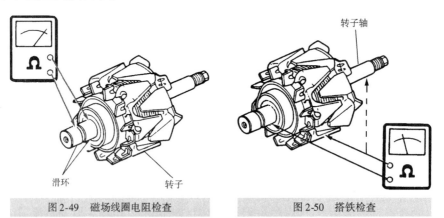

| 图 2-49 磁场线圈电阻检查 | 图 2-50 搭铁检查 |

2 定子总成的检查

（1）定子线圈导通性的检查。使用电阻表检查各组定子线圈之间应导通，如图 2-51 所示。

（2）定子线圈绝缘性的检查。检查定子线圈与铁芯间应不导通，如图 2-52 所示。

学习任务二 充电警告灯常亮的检修

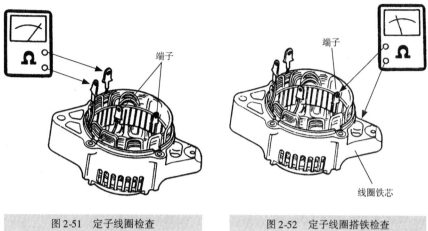

图 2-51 定子线圈检查　　　　图 2-52 定子线圈搭铁检查

3 整流器检查

整流器的外观及线路如图 2-53 和图 2-54 所示。

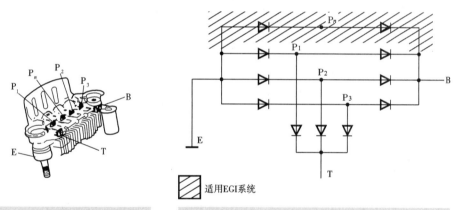

图 2-53 整流器的外观(EGI 式)　　　　图 2-54 整流器的线路

使用电阻表,根据表 2-3 的内容对整流器进行检查。若有故障,更换整流器。

整流器检查表　　　　　　　　　　　　　　　　表 2-3

负 极	正 极	通 路
E		是
B	P_n, P_1, P_2, P_3	否
T		否
P_n, P_1, P_2, P_3	E	否
	B	是
P_1, P_2, P_3	T	是
P_n		否

4 电刷及电刷弹簧的检查

(1) 电刷的检查。使用游标卡尺检查电刷凸出长度，如图 2-55 所示。电刷凸出长度的标准值为 10.5mm，最小值为 4.5mm。

电刷凸出长度不符合规定时，使用电烙铁焊开接点，换新电刷。有些电刷上有磨耗极限指示线，当指示线露出时，表示电刷必须换新，如图 2-56 所示。

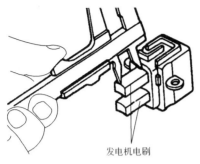

图 2-55 电刷凸出长度检查

(2) 电刷弹簧的检查。使用弹簧秤测量电刷弹簧弹力，如图 2-57 所示，将电刷压入至伸出 2mm 时检查。电刷弹簧弹力的标准值为 3~4N，最低值为 2.1N。弹力不足时需更换弹簧。

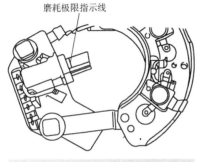

图 2-56 电刷上的磨耗极限指示线

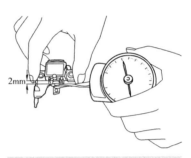

图 2-57 检查电刷弹簧弹力

5 轴承的检查

旋转并施加压力，检查轴承转动时感觉是否粗糙、阻力太大或有异声。使用轴承拉拔器及压床，以换新轴承。

引导问题23 组合发电机时应注意哪些问题？

(1) 各零件应清洁干净。
(2) 定子线圈与整流器焊接时，动作必须迅速。
(3) 利用电刷止挡杆挡住电刷，如图 2-58 所示，以方便发电机的组合，组合后再小心拉出止挡杆。

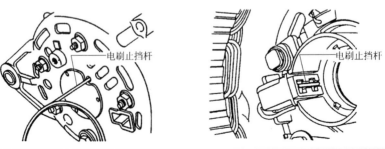

图 2-58 电刷止挡杆的使用

(4)组合后,转动转子,检查旋转是否正常。

三、评价与反馈

(1)对本学习任务进行评价,见表2-4。

评 分 表　　　　　　　　　　　　　　　　表2-4

考核项目	评分标准	分数	学生自评	小组互评	教师评价	小计
团队合作	是否协调	5				
活动参与	是否积极主动	5				
安全生产	有无安全隐患	10				
现场5S	是否做到	10				
任务方案	是否正确、合理	15				
操作过程	发电机传动带的检查与调整; 发电机的检查与更换; 电压调节器的检查; 发电机的解体、检查与装配	30				
任务完成情况	是否圆满完成	5				
工具和设备使用	是否规范、标准	10				
劳动纪律	是否能严格遵守	5				
工单填写	是否完整、规范	5				
总分		100				
教师签名:			年　月　日		得分	

(2)在实施作业时每一个安全事项都注意到了吗?如果没有,找出忽略的地方和原因。
(3)能否向车主解释故障诊断及排除的过程?如果不能,分析原因并提出改进措施。

四、学习拓展

(1)查阅卡罗拉(1.6L)乘用车维修手册,比较卡罗拉(1.6L)乘用车和桑塔纳2000乘用车发电机的结构和拆装方法有什么不同。

(2)查阅卡罗拉(1.6L)乘用车维修手册,根据桑塔纳2000乘用车充电警告灯常亮的检修流程制定卡罗拉(1.6L)乘用车充电警告灯常亮的检修流程。

(3)查阅卡罗拉(1.6L)乘用车维修手册,制定卡罗拉(1.6L)乘用车发电机的解体操作工艺。

学习任务三

起动机不转动的检修

学习目标

完成本学习任务后,你应能:
1. 正确描述起动系统的组成和各组成部件的主要作用;
2. 正确描述起动机的基本结构、主要零部件的功能及工作原理;
3. 正确分析起动系统电路图及起动机不运转的原因,掌握起动机不运转的检测流程;
4. 掌握起动系统电路电压降的检查方法;
5. 掌握起动机的更换及性能检查方法;
6. 掌握起动机的解体、检查及装配步骤和要求。

 建议完成本学习任务的时间为 **16** 课时。

 学习任务描述

一辆 2013 款科鲁兹(1.6L)乘用车,当点火开关旋转到起动(ST)挡时,起动机无反应,发动机不能起动。经技术人员分析,可能为起动机或起动系统线路故障,需要对起动系统进行检查。

学习任务三 起动机不转动的检修

学习内容

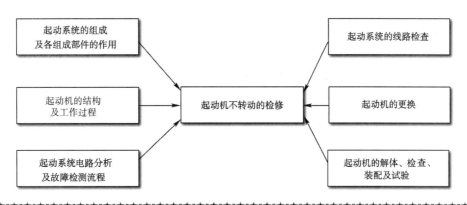

一、资料收集

引导问题1 起动系统的作用是什么？由哪些部件组成？

1 起动系统的作用

汽车发动机必须先靠外力摇转曲轴才能进行正常的工作过程，起动系统的作用就是为起动发动机提供所需要的外力。常用的起动方式有人力和电力两种，人力起动简单，但不方便，劳动强度大，目前只有在部分汽车上作为后备方式而保留着；电力起动操作方便，起动迅速可靠，重复能力强，所以在现代汽车上被广泛应用。

2 起动系统的组成

起动系统主要由蓄电池、起动机、起动继电器、点火开关及相互连接的线束组成，如图3-1所示。

引导问题2 起动系统各部件有何作用？

1 蓄电池

蓄电池为起动机提供起动发动机所需的大电流。

2 点火开关

点火开关用来接通起动机控制电路并且控制全车的用电器工作。汽车的点火开关装在转向柱上，通常有5个挡位，如图3-2所示。

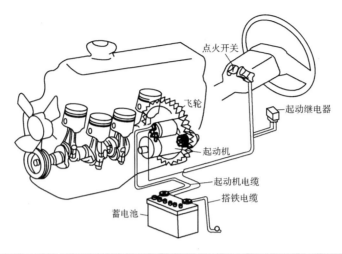

图3-1 起动系统的组成

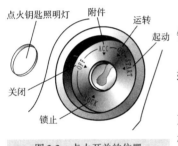

图3-2 点火开关的位置

(1)锁止(LOCK)。钥匙在此位置才能拔出,也在此位置锁住转向盘,以防汽车无钥匙被移动或被开走。

(2)关闭(OFF)。在此位置全车电路不通,但转向盘可以转动,以便不起动发动机移动汽车使用。

(3)附件(ACC)。在此位置汽车附属电器的电路接通,如点烟器、收音机等,但点火系统不通。不起动发动机听收音机时应开在此位置。

(4)运转(ON)。在此位置时点火系统及汽车各用电器均接通,一般汽车行驶时均在此位置。

(5)起动(START)。由运转(ON)位置顺时针方向旋转钥匙即为起动位置,手放松时,钥匙又可回到运转(ON)位置。在起动位置,点火系统及起动系统均接通以起动发动机。

3 起动继电器

起动机的工作电流很大,为50～300A,不方便直接控制,因此,一般使用点火开关以较小的电流(3～5A),经起动继电器中线圈产生的磁力来控制触点的开闭,以控制主电路的通断。

4 起动机

起动机是起动系统中的重要组成部分,起动机由直流串励式电动机、传动机构和电磁开关三部分组成,如图3-3所示。

起动机有两个主要作用:

(1)利用起动机小齿轮与发动机飞轮齿圈啮合,以摇转发动机使其能起动;

(2)发动机起动后,小齿轮与飞轮齿圈必须立刻分离,以免起动机受损。

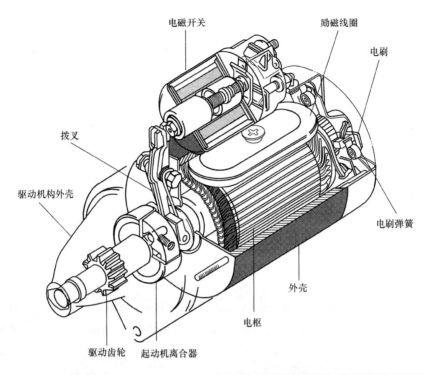

图 3-3 起动机的组成

引导问题3 ▶ 起动机各组成部分的作用如何？

1 直流电动机

直流电动机是将电能转化为机械能的装置，其功用是产生发动机起动时所需要的电磁转矩。

2 电磁开关

电磁开关又称起动机的控制机构，主要作用是用来控制起动机驱动齿轮与飞轮齿圈的接合与分离，并控制起动机主电路的接通与切断。

3 传动机构

起动机的传动机构在起动发动机时，能自动使起动机小齿轮与飞轮齿圈啮合，在发动机起动后，能使起动机小齿轮自动与飞轮齿圈分离或自行空转，避免起动机因高速运转而损坏。减速型起动机的传动机构中设有减速机构，起减速增矩的作用。起动机小齿轮齿数与飞轮齿圈齿数比为1∶15～1∶20，即传动比为15∶1～20∶1。

引导问题4　直流电动机是如何工作的？

直流电动机是根据通电导体在磁场中受到电磁力作用而发生运动的原理制成的，其工作原理如图3-4所示。

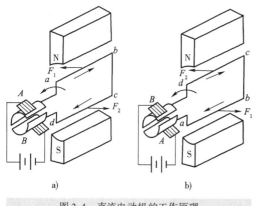

图3-4　直流电动机的工作原理

电动机的电刷与直流电源相接，电流由正电刷和换向片A输入，经电枢绕组后从换向片B和负电刷输出，如图3-4a)所示。此时绕组中的电流方向为$a \to d$，由左手定则可以确定导体ab受向左的作用力F_1，cd受向右的作用力F_2，且F_1与F_2相等，整个绕组受到逆时针的转矩作用而转动。当电枢转过半周，如图3-4b)所示，换向片B与正电刷接触，换向片A则与负电刷接触，绕组中的电流方向变为$d \to a$，因而在N极和S极下面导体中的电流方向总是保持不变，电磁转矩的方向也就不变，使电枢受转矩作用仍按逆时针方向转动。这样在电源连续为电动机供电时，电枢就不停地按同一方向转动。当电动机有负载时，就可以将电源的电能转变为机械能输出。

由于一个线圈产生的转矩太小，转速又不稳定，为了增大电磁转矩和提高电动机运转的平顺性，实际使用的电动机采用多组电枢绕组和多对磁极。换向片的数量也随绕组匝数的增多而增加。对于结构一定的电动机，由电磁理论可以得出，其电磁转矩的大小与磁极磁通和电枢电流成正比，其数学表达式为

$$M = C_m \Phi I_a$$

式中：C_m——电动机结构常数（取决于电动机的结构）；
Φ——磁极磁通；
I_a——电枢电流。

引导问题5　直流电动机的结构如何？

直流电动机主要由外壳与磁极、电枢、电刷、换向器、端盖等组成，如图3-5所示。

1　外壳与磁极

起动机外壳与磁极（又称起动机磁轭总成）如图3-6所示，包括外壳、磁极、磁场线圈等。外壳为软钢制的圆筒，作为磁力线的回路。磁极也是软钢制成，与外壳精密配合，用螺钉固定在外壳上，通常使用4个磁极。磁场线圈以扁铜条和绝缘纸绕成，通常使用4个磁场线圈，4个磁场线圈的连接方法主要有两种（图3-7）：一种是4个磁场绕组相互串联，如图3-7a)所示；另一种是4个磁场绕组两两串联后再并联（两串两并），如图3-7b)所示。

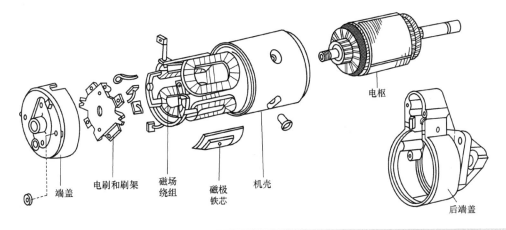

图 3-5 直流电动机的结构

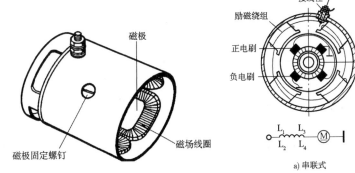

图 3-6 起动机外壳与磁极

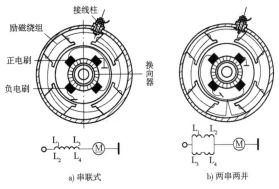

a) 串联式　　　　b) 两串两并

图 3-7 磁场绕组的接法

2 电枢

起动机电枢包括轴、硅钢片迭合成的铁芯、换向器及电枢线圈,如图 3-8 所示。电枢轴上有直槽或螺旋槽,供小齿轮移动用。铁芯的硅钢片表面上涂有绝缘油,可以防止涡电流的产生而发热。电枢线圈绕在铁芯上,每一槽中只有两条,以绝缘纸包扎。

换向器的构造如图 3-9 所示,使用铜片以 V 形切槽嵌入绝缘套中,每一铜片间以云母片隔开,云母片较铜片低 0.5~0.8mm。

电枢线圈与磁场线圈的连接方式可分串联式、并联式与复联式,如图 3-10 所示。

目前,多数起动机采用串联式连接方式,串联式连接方式的起动机具有如下特性:

(1) 在最初摇转发动机时,起动机转速低,电枢产生的逆向电动势较小,使流经起动机的电流量大,产生的转矩大,适合最初起动用;

(2) 当起动机转速 n 升高时,产生的逆向电动势较大,

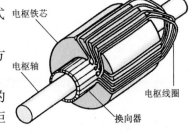

图 3-8 电枢的构造

故流经起动机的电流 I 较小,使作用于起动机的电压增加,因此输出转矩 M 降低,适合发动机达到一定转速时的要求,电流与转矩、起动机转速、电压的关系如图 3-11 所示。

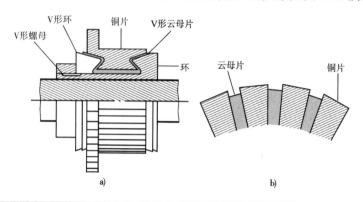

图 3-9　换向器的构造

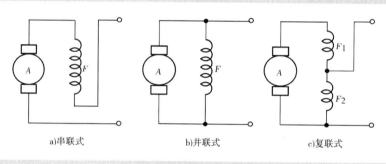

a)串联式　　　b)并联式　　　c)复联式

图 3-10　电枢线圈与磁场线圈的连接方式

3 电刷与电刷架

电刷的功用是将直流电引入电枢绕组中,并经搭铁电刷回到蓄电池负极形成闭合电流回路。一般采用 4 个电刷,其中 2 个绝缘电刷和 2 个搭铁电刷,通过 4 个电刷架固定在前端盖上,如图 3-12 所示。电刷由铜与石墨粉压制而成,含铜量达 80% 左右,因此电刷又称铜刷、炭刷。

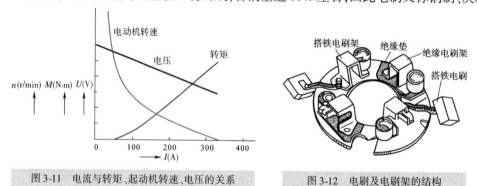

图 3-11　电流与转矩、起动机转速、电压的关系　　图 3-12　电刷及电刷架的结构

4 端盖

电动机有前后两个端盖,如图 3-13 所示。前端盖一般用钢板压制而成,其上装有 4 个电

刷架和电刷弹簧;后端盖为用灰铸铁铸造而成。前后端盖靠两个长螺栓与起动机壳紧固在一起,两端盖内均装有青铜石墨轴承衬套或铁基含油轴承衬套。但减速起动机由于电枢轴转速很高,电枢轴承则采用滚柱轴承或滚珠轴承。

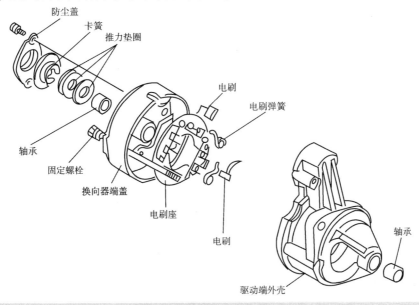

图 3-13　前端盖与后端盖的结构

引导问题6　电磁开关的结构和作用如何?

1 电磁开关的构造

电磁开关的构造如图 3-14 所示,由吸引线圈、保持线圈、柱塞、复位弹簧及接触片等组成。

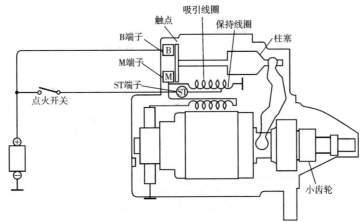

图 3-14　电磁开关的构造

2 电磁开关的功能

电磁开关具有如下功能：

(1) 类似主开关或继电器的功能，允许由蓄电池来的大电流通过，送入起动机；

(2) 拨动起动机驱动小齿轮，使之与飞轮齿圈啮合；

(3) 现代汽车使用的电磁开关，除控制电路的通断外，还控制起动机小齿轮的接合与分离。

3 工作过程

❶ 当点火开关转到"ST"位置时

如图3-15所示，起动发动机时，当点火开关转到"ST"位置时，蓄电池电流由点火开关"B"端子经点火开关"SS"到起动机电磁开关的"ST"端子。电流分两路：一路经较细的保持线圈（又称并联线圈）到外壳搭铁产生吸力；另一路经较粗的吸引线圈（又称串联线圈），经电磁线圈的M端子及起动机磁场线圈与电枢线圈搭铁，使起动机能缓慢旋转，并产生强大的电磁吸力。

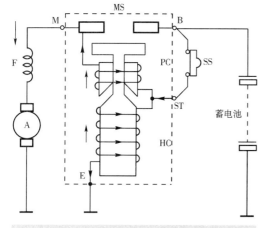

图3-15 起动开关接通时的工作原理

❷ 主开关接通时

如图3-16所示，保持线圈与吸引线圈的电流方向相同，磁力线相加，产生的强吸力将柱塞吸引到线圈中，柱塞的移动使拨叉将驱动小齿轮拨向飞轮。因起动机电枢缓慢转动，故如果轮齿相碰时能很快滑开而使齿轮很容易啮合，齿轮啮合后，电枢因电流小，转矩小，故停止转动。当驱动小齿轮与飞轮啮合完成后，柱塞将电磁开关"B"及"M"两个端子接通，大工作电流由蓄电池经电缆线直接通入起动机，使起动机产生强大转矩摇转发动机。此时吸引线圈两端电压相同而短路，无电流进入；保持线圈仍有电流。

发动机起动后，若点火开关仍在"ST"位置，驱动小齿轮仍与飞轮啮合，飞轮带动小齿轮超越离合器电枢高速空转。

❸ 点火开关复位到"ON"位置时

发动机起动后，松开点火开关，则点火开关自动由"ST"回到"ON"位置，此时"ST"的电流切断。因电磁开关"B"、"M"端子已闭合，故电流改由"B"端子经"M"端子流入吸引线圈，通过保持线圈后搭铁，此时吸引线圈的电流方向与原来方向相反，而保持线圈的电流方向仍不变，因此吸引线圈与保持线圈两线圈的电流方向相反，产生的磁力互相抵消，如图3-17所示。电磁开关的磁力消失后，弹簧将柱塞推出，拨叉将驱动小齿轮拨回到原来位置。

学习任务三　起动机不转动的检修

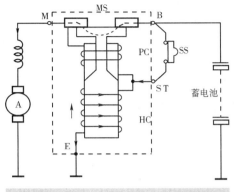

图3-16　起动机主开关接通时的工作原理

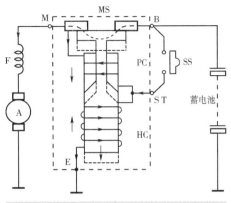

图3-17　点火开关回位到"ON"时的工作原理

引导问题7　传动机构是如何工作的?

传动机构的作用是把直流电动机产生的转矩传递给飞轮齿圈,再通过飞轮齿圈把转矩传递给发动机的曲轴,使发动机起动;起动后,飞轮齿圈与驱动齿轮自动打滑脱离。传动机构一般由驱动齿轮、单向离合器、拨叉等组成,其工作过程如图3-18所示。

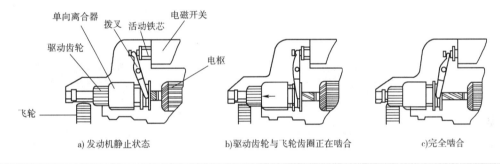

a) 发动机静止状态　　　　　　b) 驱动齿轮与飞轮齿圈正在啮合　　　　　　c) 完全啮合

图3-18　传动机构的工作过程

引导问题8　单向离合器是如何实现单向传递动力的?

单向离合器是传动机构的主要部件,有滚柱式、摩擦片式、弹簧式等几种类型,其中,最常用的是滚柱式单向离合器。

1　滚柱式单向离合器的构造

滚柱式单向离合器的构造如图3-19所示。滚柱式单向离合器的驱动齿轮与外壳制成一体,外壳内装有十字块和4套滚柱、压帽和弹簧。十字块与花键套筒固定连接,传动套筒内侧带键槽,套在电枢轴的花键部位上。滚柱式单向离合器通过改变滚柱在楔槽中的位置来实现分离和接合,以实现起动机驱动发动机,而发动机不能驱动起动机的单向传递动力的作用。滚柱式单向离合器齿轮啮合稳定,且磨损少,为目前汽油机起动机使用最多的类型。

57

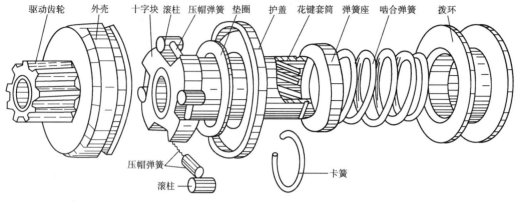

图 3-19 滚柱式单向离合器的结构

2 滚柱式单向离合器的工作过程

滚柱式单向离合器的工作过程如图 3-20 所示。小齿轮与单向离合器的内圈制成一体为从动件,起动时动力传递顺序为电枢轴→空心轴→离合器外壳→离合器内圈→小齿轮,如图 3-20a) 所示;发动机起动后,小齿轮转速大于电枢轴转速,小齿轮为主动件,滚柱移到楔槽较宽处,离合器分离,只有小齿轮空转,动力不会传到电枢轴,如图 3-20b) 所示。

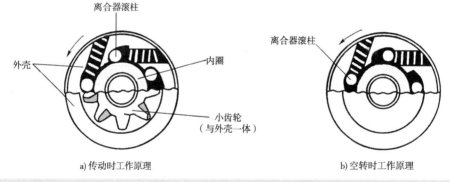

a) 传动时工作原理　　b) 空转时工作原理

图 3-20 滚柱式单向离合器工作原理

引导问题 9　为何采用减速型起动机?

现代汽油发动机多已采用减速型起动机。与普通传统式起动机相比,其最大特点为小型化、轻量化及高转矩。但起动机小型化会造成散热不良,故将导线接头的锡焊改为铜焊,甚至将铜焊改为熔接方式,绝缘材料使用高耐热材料。而电枢线圈导线数的减少,使起动机小型化且高速化,高转速时转矩小,所以需用减速齿轮,使转矩增大。

引导问题 10　减速型起动机的构造如何?

减速型起动机可分减速齿轮组式与行星齿轮组式两种。

1 减速齿轮组式减速型起动机的构造

减速齿轮组式减速型起动机的构造如图3-21所示,在电枢轴上的惰轮驱动离合器轴上的较大齿轮,为第一次减速,减速比约为3∶1;离合器轴上的小齿轮驱动飞轮齿圈时,为第二次减速。总减速比约为45∶1,以提供较高的旋转转矩。

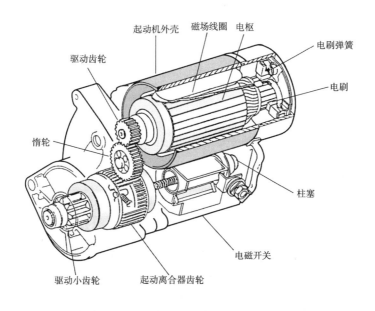

图3-21 减速齿轮组式减速型起动机的构造

2 行星齿轮组式减速型起动机的构造

行星齿轮组式减速起动机没有减速齿轮组式起动机的惰轮,而是将转速在同轴上减速,可在狭窄处做大幅度减速,因此更小型、轻量化。第一次减速比约为5∶1,总减速比约为70∶1,如图3-22所示。

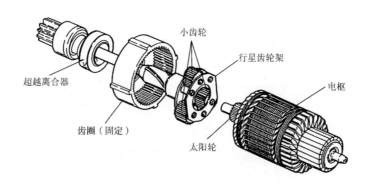

图3-22 行星齿轮组式减速型起动机的构造

引导问题 11　减速型起动机的工作原理如何？

1 起动开关在"ST"位置时

当起动开关转到"ST"位置时,电流经 ST 端子流进吸引线圈与保持线圈,流进吸引线圈的电流,经 M 端子进入磁场线圈与电枢线圈,如图 3-23 所示。由于吸引线圈的磁化作用导致电压降,使流入磁场线圈及电枢线圈的电流变小,故起动机只以低速转动,其电流流动方向如下:

```
蓄电池 → 起动开关 → ST端子 ┬→ 保持线圈 → 搭铁
                          └→ 吸引线圈 → M端子 → 磁场线圈 → 电枢 → 搭铁
```

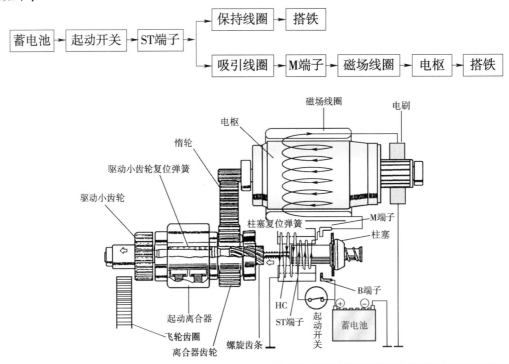

图 3-23　起动开关在"ST"位置时的工作原理

此时保持线圈与吸引线圈所建立的磁场,克服柱塞复位弹簧的弹力,使柱塞向左移动,驱动小齿轮因此被向左推与飞轮齿圈啮合。由于起动机转速慢,故可顺利啮合,且螺旋齿条也有帮助平顺啮合的作用。

当驱动小齿轮与飞轮齿圈完全啮合后,柱塞左侧的接触片使端子 M 与端子 B 接通,大工作电流流入起动机,使起动机高速旋转,如图 3-24 所示。而此时吸引线圈两端的电压相同而短路,电流不再流入,柱塞仅靠保持线圈的磁力保持在最左边的位置,其电流流动方向如下:

```
电源 ┬→ 起动开关 → ST端子 → 保持线圈 → 搭铁
     └→ B端子 → 接触片 → M端子 → 磁场线圈 → 电枢 → 搭铁
```

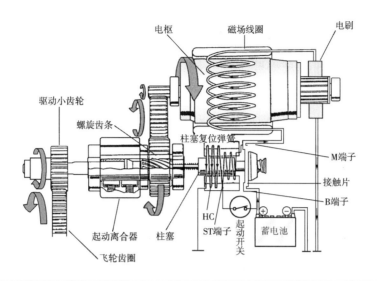

图3-24 主开关接通时的工作原理

2 松开起动开关时

松开起动开关时,点火开关回到"ON"位置,此时,ST端子电流切断,但主开关仍接通,因此电流由M端子经吸引线圈到保持线圈,吸引线圈与保持线圈的电流方向相反,磁力互相抵消,柱塞被复位弹簧推回右侧,因此主开关通过的大工作电流被切断,驱动小齿轮也与飞轮齿圈分离,其电流流动方向如图3-25所示。

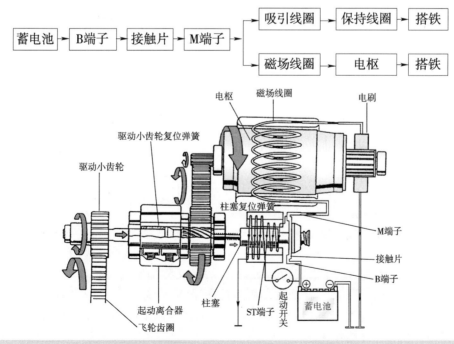

图3-25 起动开关回到"ON"位置时的工作原理

引导问题 12 ▶ 起动系统控制电路的种类有哪些？

起动系统控制电路可分为无起动继电器控制式、带起动继电器控制式、带空挡起动开关或离合器起动开关控制式。

1 无起动继电器控制的起动机控制电路

无起动继电器控制的起动机控制电路如图 3-26 所示。

2 有起动继电器控制的起动机控制电路

有起动继电器控制的起动机控制电路如图 3-27 所示。

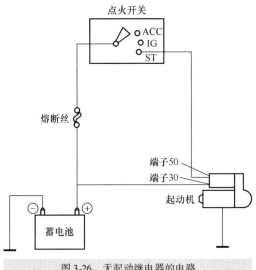

图 3-26　无起动继电器的电路

3 带空挡起动开关或离合器起动开关的起动机控制电路

带空挡起动开关或离合器起动开关控制的起动机控制电路如图 3-28 所示。

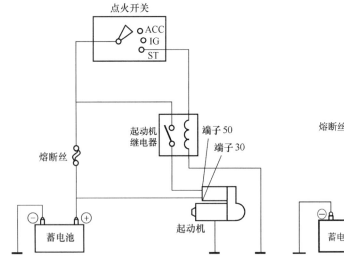

图 3-27　有起动继电器的电路

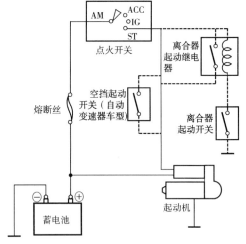

图 3-28　手动挡汽车用的离合器起动继电器和离合器起动开关

在装用自动变速器的汽车需安装起动安全开关（又称抑制开关），起动安全开关是一种常开开关，是防止变速器不在空挡或发动机运转中，起动系统突然产生作用而发生危险或损坏齿轮的安全装置。起动安全开关串接在起动继电器控制电路中，使起动电路必须选择在空挡 N 或驻车挡 P 时才能作用。

有些装用手动变速器的汽车，装用离合器起动开关，起到起动安全保护的作用。起动时只有踩下离合器踏板,使离合器开关接合,起动机才能起动,以防止变速器不在空挡时起动发动机发生危险。离合器起动开关串接在起动继电器控制电路中,只有当离合器起动开关接通时,离合器起动继电器线圈通电,触点闭合,才能使起动线路接通。

引导问题13 如何分析科鲁兹(1.6L)乘用车起动系统电路图?

科鲁兹(1.6L)乘用车起动系统电路图如图3-29所示。

当点火开关置于"Start(起动)"位置时,起动信号被提供至车身控制模块(BCM),然后,车身控制模块发送信息至发动机控制模块(ECM)通知已请求起动。发动机控制模块确认变速器置于驻车挡或空挡。若如此,则发动机控制模块向起动继电器的控制电路提供12V的电压。这时,蓄电池正极电压通过起动继电器的开关侧提供至起动机电磁线圈的S端子,起动机开始运转,发动机起动。

引导问题14 起动机不转动的检测流程如何?

起动机不转动的检测流程如图3-30所示。

二、实 施 作 业

引导问题15 作业需要哪些设备、工具和材料?

(1)组合扳手、扭力扳手、钳子、螺丝刀、电流表、万用表;
(2)科鲁兹(1.6L)乘用车、起动机测试实验台、台虎钳、举升机;
(3)磁力护裙、座椅套、转向盘套、变速杆手柄套和脚垫、清洗剂、润滑脂;
(4)科鲁兹(1.6L)乘用车维修手册。

引导问题16 通过查询和查找,填写以下信息。

车辆生产年份_____,车牌号码_____,行驶里程_____,发动机型号及排量_____,车辆识别代码(VIN)_____。

引导问题17 如何检查起动线路?

1 起动机线路的检查

(1)用万用表测量起动机"X_2"接线柱电压,正常值应为蓄电池电压。如果没有电压或电压不符合规定,则说明蓄电池正极接线柱与起动机"X_2"接线柱之间线路有故障。

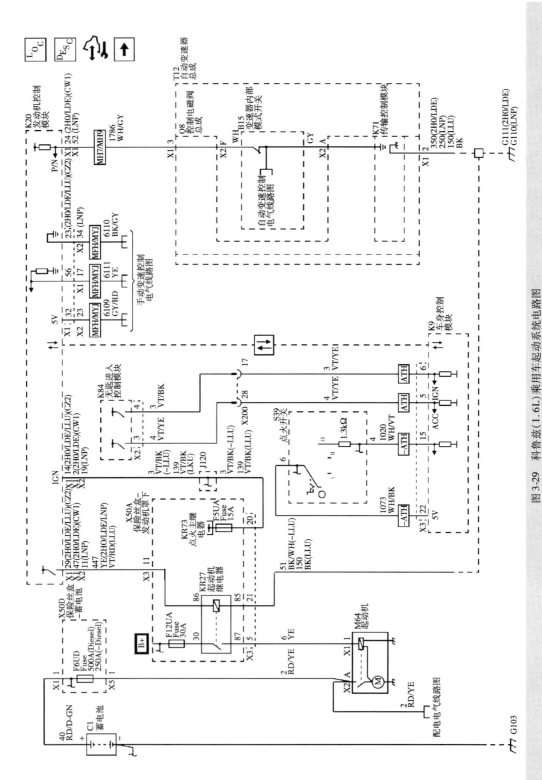

图 3-29 科鲁兹（1.6L）乘用车起动系统电路图

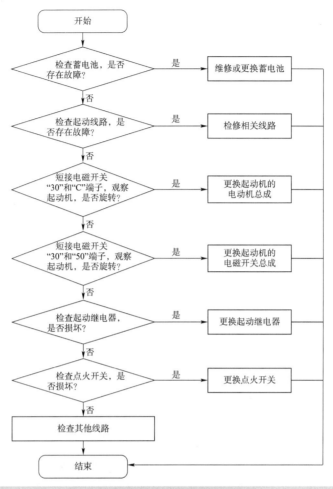

图 3-30 起动机不转动的检测流程图

（2）断开起动机电磁开关上的"X_1"线束连接器，将点火开关置于"START"挡位，并保持住，用万用表测量"X_1"线束插接器插孔电压，应为蓄电池电压，否则，说明起动机控制线路有故障。

2 起动继电器的检查

拆下起动继电器，用万用表根据表 3-1 的内容对起动继电器进行检查。如果检查结果与规定值不相符，则更换起动继电器。

起动继电器检查表　　　　　　　　　　　　　　　　表 3-1

测量端子	检查条件	规定值
30 与 87	在端子 1 和端子 2 之间施加蓄电池电压	10kΩ 或更大
30 与 87	在端子 1 和端子 2 之间不施加蓄电池电压	小于 1Ω
30 与 85 30 与 86 30 与 87	万用表电阻挡	无穷大
85 与 86	万用表电阻挡	60～180Ω

3 点火开关的检查

拆下点火开关,其端子连接情况如图 3-31 所示,用万用表根据表 3-2 的内容对点火开关进行检查。如果测量结果与规定值不相符,则更换点火开关。

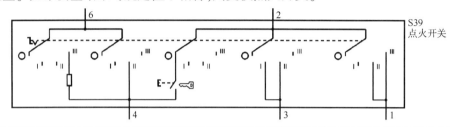

图 3-31 测量点火开关

点火开关测量表　　　　　　　　　　　表 3-2

测量端子	开关状态	规定值
2 与 4	LOCK	大于 10kΩ 或更大
2 与 3	ACC	小于 Ω
2 与 3 2 与 1	ON	小于 1Ω
2 与 3 2 与 1 4 与 6	START	小于 1Ω

引导问题 18 ▶ 如何更换科鲁兹(1.6L)乘用车点火开关?

1 拆卸

(1)断开蓄电池负极电缆。如图 3-32 所示,松开蓄电池负极电缆螺母,从蓄电池上拆下蓄电池负极电缆。

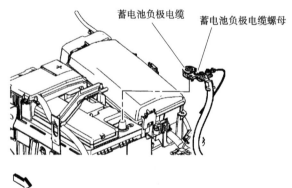

图 3-32 断开蓄电池负极电缆

在断开蓄电池负极电缆前,先做好以下工作:
①打开收音机并记录所有的客户预设电台;
②确保所有车灯和附件关闭;
③将点火开关置于"OFF(关闭)"位置,拔出点火钥匙。

(2)拆卸转向柱上装饰盖。如图 3-33 所示,分离转向柱上装饰盖。

(3)拆卸转向柱下装饰盖。如图 3-34 所示,旋转转向盘直到螺栓均可接触,松开转向柱下装饰盖 3 个固定螺栓,拆下转向柱下装饰盖。

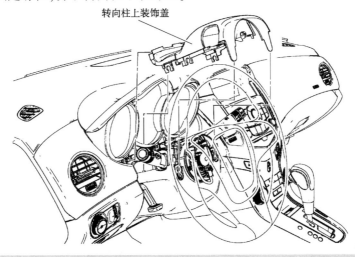

图 3-33 拆卸转向柱上装饰盖

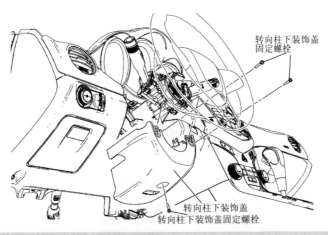

图 3-34 拆卸转向柱下装饰盖

(4)拆卸点火开关。如图 3-35 所示,松开点火开关两个固定螺栓,拆下点火开关。必要时重新定位转向柱线束固定件,以便能够接近点火开关固定螺栓。

2 安装

（1）安装点火开关。将点火开关两个固定螺栓紧固至 2.5N·m，必要时重新定位转向柱线束固定件，以便能够接近开关螺栓（图3-35）。

（2）安装转向柱下装饰盖。安装转向柱下装饰盖的3个固定螺栓，旋转转向盘直到螺栓均可接触并紧固至 2.5N·m（图3-34）。

（3）安装转向柱上装饰盖（图3-33）。

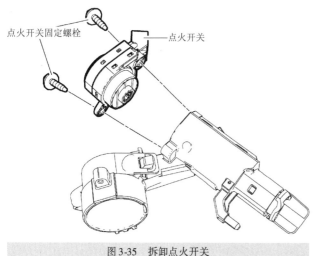

图 3-35　拆卸点火开关

（4）安装蓄电池负极电缆。拧紧蓄电池负极电缆螺母，并将螺母紧固至 4.5N·m（图3-32）。设置客户所有的收音机预设电台并将收音机时钟设置为当前时间。

引导问题19　如何更换科鲁兹（1.6L）乘用车起动机？

1 拆卸

（1）断开蓄电池负极电缆。

（2）打开发动机舱盖。

（3）拆下空气滤清器出气管。如图 3-36 所示，先松开空气滤清器出气管至空气滤清器壳体盖的卡箍，再松开空气滤清器出气管至进气歧管的卡箍，然后拆下空气滤清器出气管。

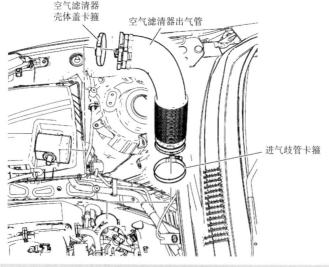

图 3-36　拆下空气滤清器出气管

 注 意

任何时候需要拆卸空气滤清器以进行维修时,务必将节气门体开口盖好。这将防止异物进入发动机。

(4)举升和顶起车辆。如图 3-37 所示,将前举升垫块放到门槛外板焊接凸缘上,将后举升垫块放到门槛外板焊接凸缘上,举升车辆。

 注 意

在开始举升或顶起车辆前,执行以下步骤,否则将导致举升设备或顶起设备、车辆、车内物品损坏。
①取出或固定车内所有物品,以免它们在车辆举升或顶起过程中移动。
②举升设备或顶起设备的额定承重值必须达到或超过车辆和车内物品的质量。
③举升设备或顶起设备必须符合举升设备或顶起设备制造商的操作标准。
④应在清洁、坚实、干燥的水平地面上执行车辆举升或顶起程序。
⑤只能在指定的举升点上执行车辆举升或顶起程序,切勿使举升设备或顶起设备接触车辆的任何其他部件。

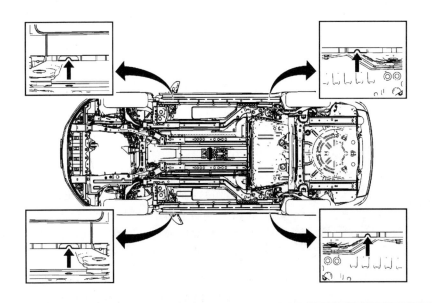

图 3-37 车辆举升位置

(5)排空冷却系统。如图 3-38 所示,拧开冷却液补偿罐盖,打开散热器上的冷却液排放螺钉以排放冷却系统。

注 意

在有压力的冷却系统中,散热器内的冷却液温度比大气压力下冷却液的沸点高很多。当冷却系统未冷却且处于高压时,拆下补偿罐盖或散热器盖将导致冷却液瞬间沸腾,并产生爆炸性力量。这将导致冷却液喷射到发动机、翼子板和拆下盖子的人员身上,可能导致严重的人身伤害。

(6)拆下进气歧管撑杆。如图 3-39 所示,拆下 2 个进气歧管撑杆螺栓,拆下并断开加热型氧传感器的线束插头,拆下进气歧管撑杆。

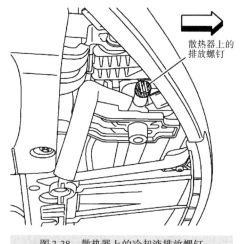

图 3-38　散热器上的冷却液排放螺钉

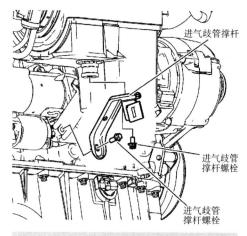

图 3-39　拆下进气歧管撑杆

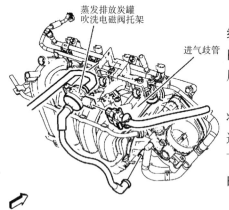

图 3-40　拆下蒸发排放炭罐吹洗电磁阀托架

(7)拆下炭罐电磁阀托架。完全降下车辆,断开线束插头,将软管从炭罐电磁阀上断开,将炭罐电磁阀托架和橡胶支座从进气歧管上拆下,如图 3-40 所示。

(8)拆下曲轴箱强制通风管。如图 3-41 所示,先将曲轴箱强制通风管总成从凸轮轴盖和曲轴箱强制通风连接器上拆下,然后从空气滤清器后出风管上拆下曲轴箱强制通风管总成,最后再从进气歧管上拆下曲轴箱强制通风管。

(9)拆下节气门体。如图 3-42 所示,断开线束插头,断开曲轴箱强制通风管,并将接液盘置于下面,断开节气门体加热器出口管,断开节气门体加热器进口管,拆下 4 个节气门体固定螺栓,拆下节气门体,拆下并报废节气门体衬垫。

(10)断开歧管绝对压力传感器线束插头。

(11)拆下发动机管理系统线束和燃油喷射器线束。

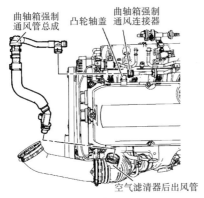
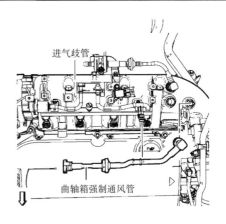

图 3-41 拆下曲轴箱强制通风管

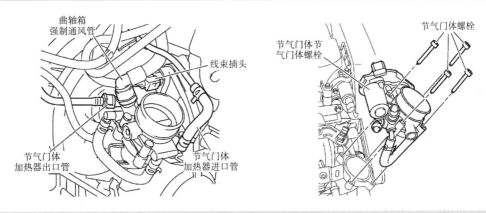

图 3-42 拆下节气门体

（12）拆下油轨和喷油器。如图 3-43 所示，拆下 2 个炭罐电磁阀托架螺栓，将炭罐电磁阀托架从进气歧管上拆下，拆下 2 个油轨螺栓，将油轨和喷油器从进气歧管上拆下，拆下 4 个喷油器密封件。

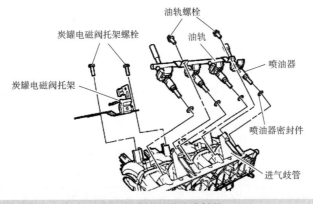

图 3-43 拆下油轨和喷射器

（13）拆下歧管绝对压力传感器。如图 3-44 所示，松开歧管绝对压力传感器螺栓，拆下歧管绝对压力传感器。

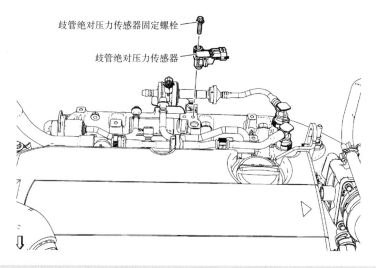

图3-44 拆下歧管绝对压力传感器

(14) 断开助力器真空管。如图3-45所示,从进气歧管上断开助力器真空管。

(15) 拆下进气歧管。如图3-46所示,松开并拆下7个进气歧管螺栓,拆下进气歧管。

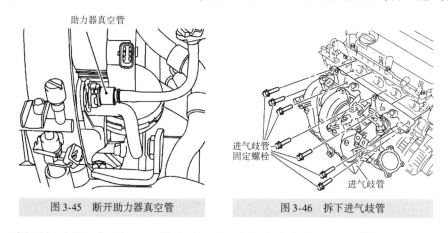

图3-45 断开助力器真空管　　图3-46 拆下进气歧管

(16) 拆下起动机。如图3-47所示,松开起动机和发电机正极电缆螺母,拆下起动机和发电机正极电缆;松开起动机正极电缆螺母,拆下起动机正极电缆;松开起动机搭铁电缆螺母,拆下起动机搭铁电缆;松开起动机固定螺栓和起动机双头螺栓,拆下起动机。

2 安装

(1) 安装起动机。紧固起动机双头螺栓和起动机螺栓至25N·m;安装起动机搭铁电缆,并紧固起动机搭铁电缆螺母至20N·m;安装起动机正极电缆,并紧固起动机正极电缆螺母至12.5N·m;安装起动机和发电机正极电缆,并紧固起动机和发电机正极电缆螺母至12.5N·m(图3-47)。

(2) 安装进气歧管。清洁密封面,安装新衬垫;安装进气歧管和7个进气歧管螺栓,并紧固至20N·m(图3-46)。

学习任务三　起动机不转动的检修

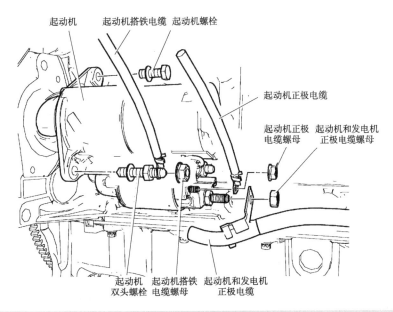

图3-47　拆下起动机

(3)将助力器真空管连接至进气歧管上(图3-45)。

(4)安装歧管绝对压力传感器(图3-44)。

(5)安装油轨和喷油器。安装喷油器密封件,并将油轨和喷油器安装到进气歧管上,安装2个油轨螺栓并紧固至8N·m(图3-43)。

(6)安装发动机管理系统线束。

(7)连接歧管绝对压力传感器线束插头。

(8)安装节气门体总成(图3-42)。

(9)安装曲轴箱强制通风管(图3-41)。

(10)将炭罐电磁阀托架安装至进气歧管。安装2个炭罐电磁阀托架螺栓并紧固至8N·m(图3-40)。

(11)安装进气歧管撑杆。安装2个进气歧管撑杆螺栓并紧固至8N·m(图3-39)。

(12)加注冷却系统。

(13)安装空气滤清器出气管(图3-36)。

引导问题20　如何检查电磁开关性能?

1　电磁开关线圈电阻的检测

如图3-48所示,用万用表测量吸引线圈和保持线圈的电阻,吸引线圈的电阻值一般在0.6Ω以下,而保持线圈的电阻值一般在1Ω左右。如果万用表指示电阻为无穷大,说明线圈断路;如果万用表指示电阻值小于规定值,说明线圈有短路,均需更换电磁开关。

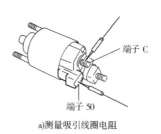
a) 测量吸引线圈电阻

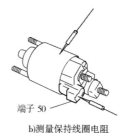
b) 测量保持线圈电阻

图 3-48　电磁开关线圈电阻检查

2 电磁开关吸引动作和保持动作的测试

（1）将起动机固定在台虎钳上。

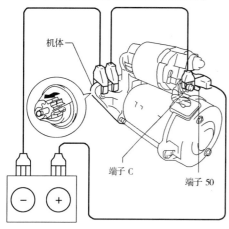

图 3-49　起动机吸引动作测试

（2）如图 3-49 所示。拆下起动机"C"端子上的电缆引线；用带夹子的电缆将起动机"C"端子、电磁开关的壳体与蓄电池的负极连接；用带夹子的电缆将起动机"50"端子与蓄电池正极连接，驱动齿轮应向外移动；若不移动，说明电磁开关有故障，应进行维修或更换。

（3）起动机保持动作的测试。当驱动齿轮保持在伸出位置时，拆下起动机"C"端子上的电缆引线，如图 3-50 所示，此时驱动齿轮应保持在伸出位置不动，若驱动齿轮复位，说明保持线圈断路，应进行维修。

3 驱动小齿轮退回情况的检查

在保持动作的基础上，拆下起动机壳体上的电缆夹，如图 3-51 所示，拆开起动机外壳的搭铁线。若驱动小齿轮未立刻退回，应检查复位弹簧及柱塞等。

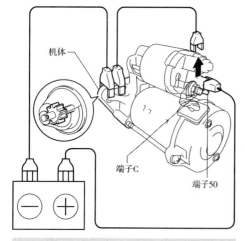

图 3-50　起动机吸引动作和保持动作的测试

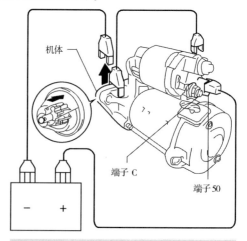

图 3-51　驱动小齿轮的退回检查

引导问题21 如何对起动机进行拆解?

起动机的分解图如图 3-52 所示。

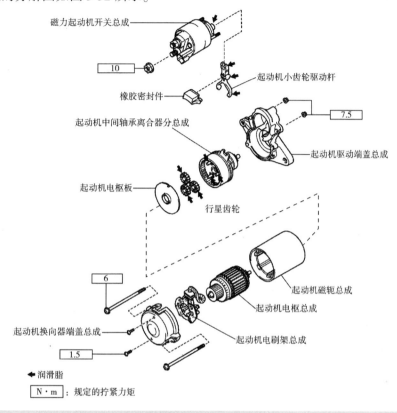

图 3-52 起动机分解图

(1) 拆卸起动机电磁开关总成。
①如图 3-53 所示。拆下螺母,然后从电磁开关总成上断开引线。
②如图 3-54 所示,固定磁力起动机开关总成时,从起动机驱动端盖总成上拆下 2 个螺母。

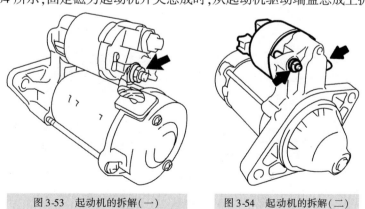

图 3-53 起动机的拆解(一)　　图 3-54 起动机的拆解(二)

③如图3-55所示,拉出电磁开关总成,并且在电磁开关总成前部时,从驱动杆和电磁开关总成上松开铁芯挂钩。

(2) 拆卸起动机磁轭总成。

①如图3-56所示,拆下2个螺钉。

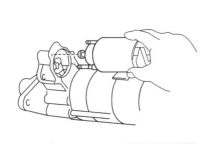
图3-55 起动机的拆解(三)

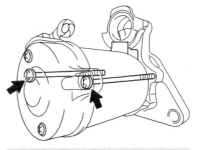
图3-56 起动机的拆解(四)

②如图3-57所示,将起动机磁轭和起动机换向器端架总成一起拉出。

③如图3-58所示,从起动机换向器端架总成上拉出起动机磁轭总成。

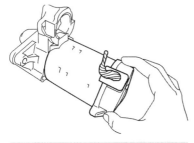
图3-57 起动机的拆解(五)

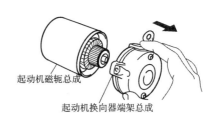
图3-58 起动机的拆解(六)

(3) 拆卸起动机电枢总成。如图3-59所示,从起动机磁轭总成上拆下起动机电枢总成。

(4) 拆卸起动机电枢板。如图3-60所示,从起动机驱动端盖总成或起动机磁轭总成上拆下电枢板。

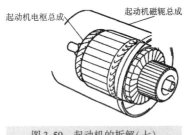
图3-59 起动机的拆解(七)

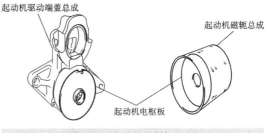
图3-60 起动机的拆解(八)

(5) 拆卸起动机电刷架总成。

①如图3-61所示,从起动机换向端架总成上拆下2个螺钉。

②如图3-62所示,拆下卡夹卡爪,然后从起动机换向器端架总成上拆下电刷架总成。

(6) 拆卸行星齿轮。如图3-63所示,从起动机中间轴承离合器分总成上拆下3个行星齿轮。

学习任务三　起动机不转动的检修

(7) 拆卸起动机中间轴承离合器总成。如图 3-64 所示，从起动机驱动端盖总成上拆下带起动机小齿轮驱动杆的起动机中间轴承离合器总成。拆下起动机中间轴承离合器分总成、橡胶密封件和起动机小齿轮驱动杆。

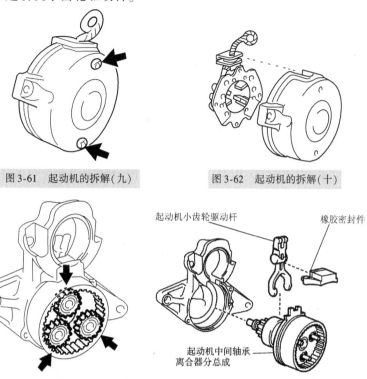

图 3-61　起动机的拆解（九）　　图 3-62　起动机的拆解（十）

图 3-63　起动机的拆解（十一）　　图 3-64　起动机的拆解（十二）

引导问题22　**如何对起动机进行解体后的检查？**

1　励磁线圈总成的检查

(1) 磁场线圈断路的检查。使用万用表检查两电刷间应导通，如图 3-65 所示。不导通时应更换磁场线圈。

(2) 磁场线圈搭铁的检查。使用万表检查电刷与外壳间应不导通，如图 3-66 所示。导通时应更换磁场线圈。

(3) 磁场线圈短路的检查。用 12V 直流电源与磁场线圈串联，如图 3-67 所示，电路接通后，将螺丝刀放在每个磁极上，检查磁极对螺丝刀的吸引力是否相同。若某一磁极吸力太小，就表明该磁场线圈有短路故障。

2　起动机电枢总成的检查

(1) 外观检查。检查电枢表面是否存在烧蚀、脏污等

图 3-65　两电刷间应导通

情况，如果存在烧蚀，可用砂纸（400号）修复，如果烧蚀严重，可在车床上修复其表面。

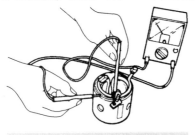

图3-66 电刷与外壳间应不导通

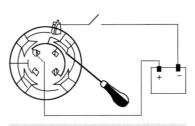

图3-67 磁场线圈短路的检查

（2）断路检查。如图3-68所示，使用万用表测量换向器整流片间的电阻，应小于1Ω，如果不符合标准，更换起动机电枢总成。

（3）短路的检查，如图3-69所示，使用万用表测量换向器和电枢线圈间的电阻，应为10kΩ或更大，如果测量结果不符合标准，更换起动机电枢总成。

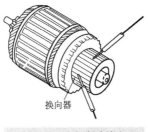

图3-68 电枢断路检查

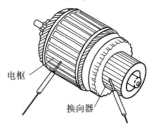

图3-69 电枢短路检查

（4）径向圆跳动的检查。如图3-70所示，将换向器放在V形铁上，用百分表测量径向圆跳动，应在0.02~0.05mm。如果径向圆跳动大于0.05mm，更换电枢总成。

（5）直径的检查。如图3-71所示，用游标卡尺测量换向器直径，应在28~29mm，如果小于28mm，则更换电枢总成。

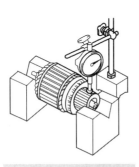

图3-70 径向圆跳动检查

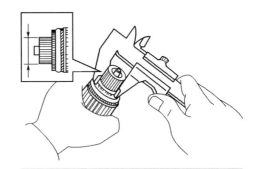

图3-71 换向器直径测量

3 检查电刷架总成

（1）检查电刷长度。如图3-72所示，拆下弹簧卡爪，然后拆下4个电刷，用游标卡尺测量电刷长度，应在9~14.4mm，如果小于9mm，则更换电刷架总成。

(2)检查电刷架。如图3-73所示,用万用表检查各电刷间的电阻,检查标准见表3-3,如果测量值不符合规定,则更换电刷架总成。

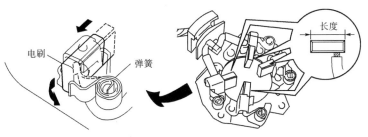

图3-72 检查电刷长度

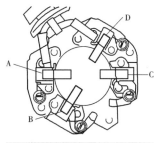

图3-73 电刷架结构图

电刷架电阻测量表　　　　　　　　表3-3

测量电刷	标准值	测量电刷	标准值
A－B	10kΩ或更大	B－C	小于1Ω
A－C	10kΩ或更大	B－D	10kΩ或更大
A－D	小于1Ω	C－D	10kΩ或更大

4 传动机构的检查

(1)外观检查。检查行星齿轮的轮齿、内齿轮和单向离合器是否磨损或损坏,如果损坏,则进行更换。

(2)单向离合器性能的检查。如图3-74所示,左手抓住离合器,右手转动小齿轮,一个方向能旋转,另一个方向则不能转动,表示离合器正常。

5 电枢轴与轴承之间的间隙的检查

电枢轴与轴承之间的间隙应为0.2mm以下。如图3-75所示,将轴承向内压同时转动轴承,如有阻力或感觉粗糙,换新轴承。

图3-74 检查离合器的性能

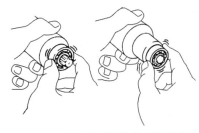

图3-75 检查轴承

引导问题23 如何重新装配起动机?

(1)安装起动机中间轴承离合器分总成。如图3-76所示,将润滑脂涂抹到起动机小齿轮驱动杆与起动机小齿轮驱动杆的起动机电枢轴的接触部分。将起动机小齿轮驱动杆和橡胶密封件安装至起动机中间轴承离合器分总成。将起动机中间轴承离合器和起动机小齿轮驱动杆一起安装至起动机驱动端盖总成。

（2）安装行星齿轮。如图3-77所示，在行星齿轮和行星轴销部位涂抹润滑脂，安装3个行星齿轮。

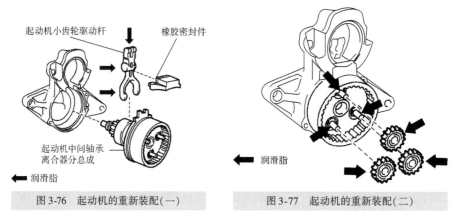

图3-76 起动机的重新装配（一）　　　图3-77 起动机的重新装配（二）

（3）安装起动机电刷架总成。

①如图3-78所示，安装电刷架。用螺丝刀抵住电刷弹簧，并将4个电刷安装到电刷架上。

②如图3-79所示，将密封垫插入正极（＋）和负极（－）之间。

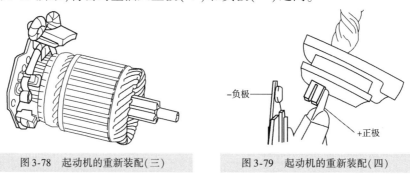

图3-78 起动机的重新装配（三）　　　图3-79 起动机的重新装配（四）

（4）安装起动机换向器端盖总成。

①如图3-80所示，将电刷架卡夹装配到起动机换向器端架总成上。

②如图3-81所示，用2个螺钉安装换向器端架。

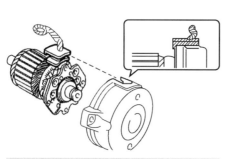 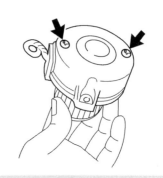

图3-80 起动机的重新装配（五）　　　图3-81 起动机的重新装配（六）

（5）安装起动机电枢总成。如图 3-82 所示，将橡胶件对准起动机磁轭总成的凹槽。将带电刷架的起动机电枢安装到起动机磁轭总成上。

注意

支撑起动机电枢，以防起动机磁轭总成的磁力将其从起动机电刷架中拉出。

（6）安装起动机电枢板。如图 3-83 所示，将起动机电枢板安装至起动机磁轭总成。安装起动机板，使键槽位于键 A 和键 B 之间。

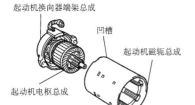

图 3-82　起动机的重新装配（七）

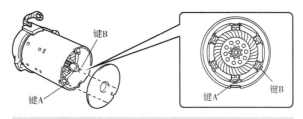

图 3-83　起动机的重新装配（八）

（7）安装起动机磁轭总成。
①如图 3-84 所示，将起动机磁轭键对准位于起动机驱动端盖总成上的键槽。
②用 2 个螺钉安装起动机磁轭总成。
（8）安装电磁开关总成。
①在铁芯挂钩上涂抹润滑脂。
②将磁力起动机开关总成的铁芯从上侧接合到驱动杆上。
③用 2 个螺母安装磁力起动机开关总成。
④将引线连接至磁力起动机开关，然后用螺母紧固。

引导问题 24　**如何对起动机进行无负荷试验？**

将起动机固定在台虎钳上，将起动机与电源的线路按图 3-85 所示线路进行连接，检查电流表的数值是否小于 90A。如果测试结果不符合规定，则更换起动机总成。

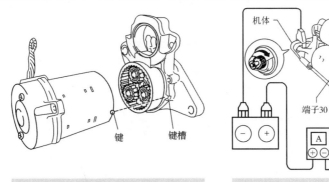

图 3-84　起动机的重新装配（九）　　　图 3-85　无负荷试验的接线方法

三、评价与反馈

(1)对本学习任务进行评价,见表3-4。

评 分 表　　　　　　　　　　　　表3-4

考核项目	评分标准	分数	学生自评	小组互评	教师评价	小计
团队合作	是否协调	5				
活动参与	是否积极主动	5				
安全生产	有无安全隐患	10				
现场5S	是否做到	10				
任务方案	是否正确、合理	15				
操作过程	外观检查; 技术状况检查; 蓄电池充电	30				
任务完成情况	是否圆满完成	5				
工具和设备使用	是否规范、标准	10				
劳动纪律	是否能严格遵守	5				
工单填写	是否完整、规范	5				
总分		100				
教师签名:			年　月　日		得分	

(2)在实施作业时每一个安全事项都注意到了吗?如果没有,找出忽略的地方和原因。

(3)能否向车主解释故障诊断及排除的过程?如果不能,分析原因并提出改进措施。

四、学习拓展

(1)查阅桑塔纳2000GSi型乘用车维修手册,比较桑塔纳2000GSi乘用车与科鲁兹(1.6L)乘用车起动机的结构和拆装方法有什么不同。

(2)根据科鲁兹(1.6L)乘车起动机不转动的检修流程,制定卡罗拉(1.6L)乘用车起动机不转动的检测流程。

(3)查阅卡罗拉(1.6L)乘用车维修手册,制定卡罗拉(1.6L)乘用车起动机的解体操作工艺。

学习任务四

火花塞的检查和更换

学习目标

完成本学习任务后,你应能:
1. 了解传统点火系统的组成、各部件的作用及工作过程;
2. 正确描述普通电子点火系统的组成、工作原理及各主要部件的作用;
3. 正确描述微机控制点火系统的组成及工作过程;
4. 正确分析点火系统的电路图;
5. 对点火系统进行自诊断;
6. 掌握点火系统主要部件的检查方法;
7. 正确更换火花塞。

 建议完成本学习任务的时间为 **14** 课时。

 学习任务描述

一辆 2014 款宝马 328Li 乘用车,出现发动机怠速不稳,加速无力,经维修人员检查后分析,确定为点火系统的故障,需对点火系统的各部件进行检查或维修。

学习内容

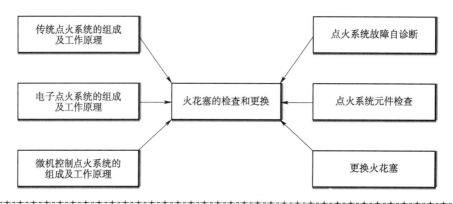

一、资料收集

引导问题1 点火系统的作用及类型如何?

点火系统的作用是将汽车电源提供的低压电转变为高压电,并按照发动机各缸的点火顺序和点火时刻的要求,适时准确的将高压电送至各缸的火花塞,使火花塞跳火,点燃汽缸内的可燃混合气。按点火方式的不同,点火系统可分为传统点火系统、电子点火系统和微机控制点火系统。

引导问题2 传统点火系统由哪些零部件组成?

传统点火系统的组成如图4-1所示,传统点火系统示意图如图4-2所示,传统点火系统主要由电源、点火开关、点火线圈、分电器(包括断电器、配电器、电容器和点火提前角调节装置等)、火花塞、附加电阻及附加电阻短接装置、高低压导线等部件组成。

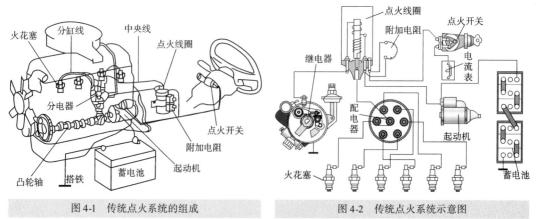

图4-1 传统点火系统的组成　　　　图4-2 传统点火系统示意图

引导问题3　传统点火系统各组成部件有何作用？

1 电源

点火系统的电源是蓄电池或发电机,作用是供给点火系统所需的电能。发动机起动时由蓄电池供电,正常工作时由发电机供电。

2 点火开关

点火开关的作用是接通或断开点火系统初级电路,控制发动机起动、工作和熄火。

3 点火线圈

点火线圈(图4-3)将汽车电源提供的12V低压电转变成能击穿火花塞电极间隙的15～20kV的高压直流电。按其磁路结构形式的不同,点火线圈一般分为开磁路式和闭磁路式两种。开磁路式点火线圈多用于传统(有触点式)点火系统,闭磁路式点火线圈多用于电子点火系统。

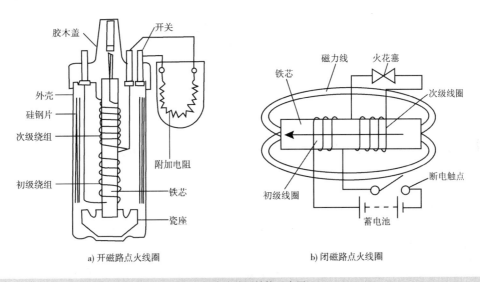

a) 开磁路点火线圈　　　　b) 闭磁路点火线圈

图4-3　点火线圈结构示意图

4 分电器

分电器的结构如图4-4所示,主要由断电器、配电器、点火提前角调节装置和电容器等组成,其功用是接通和断开点火线圈初级电路,使点火线圈次级电路产生高压电,并按发动机点火顺序将高压电分送到各汽缸火花塞,随发动机转速、负荷和燃油牌号的变化,自动或人为地调节点火提前角。电容器与断电触点并联,以减小触点分开时的火花,延长触点使用寿命。

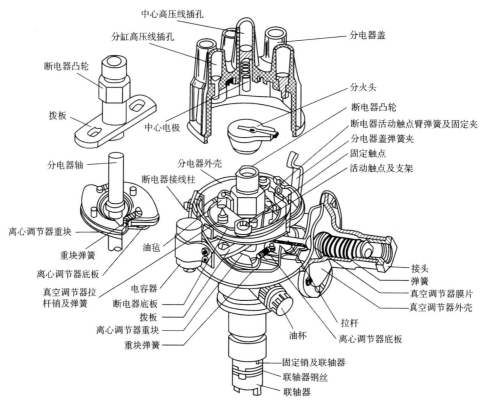

图4-4 传统点火系统分电器的结构

❶ 配电器

配电器由分火头和分电器盖组成,其作用是按发动机的工作顺序将高压电分配到各缸火花塞上。

❷ 断电器

断电器由一对触点和凸轮组成,其作用是周期性地接通和切断初级(低压)电路。

❸ 电容器

电容器安装在分电器的外壳上,它与断电器触点并联,其作用是当触点打开时,可以减小触点火花,延长触点的使用寿命,加快初级电流的衰减速度,提高次级电压。

❹ 点火提前角调节装置

点火提前角调节装置可分为离心式点火提前角调节装置和真空式点火提前角调节装置。

(1)离心式点火提前角调节装置。离心式点火提前角调节装置的作用是当发动机转速发生变化时自动调整点火提前角,当发动机转速升高时,点火提前角增大;反之,当转速降低时,使点火提前角减小。

(2)真空式点火提前角调节装置。真空式点火提前角调节装置的作用是当发动机负荷发生变化时自动调整点火提前角。当发动机负荷小时,点火提前角增大;当发动机负荷增大时,点火提前角减小;怠速时,点火提前角位于最小值。

⑤ 高压导线

高压导线用以连接点火线圈与分电器中心插孔以及分电器旁电极和各缸火花塞。由于工作电压很高(一般在15kV以上),电流强度较小,因此高压导线的绝缘包层很厚,耐压性能好,但线芯截面积很小。汽车用高压线有铜芯线和阻尼线两种。

⑥ 火花塞

火花塞的作用是将高压电引入汽缸燃烧室,产生电火花点燃可燃混合气。火花塞的结构如图4-5所示,主要由接线帽、陶瓷体、中心电极、侧电极和壳体等组成。

火花塞电极一般采用耐高温、耐腐蚀的镍锰合金钢或铬锰钨、镍锰硅等合金制成,也有采用镍包铜材料制成,以提高散热性能。火花塞电极间隙一般为0.6~0.7mm,电子点火系统火花塞的间隙可增大至1.0~1.2mm。

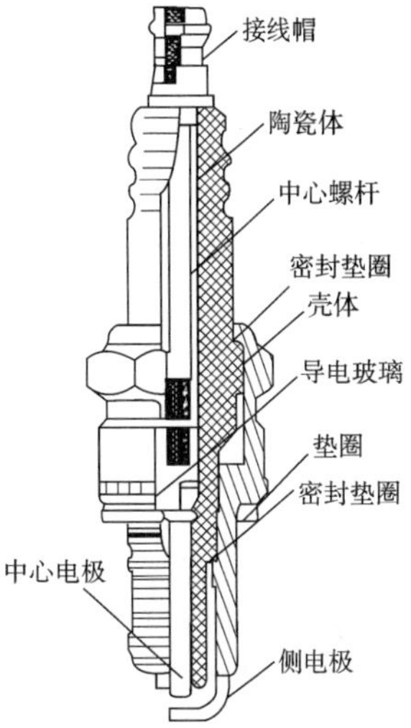

⑦ 附加电阻

附加电阻的作用是改善正常工作时的点火性能和起动时的点火性能。

图4-5 火花塞的结构

引导问题4　传统点火系统的工作原理如何?

传统点火系统的工作原理如图4-6所示。在传统点火系统中,蓄电池或发电机供给12V低电压,经点火线圈和断电器转变为高电压,再经配电器分送到各缸火花塞,使电极间产生电火花。

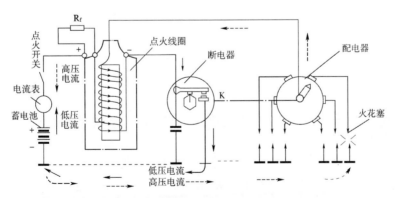

图4-6 传统点火系统的工作原理

发动机工作时,断电器轴连同凸轮一起在发动机凸轮轴的驱动下旋转。凸轮转动时,断电器触点交替地闭合和打开。当触点闭合时,接通点火线圈初级绕组的电路,电流从蓄电池正极→电流表→点火开关→点火线圈"+"接线柱→附加电阻 R_f→点火线圈初级绕组→断电器触点→搭铁→蓄电池负极。初级电路在点火线圈的铁芯中产生磁场,并因铁芯的作用而加强。当断电器凸轮将活动触点打开时,初级电路被切断,初级电流迅速消失,它所形成的磁场也随之消失,两个绕组中的磁通量发生变化,这样在两个绕组中就会感应出电动势。由于次级绕组的匝数多,在次级绕组中就感应出 15~20kV 的电动势,足以击穿火花塞的电极间隙,产生电火花点燃可燃混合气。高压电流由点火线圈的次级绕组→附加电阻 R_f→点火开关→电流表→蓄电池→搭铁→火花塞的侧电极→火花塞中心电极→配电器的侧接线插孔→分火头→点火线圈次级绕组另一侧,构成回路。发动机工作时,上述过程周而复始的重复进行,若要发动机停止工作,只要断开点火开关,切断初级电路即可。

引导问题 5　普通电子点火系统的结构及类型如何？

电子点火系统的组成如图 4-7 所示。电子点火系统就是采用点火信号发生器和点火控制器取代传统点火系统中的凸轮与触点断电器,从而克服传统点火系统因铂触点磨损、烧蚀、间隙发生改变等造成点火正时不对、感应高压电降低、不点火及排气污染、经常需要维护调整等不足之处,其他的工作过程与传统点火系统基本一致。

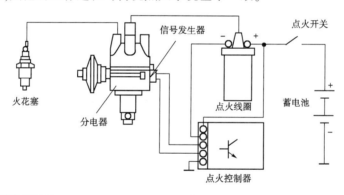

图 4-7　电子点火系统的组成

根据点火信号发生器的产生信号方法的不同,电子点火系统可分为磁感应式、霍尔式和光电式三种类型。

引导问题 6　磁感应式点火信号发生器的结构原理是什么？

磁感应式点火信号发生器的功用是产生信号电压,输送给点火控制器,通过点火控制器来控制点火系统的工作,其结构如图 4-8 所示。信号发生器在分电器内,主要由转子、感应线圈和永久磁铁等组成。

信号发生器的转子是由分电器轴带动的,转子上的凸齿数与发动机的汽缸数相等,其工作原理如下。

永久磁铁的磁路为：N 极→空气间隙→转子→空气间隙→铁芯→S 极。当发动机工作时,分电器轴带动信号发生器的转子旋转,使转子与铁芯之间的空气间隙发生有规律的变化,因此穿过感应线圈的磁通量也变化,从而在感应线圈中产生感应电动势。

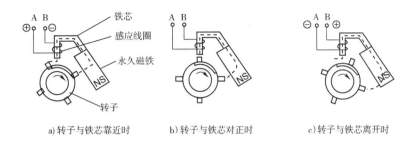

a) 转子与铁芯靠近时　　b) 转子与铁芯对正时　　c) 转子与铁芯离开时

图 4-8　磁感应式点火信号发生器

当转子中的凸齿逐渐接近铁芯时,如图 4-8a) 所示,磁通量逐渐增加。此时感应线圈的磁通和感应电动势的变化情况见图 4-9a) 中的 0°~45° 的波形。

当转子凸齿与铁芯对正时,如图 4-8b) 所示,穿过感应线圈的磁通量最大。此时感应线圈的感应电动势为 0,见图 4-9a) 中的转子 45° 转角所对应的情况。

当转子的凸齿离开铁芯时,如图 4-8c) 所示,磁通量逐渐减小。此时感应线圈的磁通和感应电动势的变化情况见图 4-9a) 中的 45°~90° 的波形。

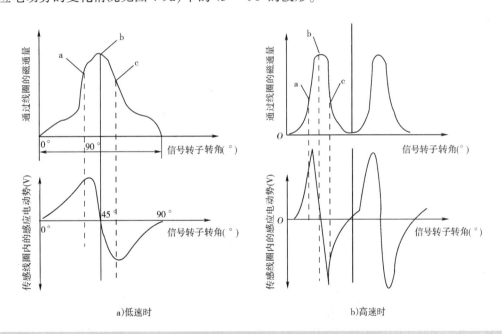

a) 低速时　　　　　　　　　　b) 高速时

图 4-9　不同转速时感应线圈内磁通及感应电动势的变化情况

可见,转子每转过一个凸齿,感应线圈中的感应电动势正好变化一个周期,即转子每转 90° 产生一个交变信号,转子每转一周,便产生 4 个交变信号;该信号输出给点火控制器,通过点火控制器来控制点火系统的工作。此信号发生器的缺点是发动机转速的高低将影响信号发生器输出信号的大小。

引导问题7 霍尔式点火信号发生器的结构及原理如何？

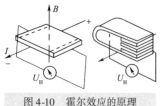

图4-10 霍尔效应的原理

霍尔效应是由美国物理学家霍尔于1897年发现的,霍尔效应的原理如图4-10所示。当电流通过放在磁场中的半导体基片(即霍尔元件),且电流方向与磁场方向垂直时,在同时垂直于电流与磁场的方向上,半导体基片内产生一个与电流大小和磁场强度成正比的电压,这个电压就称为霍尔电压 U_H,用公式表示如下：

$$U_H = \frac{R_H}{d}IB$$

式中：R_H——霍尔系数；
  d——基片厚度；
  I——通过基片的电流；
  B——磁感应强度。

由上式可知,霍尔电压与通过霍尔元件的电流及磁感应强度成正比,当电流为定值时,霍尔电压只与磁感应强度成正比,利用这一效应制成了霍尔效应发生器。

霍尔式点火信号传感器结构如图4-11所示,主要由转子和定子组成,其工作原理如图4-12所示。

转子即触发叶轮,由分电器轴带动,其叶片数与发动机汽缸数相等。

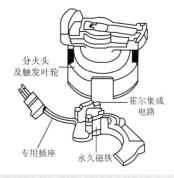

图4-11 霍尔信号发生器的结构

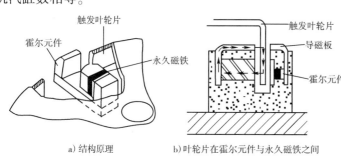
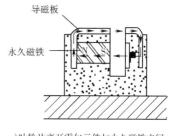

a) 结构原理   b) 叶轮片在霍尔元件与永久磁铁之间   c) 叶轮片离开霍尔元件与永久磁铁之间

图4-12 霍尔信号发生器的工作原理

定子由永久磁铁、霍尔元件和导磁板等组成。带导磁板的永久磁铁与霍尔元件对置安装于分电器底板上,其间留有一定的间隙。触发叶轮的叶片可在间隙中转动。发动机运转时,触发叶轮随分电器轴转动。当叶片进入永久磁铁与霍尔元件之间的间隙时,磁力线便被触发叶轮的叶片所断路,而不能通过,因此,霍尔元件此时不产生霍尔电压;当触发叶轮的叶片转离永久磁铁与霍尔元件之间的间隙时,永久磁铁的磁力线便通过导磁板穿过间隙作用于霍尔元件上,于是通电的霍尔元件便产生霍尔电压。

发动机每完成一个工作循环,曲轴转两周,分电器轴及触发叶轮转一周,霍尔元件被交替地隔磁四次,因而随之产生四次霍尔电压。

由于霍尔元件产生的霍尔电压为毫伏级,因此霍尔点火信号发生器输出的信号电压是把微弱的霍尔电压经放大、脉冲整形、变换后以矩形脉冲输出的电压。放大及转换信号由霍尔集成电路来完成。

引导问题8　光电式点火信号发生器的结构及原理是什么?

光电式点火系统的核心元件是光电式信号发生器,主要由光源(发光二极管)、光接收器(光敏晶体管)和遮光盘三部分构成,如图4-13所示。其工作原理为:使用一个发光二极管(LED)及一个感光的光敏晶体管以产生电压信号。信号转子是一个有槽的圆盘,随分电器轴旋转,当槽对正信号产生器时,LED的光束触及光敏晶体管,使其产生电压送出信号;遮光时无信号产生,如图4-14所示。

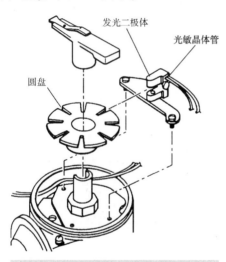

图4-13　光电式信号发生器的结构

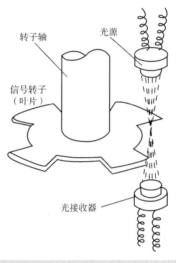

图4-14　光电传感器工作原理示意图

引导问题9　点火控制器结构及工作过程是怎样的?

点火控制器又称点火模块,其外形结构如图4-15所示。控制器壳体用铝铸造而成,以利于散热,内部电路用导热树脂封装在铸铝壳体内,壳体上封装有插座,用以与点火线路的线束插头连接。控制器内部为混合集成电路,由专用点火集成电路(IC)和辅助电路组成,主要起开关作用,来控制点火系统初级电路的通断。此外,点火控制器还具有点火线圈限流控制、导通角控制、停车断电控制和过压保护控制等功能。

引导问题10　微机控制点火系统的组成如何?

现代汽车电控喷射式发动机均已采用微机控制点火系统(ESA),其组成如图4-16所示,主要由传感器、电控单元(ECU)及执行器组成。传感器用来检测发动机工作状态,并将信号传给 ECU;ECU 负责对传感器传送的信号进行分析、比较、处理,向执行器发出控制命令;执行器(点火控制器)接收 ECU 发出的控制指令,并按指令对点火线圈初级绕组电流进行控制,以产生足够的点火高压电。微机控制点火系统的各组成部分及功用见表4-1。

图 4-15 点火控制器的结构

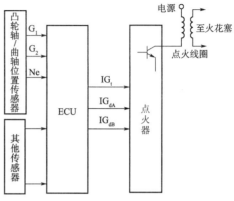

图 4-16 微机控制点火系统的组成

微机控制点火系统的组成及功用   表4-1

组 成		功 用
传感器	空气流量计(L 型)	检测进气量(负荷)信号输入 ECU,点火系统的主控制信号
	进气歧管绝对压力传感器(D 型)	
	曲轴位置传感器(N_e 信号)	检测曲轴转角(转速)信号输入 ECU,点火系统的主控制信号
	凸轮轴位置传感器(G_1、G_2 信号)	检测凸轮轴转角信号输入 ECU,点火系统的主控制信号
	节气门位置传感器	检测节气门开度信号输入 ECU,点火提前角的修正信号
	冷却液温度传感器	检测发动机冷却液温度信号输入 ECU,点火提前角的修正信号
	起动开关	向 ECU 输入发动机正在起动中的信号,点火提前角的修正信号
	空调开关 A/C	向 ECU 输入空调的工作信号,点火提前角的修正信号
	进气温度传感器	检测进气温度信号输入 ECU,点火提前角的修正信号
	空挡位置开关	检测 P 挡或 N 挡信号输入 ECU,点火提前角的修正信号
	燃震传感器	检测发动机的爆震信号输入 ECU,点火提前角的修正信号
	发电机负荷信号	检测发电机负荷信号输入 ECU,点火提前角的修正信号
执行器	点火控制器	根据 ECU 输出的点火控制信号控制点火线圈一次电路的通断,产生二次高压。同时,向 ECU 反馈点火确认信号
ECU		根据各传感器输入的信号,计算出最佳期点火提前角,并将点火控制信号输送给点火控制器

引导问题11 ▶ 微机控制点火系统的类型有哪些?

微机控制点火系统按照有无分电器可分为有分电器式微机控制点火系统和无分电器式

微机控制点火系统。

1 有分电器式微机控制点火系统

有分电器式微机控制点火系统的组成如图 4-17 所示,该系统中仍然保留着普通电子点火系统中使用的分电器、高压线等结构。

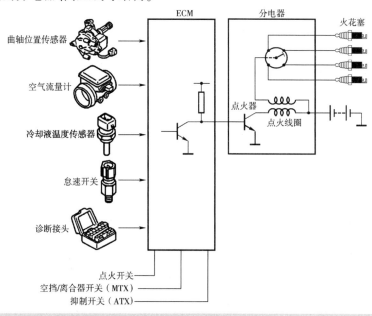

图 4-17 有分电器式微机控制点火系统的组成

2 无分电器式微机控制点火系统

无分电器的电子点火控制系统又称直接点火系统,它取消分电器、主高压线、分火头等装置,直接将点火线圈次级绕组的两端与火花塞相连,即把点火线圈产生的高压电直接送给火花塞进行点火。无分电器式微机控制点火系统的结构如图 4-18 所示。

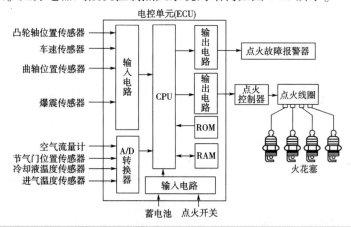

图 4-18 无分电器式微机控制点火系统的结构

无分电器的电子点火控制系统与其他点火系统相比具有所需要的维护更少,减少了高压电传送的耗损,不需做点火正时调整,电波干扰更少,提高点火时间的精确度等优点。

无分电器的电子点火控制系统按配电方式的不同可分为双缸同时点火的配电方式、二极管配电点火方式和独立点火配电方式三种类型。

1 双缸同时点火的配电方式

双缸同时点火配电方式是两个火花塞共用一个点火线圈且同时点火,故这种方式只能用在缸数为双数的发动机上,其线路图如图4-19所示。发动机ECU交替控制点火线圈内的两个功率晶体管的通断,使点火线圈的一次电流根据点火顺序1→3→4→2中断并产生高压电,点火线圈A和B,分别提供高压电给1、4缸及2、3缸。此种形式点火系统取消了分电器、分火头和中央高压线,但仍保留了点火线圈与火花塞之间的高压线。串联在高压回路的二极管,可用来防止点火线圈在初级绕组导通瞬间所产生的次级电压(1000~2000V)加在火花塞上发生误点火而消耗点火能量。

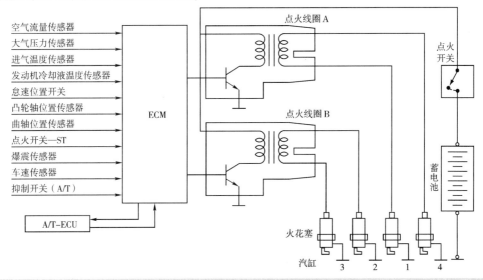

图4-19 双缸同时点火系统的线路图

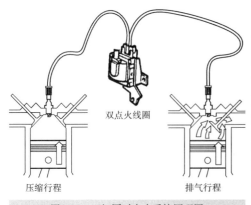

图4-20 双缸同时点火系统原理图

双缸同时点火要求共用一个点火线圈的两个汽缸工作相位差360°曲轴转角,点火时,同时点火的两个汽缸处于排气行程的汽缸由于缸内气体压力较小,且缸内混合气又处于后燃期,易产生火花,这样放电能量损失小,而大部分点火高压和点火能量被加在压缩行程的火花塞上,故处于压缩行程的火花塞的跳火情况与单独点火的火花塞跳火情况基本相同,如图4-20所示。

2 二极管配电点火方式

二极管配电点火方式的点火系统特点是:4个汽缸共用一个点火线圈,该点火线圈为内装双初级绕组、双输出次级绕组的特制点火线圈,且利用 4 个二极管的单向导电性交替完成对 1 缸、4 缸和 2 缸、3 缸配电过程,如图 4-21 所示。这种点火配电方式与双缸同时点火配电方式相比有相同的特性,但对点火线圈要求较高。

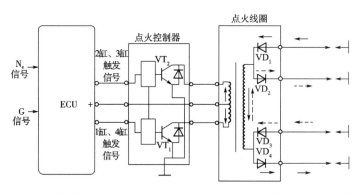

图 4-21　二极管配电点火方式的点火系统控制原理图

❸ 独立点火配电方式

独立点火配电方式的点火系统可将点火线圈直接安装在火花塞的顶上,这样不仅取消了分电器,也同时取消了高压线,故分火性能较好,相比而言,其结构及点火控制电路最复杂,其控制原理如图 4-22 所示。

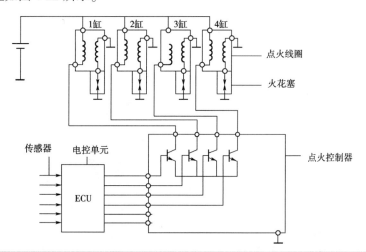

图 4-22　独立点火配电方式点火系统控制原理图

引导问题 12　微机控制点火系统点火时间的控制方法有哪些?

微机控制点火系统是由微机中内藏的 ECU 来控制初级线圈电流的接通及切断。根据发动机转速以及吸入的空气量即可进行点火时间的控制;此外也可以根据发动机冷却液温度做点火正时修正。根据所使用曲轴位置传感器的不同,用微机来进行点火控制的方法可分为下列三种,见表 4-2。

三种曲轴位置传感器与点火控制方法　　　　　　表4-2

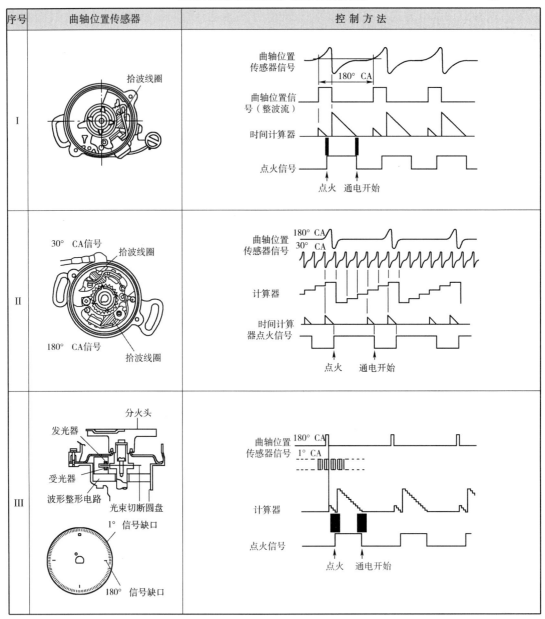

方法Ⅰ中,在各缸间隔度数,即四缸为180°CA时,曲轴位置传感器产生信号;以曲轴位置信号产生时刻为基准时,只要先求出整个步骤进行的通电时间,就可以计算出从通电开始至电源切断时的点火时间,然后根据此项数据便可以利用微机的处理器来进行控制。此方法是三种方法中构造最简单的一种。

方法Ⅱ是采用产生汽缸间隔为180°CA信号与30°CA信号的曲轴位置传感器,以180°CA信号算出通电开始时间,然后由处理器控制从30°CA信号到通电开始至电源切断的时间。

方法Ⅲ是采用产生汽缸信号1°CA信号的曲轴位置传感器。以汽缸信号为基准,每隔

1°CA 信号递减计数一次,再以所定的曲轴角度产生通电开始及切断信号,方法Ⅱ、Ⅲ的控制精度良好,但曲轴位置传感器的构造较复杂。

引导问题 13 微机控制点火系统点火时间的控制过程如何?

点火时间控制可分为两个阶段控制,第一阶段是起动时点火时间控制,第二阶段是起动后点火时间控制。

1 起动时点火时间控制

起动时发动机转速通常都低于 500r/min,由于进气量或进气歧管压力信号不稳定,故根据发动机形式,将点火时间固定在一定值。通常由 ECU 内的备用 IC 直接设定固定点火时间。

2 起动后点火时间控制

起动后的点火时间 = 固定时间 + 基本点火时间 + 修正点火时间

基本点火时间是由进气量或进气歧管压力信号与发动机转速信号决定。在 ESA 中,基本点火时间相当于传统式的离心提前与真空提前角度。有些形式的发动机存储器中储存有两组基本点火时间数据,要使用哪一组,是由汽油的辛烷值而定,驾驶人可通过手动开关控制,或系统可自动切换。修正点火时间是由各相关传感器的信号为基础而修正。

引导问题 14 微机控制点火系统的点火时间修正控制有哪些?

1 低温修正

根据冷却液温度传感器等信号,在低温时,ECU 使点火提前,以保持低温运转性能;当气温极低时,点火提前可达约 15°。

2 暖车修正

根据冷却液温度传感器等信号,当发动机冷却液温度低时,ECU 使点火提前,以改善驾驶性能。有些形式发动机在暖车修正时,会根据空气流量计信号,以适当提前点火角度。

3 怠速稳定修正

怠速运转时,转速因空调等的发动机负荷改变而变化时,ECU 会改变点火时间,使怠速转速稳定。ECU 不断的计算发动机转速平均值,若转速低于目标转速时,ECU 使点火提前;若转速高于目标转速时,ECU 使点火延后。最大点火时间修正值为 ±5°,当发动机转速超过预设值时,怠速稳定修正不再作用。

4 高温修正

根据冷却液温度传感器信号,当冷却液温度过高时,为避免发动机过热与爆震,ECU 会使点火时滞,高温修正时的最大点火时滞为5°。

5 空燃比回馈修正

发动机的空燃比回馈系统作用时,转速会随燃油喷射量的增加或减少而变化,而怠速对空燃比的改变特别敏感。因此根据氧传感器、节气门位置传感器、车速传感器等信号,配合空燃比回馈修正的喷油量,ECU 将点火提前,以确保怠速稳定。空燃比回馈修正的最大点火提前角度为5°,在汽车行驶时,此修正会停止作用。

6 转矩控制修正

配备电子控制自动变速器的汽车,在换挡时,行星齿轮组的离合器或制动器接合时会产生某种程度的振动。因此根据曲轴位置传感器、节气门位置传感器、冷却液温度传感器等信号,在挡位开始变化时,ECU 使点火时滞,减低发动机转矩,以降低向上或向下换挡产生的振动。当冷却液温度或蓄电池电压低于预设值时,转矩控制修正不起作用。

7 爆震修正

当发动机产生爆震时,ECU 根据信号的程度,分成强、中、弱三种,爆震较强时,点火时滞较多;爆震较弱时,点火时滞较少。当爆震停止时,ECU 停止点火延迟,并开始提前点火,一次一个固定角度。爆震修正时的最大点火提前角度为10°。

引导问题15 如何分析宝马328Li乘用车点火系统电路图?

宝马 328Li 乘用车点火系统电路如图 4-23 所示。

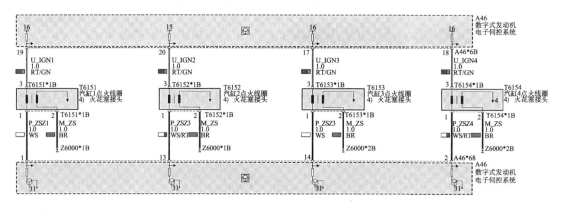

图 4-23 宝马328Li乘用车点火系统电路图

引导问题16 微机控制点火系统的检测流程是怎样的?

微机控制点火系统的检测流程如图 4-24 所示。

学习任务四　火花塞的检查和更换

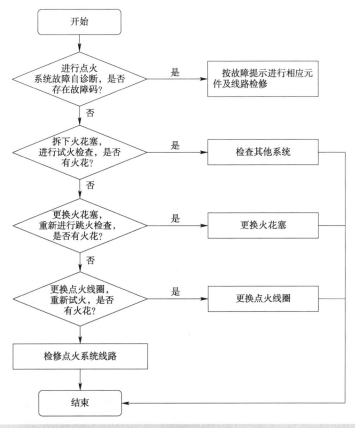

图 4-24　点火系统检测流程

二、实施作业

引导问题 17　作业需要哪些工具、设备和材料？

（1）组合工具、扭力扳手、钳子、螺丝刀。
（2）宝马 328Li 乘用车、检测仪、万用表，火花塞间隙测量规等，如图 4-25 所示。

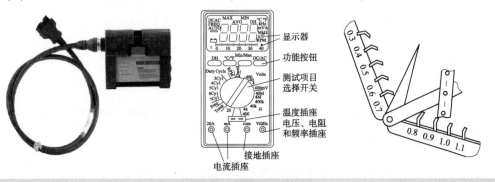

图 4-25　检测仪、万用表、火花塞间隙测量规

(3)磁力护裙、座椅套、转向盘套、变速杆手柄套和脚垫、宝马328Li乘用车火花塞。

(4)宝马328Li乘用车维修手册。

引导问题 18 通过查询和查找，填写以下信息。

生产年份_____，车牌号码_____，行驶里程_____，发动机型号及排量_____，车辆识别代码(VIN)_____。

引导问题 19 如何用检测仪对点火系统进行故障自诊断？

1 读取故障代码

宝马328Li乘用车读取故障代码的步骤如下：

(1)将钥匙识别器放到车内，打开点火开关。

(2)将检测仪连接到OBD诊断插口，如图4-26所示。

(3)开启检测仪。

(4)选择菜单项：读取车辆/完整标识/显示故障码。

(5)读取故障码，并记录下来。

故障码见表4-3。

图4-26 连接检测仪

故障代码表 表4-3

故障码	故障内容	故障码	故障内容
140110	1号汽缸缺火	145010	曲轴位置传感器电路故障
140210	2号汽缸缺火	146020	进气凸轮轴位置传感器电路故障
140310	3号汽缸缺火	146010	排气凸轮轴位置传感器电路故障
140410	4号汽缸缺火	141110	点火线圈1初级/次级电路故障
140001	多气缸熄火	141210	点火线圈2初级/次级电路故障
143010	爆震传感器1电路故障	141310	点火线圈3初级/次级电路故障
143020	爆震传感器2电路故障	141410	点火线圈4初级/次级电路故障

2 清除故障代码

清除故障代码的步骤如下：

(1)将钥匙识别器放到车内，打开点火开关。

(2)将检测仪连接到OBD诊断插口。

(3)开启检测仪。

(4)选择菜单项读取车辆/完整标识/显示故障码/删除故障码。

(5)清除故障存储器内的故障码。

引导问题20　如何检查曲轴位置传感器？

曲轴位置传感器的安装位置和电路如图4-27所示,断开曲轴位置传感器的插接器,用万用表对曲轴位置传感器及线路的检测,检测内容及方法见表4-4。

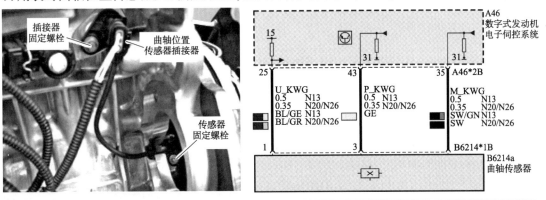

图4-27　曲轴位置传感器的安装和电路

曲轴位置传感器检测表　　　　　　　　　　　　　　　表4-4

检测内容	万用表挡位	规定值
插接器1插孔与DME控制单元25端子之间的电阻	电阻挡200Ω	小于1Ω
插接器2插孔与DME控制单元35端子之间的电阻	电阻挡200Ω	小于1Ω
插接器3插孔与DME控制单元43端子之间的电阻	电阻挡20kΩ	小于1Ω
插接器1插孔与车身搭铁之间的电阻	电阻挡200kΩ	大于10kΩ或更大
插接器3插孔与车身搭铁之间的电阻	电阻挡200kΩ	大于10kΩ或更大
插接器2插孔与车身搭铁之间的电阻	电阻挡200Ω	小于1Ω
插接器1插孔与插接器2插孔	直流20V(点火开关ON)	4.5~5V

引导问题21　如何检查凸轮轴位置传感器？

凸轮轴位置传感器的安装位置和电路如图4-28所示。断开凸轮轴位置传感器插接器,用万用表对传感器及线路进行检测,检测内容及方法见表4-5。

凸轮轴位置传感器检测表　　　　　　　　　　　　　　　表4-5

检测内容	万用表挡位	规定值
进气凸轮轴位置传感器插接器3插孔与车身搭铁之间的电压	直流20V(当点火开关置ON)	4.5~5.0V
进气凸轮轴位置传感器插接器2插孔与DME控制单元30端子之间的电阻	电阻挡200Ω	小于1Ω
进气凸轮轴位置传感器插接器1插孔与DME控制单元16端子之间的电阻	电阻挡200Ω	小于1Ω

续上表

检测内容	万用表挡位	规　定　值
进气凸轮轴位置传感器插接器2插孔与车身搭铁之间的电阻	电阻挡200Ω	小于1Ω
进气凸轮轴位置传感器插接器3插孔与车身搭铁之间的电阻	电阻挡200kΩ	大于10kΩ或更大
进气凸轮轴位置传感器插接器1插孔与车身搭铁之间的电阻	电阻挡200kΩ	大于10kΩ或更大
排气凸轮轴位置传感器插接器3插孔与车身搭铁之间的电压	直流20V（火开关置于ON）	4.5~5.0V
排气凸轮轴位置传感器插接器2插孔与DME控制单元14端子之间的电阻	电阻挡200Ω	小于1Ω
排气凸轮轴位置传感器插接器1插孔与DME控制单元44端子之间的电阻	电阻挡200Ω	小于1Ω
排气凸轮轴位置传感器插接器2插孔与车身搭铁之间的电阻	电阻挡200Ω	小于1Ω
排气凸轮轴位置传感器插接器3插孔与车身搭铁之间的电阻	电阻挡200kΩ	大于10kΩ或更大
排气凸轮轴位置传感器插接器1插孔与车身搭铁之间的电阻	电阻挡200kΩ	大于10kΩ或更大

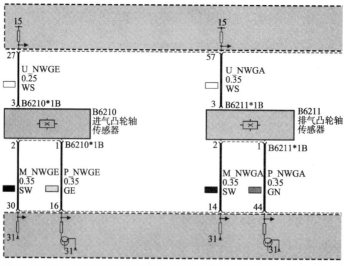

图4-28　凸轮轴位置传感器的安装位置和电路

学习任务四　火花塞的检查和更换

引导问题 22　如何检查爆震传感器?

爆震传感器的安装位置和电路如图 4-29 所示。断开爆震传感器插接器,用万用表对传感器及线路进行检测,检测内容及方法见表 4-6。

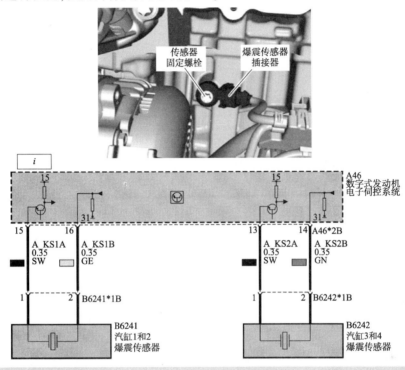

图 4-29　爆震位置传感器的安装位置图

凸轮轴位置传感器检测表　　　　表 4-6

检测内容	万用表挡位	规定值
1、2 缸爆震传感器插接器 1 插孔与车身搭铁之间的电压	直流 20V	当点火开关置于"ON"时,4.5~5.0V
1、2 缸爆震传感器插接器 2 插孔与 DME 控制单元 16 端子之间的电阻	电阻挡 200Ω	小于 1Ω
3、4 缸爆震传感器传感器插接器 1 插孔与身搭铁之间的电压	直流 20V	当点火开关置于"ON"时,4.5~5.0V
3、4 缸爆震传感器传感器插接器 2 插孔与 DME 控制单元 14 端子之间的电阻	电阻挡 200Ω	小于 1Ω
传感器两个插孔间的电阻	电阻挡 200kΩ	大于 10kΩ 或更大

引导问题 23　如何检查火花塞?

拆下火花塞,对火花塞进行检查。

1 火花塞外观的检查

检查火花塞的中央电极、搭铁电极、螺纹、垫片及瓷体等,并将积炭清除,如图 4-30 所示。

2 火花塞间隙的检查

如图 4-31 所示,使用火花塞间隙测量规检查火花塞间隙。火花塞间隙应为 1.0～1.1mm。

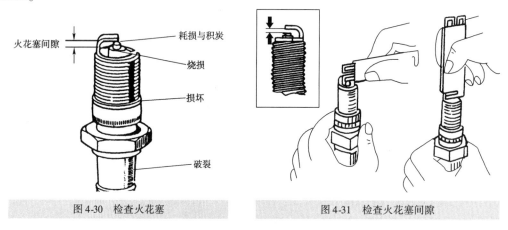

图 4-30　检查火花塞　　　　图 4-31　检查火花塞间隙

引导问题 24　如何检测点火系统线路?

断开点火线圈总成插接器,将点火开关置于"ON"位置,用万用表对点火线圈总成线束插接器进行测量。具体测量方法见表 4-7。如果测量结果与规定值不相符,则说明点火系统线路存在故障。

点火系统线路检测　　　　　　　　　　表 4-7

测量端子	测量条件	规定值
3 与搭铁	点火开关置于"ON"(万用表直流 20V)	蓄电池电压
2 与搭铁	万用表 200Ω	小于 1Ω

引导问题 25　如何更换宝马 328Li 乘用车火花塞?

1 火花塞的拆卸

(1)拆下隔音板。如图 4-32 所示,松开真空存储器上的真空接口并拔下,在隔音板前部区域向上撬起,沿行驶方向从后部橡胶导向件中拉出隔音板。

(2)拆下发动机室中的盖板。如图 4-33 所示,沿逆时针方向将锁止件转动 90°,松开卡子,拆卸左侧盖板,再用同样的方法拆下右侧盖板。

(3)拆下拉杆。如图 4-34 所示,先取出盖板并松开在其下面的螺栓,然后松开螺栓,并拆下拉杆。

学习任务四 火花塞的检查和更换

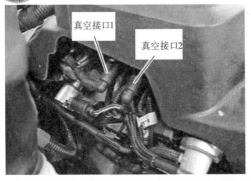

图4-32 拆下隔音板

图4-33 拆下发动机室盖板

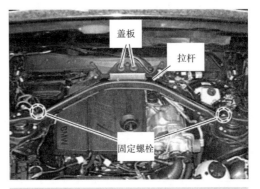

图4-34 拆下拉杆

（4）拆下点火线圈。如图4-35所示，松开点火线圈的插头卡子并拔下插头，并向上拉出点火线圈。

不要挤压或损坏电缆，有可能造成硅树脂软管裂开和损坏。

（5）拆下火花塞。如图4-36所示，先用压缩空气清洁火花塞安装孔，再用专用工具和弯折至少8°的加长件拧出火花塞，每次都必须使用柔性棘轮加长件。使用刚性安装工具时，有造成绝缘体破裂的风险。

戴防护眼镜，否则机油和脏物可能溅入眼睛！

必须在拆卸点火线圈后还未拆卸火花塞前，用压缩空气清洁火花塞孔中的污物，如果未按规定清除沉积物，则沉积物可能进入燃烧室内并导致燃烧失控。

不要在螺纹上涂油脂/上油，也不要涂覆石墨或铜油脂。

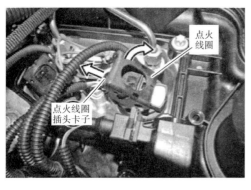

图 4-35 拆下点火线圈

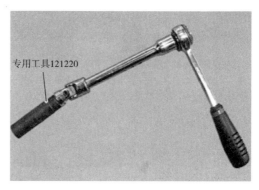

图 4-36 拆下火花塞

2 火花塞的安装

（1）安装火花塞。如图 4-37 所示，将新火花塞插到专用工具 121230 上。将火花塞用专用工具略微拧入火花塞螺纹孔内，直至极限位置。用扭力扳手、专用工具 121220 和弯折至少 8° 的加长件拧紧火花塞至 23N·m。

不要让火花塞掉落到火花塞孔内。这可能导致电极距离减小，因此造成发动机运转平稳性变差，尤其是怠速时。每次都必须使用柔性棘轮加长件，使用刚性安装工具时，有造成绝缘体破裂的风险。

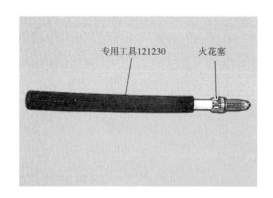

图 4-37 安装火花塞

（2）安装点火线圈。用较小的力安装点火线圈，必要时以略微来回转动的方式将其压至极限位置，接着检查防扭转装置，橡胶帽必须完全围住汽缸盖罩的密封凸缘。如图 4-38 所示，将插头在翻开插头卡子时推到点火线圈上，把插头卡子小心地沿箭头方向合上。

学习任务四 火花塞的检查和更换

不要挤压或损坏电缆,关闭锁止杆时,插头必须几乎无间隙地靠在配对件上,此时杆侧面靠在配对件上内侧,插头卡子必须不必费很大的力嵌入。

橡胶件挤压变形时,在发动机运转的情况下点火线圈可能再次移出。

不允许在硅树脂软管上涂油或油脂,否则,会造成硅树脂材料的稳定性显著降低,从而可能导致点火线圈失效。

(3)安装拉杆。紧固螺栓至45N·m,并盖上盖板,见图4-34。
(4)安装发动机室中的盖板。安装卡子,并顺时针方向将锁止件转动90°,见图4-33。
(5)安装隔音板。如图4-39所示,将隔音板装入现有橡胶支座中。

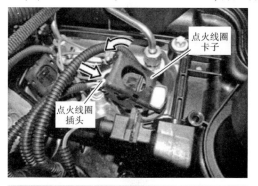

图4-38 安装点火线圈

图4-39 安装隔音板

三、评价与反馈

(1)对本学习任务进行评价,见表4-8。

评 分 表 表4-8

考核项目	评分标准	分数	学生自评	小组互评	教师评价	小计
团队合作	是否协调	5				
活动参与	是否积极主动	5				
安全生产	有无安全隐患	10				
现场5S	是否做到	10				
任务方案	是否正确、合理	15				
操作过程	点火系统故障自诊断;检查凸轮轴和曲轴位置传感器;检查点火系统元件;点火系统线路检测;更换火花塞	30				

续上表

考核项目	评分标准	分数	学生自评	小组互评	教师评价	小计
任务完成情况	是否圆满完成	5				
工具和设备使用	是否规范、标准	10				
劳动纪律	是否能严格遵守	5				
工单填写	是否完整、规范	5				
总分		100				
教师签名：			年　月　日		得分	

（2）在实施作业时每一个安全事项都注意到了吗？如果没有，找出忽略的地方和原因。

（3）能否向车主解释故障诊断及排除的过程？如果不能，分析原因并提出改进措施。

四、学习拓展

（1）查阅桑塔纳2000GSi型乘用车维修手册，比较桑塔纳2000GSi型乘用车点火系统和宝马328Li乘用车点火系统在结构上有什么不同。

（2）根据宝马328Li乘用车点火系统的诊断流程，制订2000GSi型乘用车点火系统的诊断流程。

学习任务五

前照灯不亮的检修

学习目标

完成本学习任务后,你应能:
1. 正确描述对照明系统的要求;
2. 正确描述照明系统的作用和种类;
3. 掌握前照灯照明系统的组成及结构;
4. 正确描述其他照明装置的作用及组成;
5. 正确分析照明系统的电路图;
6. 掌握前照灯不亮的检修方法;
7. 正确检查前照灯照明系统的元件;
8. 正确更换前照灯灯泡及前照灯总成。

 建议完成本学习任务的时间为 12 课时。

 学习任务描述

一辆威驰(1.6L)手动挡乘用车前照灯不亮,到维修站检修。经技术人员分析,可能为前照灯灯泡损坏或前照灯线路有故障,需要对照明系统进行检查或维修。

学习内容

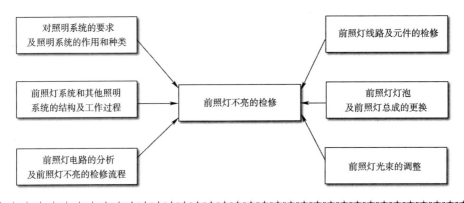

一、资料收集

引导问题1 对照明系统有哪些要求?

为使汽车能在夜间和能见度低的情况下安全行驶,现代汽车对照明的基本要求包括以下方面。

(1)汽车行车时的道路照明:现代汽车车速较高,要求汽车的照明设备能提供车前100m以上明亮均匀的道路照明,并且不对迎面来车驾驶人造成炫目。

(2)汽车倒车时的场地照明:是让驾驶人在夜间倒车时能看清车后的情况,顺利地完成倒车。

(3)牌照照明:在夜间行车时,能让其他行驶汽车的驾驶人和行人看清车牌号,以便于安全管理。

(4)雾天行车的特殊照明:用以确保雾天行车的安全。

(5)车内照明:为驾驶人观察仪表、操纵车辆和乘员上下车等提供照明。

引导问题2 汽车照明设备的种类与用途有哪些?

汽车照明设备按其安装位置和用途不同,可分为外部照明装置和内部照明装置,如图5-1所示。

外部照明装置主要包括以下照明灯具。

(1)前照灯。又称大灯或头灯,用于夜间行车的道路照明。有两灯制和四灯制两种配置。

(2)倒车灯。用于夜晚倒车时车后的照明和提供倒车信号,通常采用发光强度为32cd左右的照明灯泡。

(3) 牌照灯。用以照明车牌号码,一般采用发白色光的小型灯泡。

(4) 雾灯。用于雾天、下雪天、暴雨或尘埃弥漫时行车的道路照明和提供信号。灯泡为单丝,发出黄色光。

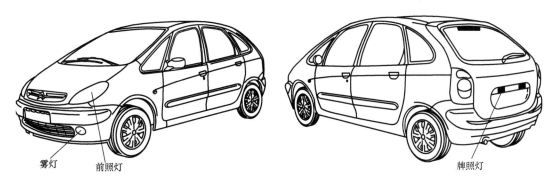

图 5-1 汽车照明灯

内部照明装置主要包括仪表灯、顶灯、车厢灯、开关灯、踏步灯等照明灯具,分别用于夜间行车的仪表、驾驶室、车厢、操纵及车厢乘员的上下车照明。

将各种照明灯具用电源、控制开关、导线及熔断器等元件连接起来就组成了汽车照明系统。

引导问题3 前照灯由哪几部分组成?各组成部分的结构如何?

前照灯一般由反射镜、配光镜和灯泡三部分组成,如图 5-2 所示。

1 反射镜

反射镜的作用是最大限度地将灯泡发出的光线聚合成强光束,以增加照射距离。它一般呈抛物面状,内表面镀铬、铝或银,然后抛光,目前多采用真空镀铝。反射镜依反射原理,将灯泡产生发散的光线汇聚成为集中的光束。灯丝与反射镜间的相对位置不同,反射光线的情况也不同,如图 5-3 所示。

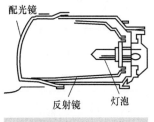

图 5-2 前照灯的组成

灯丝在焦点上时,反射光线成平行状射出,如图 5-3a)所示。

灯丝在焦点的后面时,反射光线成分散状向外射出,如图5-3b)所示。

灯丝在焦点的前面时,反射光线成收敛状向中央射出,如图5-3c)所示。

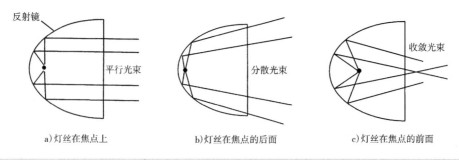

a) 灯丝在焦点上　　b) 灯丝在焦点的后面　　c) 灯丝在焦点的前面

图5-3　灯丝位置不同所反射光线的情况

2 配光镜

良好的前照灯必须有强力的远距中央光束,周围并分布光源,以尽可能扩大照射路面的范围。反射的光线经镜头可再改善,镜头能再分配反射的光束及散射的光线,故可得较佳的照明。

玻璃或塑胶镜头上有许多纵、横或不规则的条纹,整个镜头可分割成极大数量的方形块,也就是每一个单独的小镜头均会引导光线,来改善光线的投射或光束的形式。

目前许多汽车的前照灯均已改用透明的镜头,因此前照灯所有光线方向的变化,都是由反射镜来执行。

3 灯泡

目前,汽车前照灯的灯泡主要使用两种,即白炽灯泡和卤钨灯泡。

1 白炽灯泡

在真空状态内装用钨丝的灯泡,称为白炽灯泡,又称钨丝灯泡,从20世纪20年代开始就被作为前照灯灯泡。

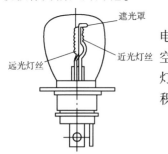

图5-4　用于前照灯的白炽灯泡

前照灯用白炽灯泡的结构如图5-4所示,灯丝用钨丝制成,电流流经钨丝时,钨丝烧红成白炽状,产生光及热;灯泡内的真空,可避免空气中的氧使灯丝烧尽。白炽灯泡也可用做小灯、侧灯、制动灯、尾灯及牌照灯的灯泡,如图5-5所示。白炽灯泡的体积大,耗电量大且寿命短,因此已被逐渐淘汰。

2 卤素灯泡

在白炽灯泡内充入氟、氯、碘等卤素气体,卤素气体是一种惰性气体,在此气体内灯丝烧耗慢,并允许灯丝在高温下工作。较高的灯丝温度能改变光线的色彩及强度,卤素灯泡约比白炽灯泡亮25%。

卤素灯泡的构造如图5-6所示,双丝的卤素灯泡称为H4。卤素灯泡从1960年开始采用,至今仍有许多车辆在使用。

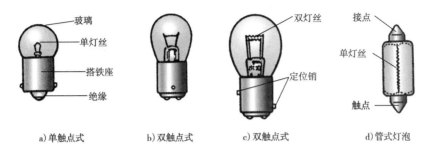

图 5-5　用于其他照明灯的白炽灯泡

卤素灯泡比普通灯泡在同样功率条件下亮度高、寿命长、光度稳定。但卤素灯泡内的钨丝温度高达 2900℃ 以上,因此必须使用即使因温度剧烈变化,也不会在玻璃内产生过度内部张力的石英玻璃。石英玻璃表面不可以手指碰触,若手指上的油脂粘附在玻璃表面时,会形成热点,以致石英玻璃变形甚至破裂。

引导问题 4　前照灯上采用了哪些防炫目措施?

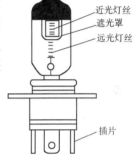

图 5-6　卤素灯泡的构造

夜间会车时,前照灯强烈的灯光可造成迎面驾驶人炫目,容易引发交通事故,所以为了避免前照灯的炫目作用,一般在汽车上都采用双丝灯泡的前照灯,可以通过变光开关切换远光和近光。我国交通法规规定,夜间会车时,必须在距对面来车 150m 以外互闭远光灯,改用防炫目近光灯。

国内外生产的双丝灯泡的前照灯,按近光的配光不同,分为对称形和非对称形两种不同的配光形式。

1　对称形配光(SAE 方式)

远光灯丝功率较大(45~60W),位于反射镜的焦点位置,射出的光线远而亮;近光灯丝功率较小(22~55W),位于反射镜焦点的上方并稍向右偏斜。由于近光灯光线弱,且经反射镜反射后光线大部分向下倾斜,从而减少了对迎面来车驾驶人的炫目作用,如图 5-7 所示。美国、日本均采用这一配光方式。

2　非对称形配光(ECE 方式)

远光灯丝位于反射镜的焦点处,近光灯丝则位于焦点前方且稍高出光学轴线,其下方装有金属配光屏,如图 5-8 所示。

由近光灯丝射向反射镜上部的光线,反射后倾向路面,而配光屏挡住了灯丝射向反射镜下半部的光线,故没有向上反射能引起炫目的光线。配光屏在安装时偏转一定的角度,使其近光的光形分布不对称,形成一条明显的明暗截止线。

113

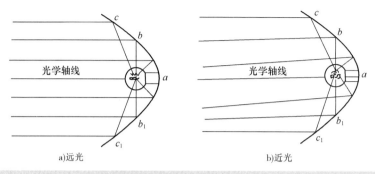

图 5-7　对称形配光前照灯的工作情况

3 Z 形配光

近来,国外又发展了一种更优良的光形,明暗截止线呈 Z 形,故称为 Z 形配光,不仅可以避免迎面来车的驾驶人的炫目,还可以防止迎面而来的行人和非机动车使用者的炫目,更加保证了汽车夜间行驶的安全,各种配光光形如图 5-9 所示。

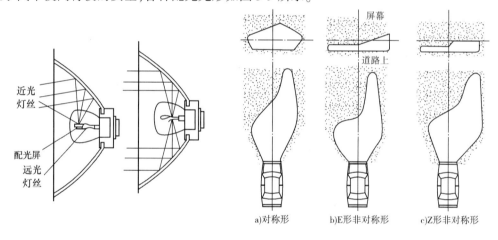

图 5-8　装有配光屏的双丝灯泡的前照灯工作情况　　　图 5-9　前照灯的配光光形

引导问题 5　前照灯的种类有哪些?

过去,前照灯的常见类型有全封闭式前照灯和半封闭式前照灯,如图 5-10 所示。随着照明技术的不断发展,现在在汽车上已逐步出现许多新型前照灯。

1 投射式前照灯

投射式前照灯采用了凸形配光镜,反射镜为椭圆形,所以其外径很小,其结构如图 5-11 所示。

由于投射式前照灯的反射镜呈椭圆形,所以有两个焦点。在第一个焦点处放置灯泡,光束经反射会聚至第二个焦点。凸形配光镜的焦点与第二个焦点相重合,灯泡发出的光被反射镜聚成第二个焦点,并通过配光镜将聚集的光投射到远方。投射式前照灯使用的光源为卤素灯光,在第二个焦点附近设有遮光板,可用于遮住投向上半部分的光,形成明暗分明的配光。它的这种配光特性适用于前照灯近、远光灯,也可用作雾灯。

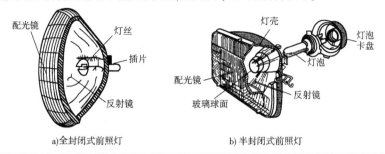

图 5-10　传统前照灯结构

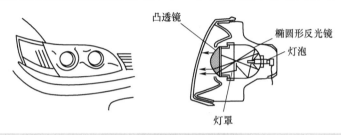

图 5-11　投射式前照灯的结构

采用投射式前照灯,可利用的光束增多,若将反射镜做成扁长断面,很多光束便可横向扩散,不仅结构紧凑,而且经济实用。

2　氙灯

氙灯是一种含有氙气的新型前照灯,又称高强度放电灯或气体放电灯,英文简称 HID (High Intensity Discharge)。目前奔驰 E 级车、宝马 7 系列、丰田雷克萨斯、本田阿库拉等高档车都使用了这种新型前照灯。氙灯亮度大,发出的亮色调与太阳光比较接近,消耗功率低,可靠性高,不受车上电压波动的影响。

HID 系统由小型石英灯泡、变压器和电子控制单元组成,如图 5-12 所示。接通电源后,通过变压器,在几微秒内升压到 2 万 V 以上的高压脉冲电加在石英灯泡内的金属电极之间,激励灯泡内的物质(氙气、少量的水银蒸气、金属卤化物)在电弧中电离产生光亮。由于高温导致碰撞激发,并随压力升高使线光谱变宽形成带光谱。在灯开关接通的一瞬间,氙灯即产生与 55W 卤素灯一样的亮度,约 3s 达到全部光通量。

HID 灯泡是一种在两电极间因高电压产生电弧,而在灯泡内产生光亮的装置,其结构如图 5-13 所示。HID 灯泡产生浅蓝色光,灯泡内无灯丝,1993 年由飞利浦公司首次成功研发。氙灯灯泡的玻璃用坚硬的耐温耐压石英玻璃(二氧化硅)制成,灯内充入的高压氙气缩短了灯被点亮的时间,灯的发光颜色则由充入灯泡内的氙气、水银蒸气和少量金属卤化物所决定。

电子控制器系统是一个独立的系统,包括变压器和电子控制单元,具有产生点火电压和工作电压两种功能。变压器将低电压变为高电压输出,电子控制单元的主要功能是限制氙灯灯泡的工作电流,向灯泡提供 2 万 V 以上的点火电压和维持工作的低电压(80V 左右)。

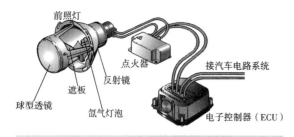

图 5-12 氙灯系统的组成

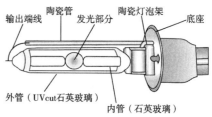

图 5-13 氙灯灯泡的结构

氙灯与卤素灯的主要区别在于前者通过气体电离发光,后者通过加热钨丝发光。虽然氙灯的发光电弧与卤素灯的钨丝长度直径一样,但发光效率和亮度提高了 2 倍。由于氙灯不用灯丝,没有了传统灯丝易脆断的缺陷,寿命也提高了 4 倍。据测试,一个 35W 的氙灯光源可产生 55W 卤素灯 2 倍的光通量,使用寿命与汽车差不多。因此,安装氙灯不但可以减少电能消耗还相应提高了车辆的性能,这对于乘用车而言具有很重要的意义。

3 LED 照明

由于 LED 省电、不发热、反应速度极快、寿命长及设计自由度高等优点,因此 LED 技术目前已被广泛应用,LED 将取代白炽灯泡,成为现代汽车在指示、定位、室内照明及造型设计上的主流。

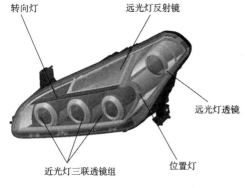

图 5-14 全 LED 前照灯空间布置图

全 LED 前照灯是目前最新研制的车灯。它是基于一汽乘用车公司的奔腾 B50 车型开发的。全灯共采用 41 颗 LED 光源,其中近光灯采用的 3 颗大功率白色 LED 光源,配合三联聚光圆形透镜,形成独特的配光设计和视觉效果,配光要求满足相关法规要求;远光采用 2 颗 LED 光源,其中一颗采用透镜配光,另一颗采用反射镜辅助配光,照度值满足国家法规要求。位置灯采用 14 颗白色 LED 光源,转向灯采用 22 颗琥珀色 LED 光源,如图 5-14 所示。

与传统的前照灯相比,全 LED 前照灯创新点表现在以下几个方面。

(1)在前照灯外观上,通过 LED 集成光源的配置,并与相关光学部件配合,远光照度值可大幅度提高。

(2)在灯具结构造型方面,由于 LED 光源体积非常小,使灯内布局更随意,从而可缩小 LED 前照灯整体体积。

(3)由于该 LED 前照灯全部采用 LED 冷光源,发热量低,灯腔内温差变化不大,不容易在灯腔内壁积雾。

(4)该 LED 前照灯远光功率为 30W,近光为 45W,因此与传统卤素光源(远光为 65W,近光为 55W)相比,可节约 40% 能源。

(5)LED 车灯响应快,亮灯无须热起动时间,色温超过 5000K,更接近于日光,使行车更为安全。

学习任务五 前照灯不亮的检修

（6）使用寿命长，可超过 10000h，而传统卤素灯寿命一般在 300h 左右。

全 LED 前照灯目前已经通过环境耐温试验、配光检测，已基本满足"汽车用 LED 前照灯"国家标准要求。

引导问题6 前照灯的电路组成如何？

前照灯电路一般由电源、前照灯开关、变光开关、前照灯继电器等组成，如图 5-15 所示。

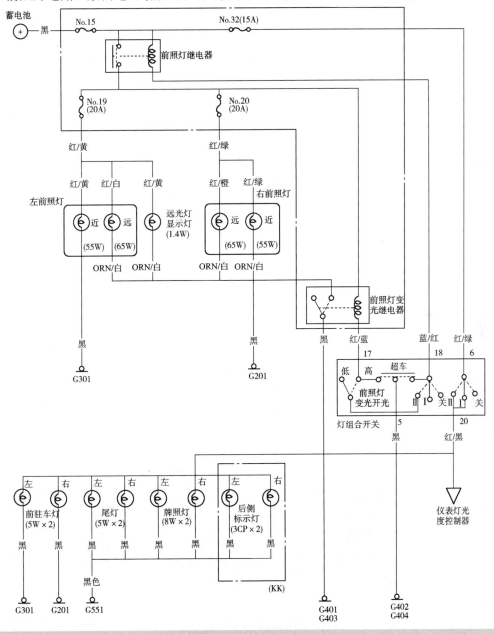

图 5-15 前照灯的电路

1 前照灯开关

现代汽车的前照灯开关都装在转向盘下方,如图 5-16 所示。事实上此开关为一组合开关,左侧开关可操纵前照灯及转向灯,右侧开关则用以操纵刮水器及洗涤器电动机。前照灯开关通常有三个位置。

(1)一位置:OFF,关灯,无电流进入。
(2)二位置:电流送到尾灯、仪表灯、示宽灯、牌照灯等。
(3)三位置:电流送到第二位置和前照灯。

一般前照灯开关控制各灯的电源,但也有一部分汽车的灯开关控制各灯的搭铁。

2 变光开关

前照灯必须能选择使用远光或近光行驶,因此前照灯电路上必须有变光开关来控制。现代汽车都是利用前照灯开关实现变光,因此没有单独的变光开关。

前照灯开关除做示宽灯及前照灯的控制外,也可变换远、近光或将操纵杆扳到底做前照灯闪光,如图 5-17 所示,前照灯闪光在前照灯开关关闭时也有作用。

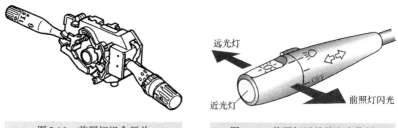

图 5-16 前照灯组合开关　　图 5-17 前照灯开关的变光作用

3 前照灯继电器

前照灯的工作电流较大,特别是四灯制的汽车,如用车灯开关直接控制前照灯,车灯开关易烧坏,因此在灯光电路中设有灯光继电器。

图 5-18 为触点常开式前照灯继电器的结构和原理,端子 SW 与前照灯开关相连,端子 E 搭铁,端子 B 与电源相连,端子 L 与变光开关相连。当接通前照灯开关后,继电器铁芯通电,触点闭合,通过变光开关向前照灯供电。

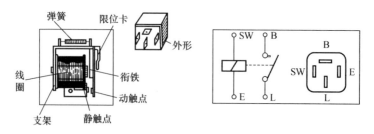

图 5-18 前照灯继电器结构与原理

引导问题 7　如何检查调整前照灯光束？

前照灯应保证车前有明亮而均匀的照明,使驾驶人能看清车前100m范围内路面上的障碍物。如果前照灯光束调整不当,如光束照射位置偏移、灯光亮度不够等,会对夜间行车安全产生重大影响。

国家标准对汽车前照灯的发光强度和光束照射位置作了具体规定,并将其列为汽车安全性能的必检项目。

1　前照灯发光强度

发光强度是指光源在给定方向上所能发出的光线强度,单位是坎德拉(cd)。对前照灯发光强度的要求见表5-1。

前照灯远光光束发光强度要求标准(cd)　　　　　　　　　　表5-1

车辆类型 \ 检查项目	新注册车			在用车		
	一灯制	两灯制	四灯制	一灯制	两灯制	四灯制
汽车	—	18000	15000	—	15000	12000
最大设计车速小于70km/h的汽车	—	10000	8000	—	8000	6000
三轮汽车	8000	6000	—	6000	5000	—

2　前照灯光束照射位置

① 光束调整要求

(1)机动机。机动车(除运输用拖拉机)的前照灯在距离屏幕10m处,光束明暗截止线转角(ECE配光)或中心的高度应为 $0.6 \sim 0.8H$(H为前照灯基准中心的高度);在水平方向上,向左偏或向右偏均不能超过100mm,如图5-19所示。

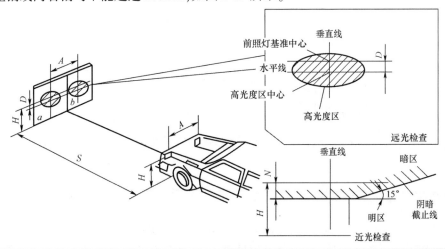

图5-19　前照灯灯光检查

(2)四灯制前照灯。四灯制前照灯其远光单光束灯的调整,要求在屏幕上光束中心离地高度应为 0.85～0.90H,水平位置要求左灯向左偏不得大于 100mm,向右偏不得大于 170mm;右灯向右、向左偏均不得大于 170mm。

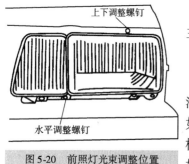

图 5-20 前照灯光束调整位置

机动车装备远光和近光双光束灯时以调整近光光束为主。对于只能调整远光单光束的灯,调整远光单光束。

❷ 光束调整

前照灯的对光调整可以采用屏幕检验法和检测仪检法,两种方法均通过调整前照灯上下、左右调整螺钉调整,如图 5-20 所示。汽车维修企业广泛采用各种前照灯检测仪检查前照灯光束照射位置,如图 5-21 所示,具体操作过程如下。

(1)测试仪垂直放置,汽车和测试仪的相对位置应保证检验仪聚光凸透镜与前照灯配光镜之间的距离为 1m。

(2)调整测试仪,使对正校准器对准被测汽车的纵向中心线,即对中。

(3)利用前照灯对正校准器,通过上下、左右调整测试仪,使前照灯中心与测试仪聚光凸透镜中心对中,然后将测试仪固定在支柱上。

(4)接通前照灯,将光度光轴开关转到光轴位置上。左右、上下偏移指示计。转动左右、上下调整旋钮,将左右、上下偏移指示计的指针指示中央位置。

(5)将光度光轴开关转到光度位置上,读取此时光度计的指示值和左右、上下调整旋钮转动时的刻度值,即测出了发光强度及光轴的左右、上下偏移量。

(6)调节前照灯的左右、上下调节螺钉,使测试仪调整旋钮的刻度恢复到零,即完成调整工作。

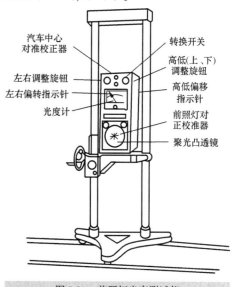

图 5-21 前照灯光束测试仪

引导问题8 前照灯电子控制系统的功能有哪些?

为了提高汽车行驶的安全性和方便性,很多新型汽车采用了电子控制装置,以实现对前照灯的自动控制。

❶ 前照灯自动变光系统

前照灯自动变光系统能够根据迎面来车的灯光,自动调节前照灯的近光和远光。当在 200m 以外有对方汽车灯光信号时,变光器能够自动地将本车的远光变为近光,从而避免给对方驾驶人带来炫目;两车交会后,前照灯又可自动恢复为远光。该系统主要由光传感器、信号放大器和功率继电器等组成,光传感器一般安装于通风栅之后,散热器之前。

2 前照灯昏暗自动发光系统

前照灯昏暗自动发光系统能够在汽车行驶过程中(并非夜间行驶),当汽车前方自然光的强度减低到一定程度时,自动将前照灯电路接通,开灯行驶以确保行车安全。例如汽车通过高架桥、林荫小道、树林或天空突然乌云密布等情况下,能够自动接通前照灯电路,为汽车行驶提供足够的照明。

3 灯光提示警报系统及自动关闭系统

这种系统的作用是:当点火开关关闭但是驾驶人忘记关闭灯光控制开关时,能够自动发出警报,警告驾驶人关闭前照灯和尾灯,或者自动关闭前照灯和尾灯。

4 前照灯自动关闭延时器

前照灯自动关闭延时器是一种自动关闭前照灯的控制装置。其作用是:当汽车停驶时,为驾驶人下车离去提供一段照明时间。

在有些汽车上还装有 DRL 系统,它可以自动减弱前照灯在白天使用时的发光强度,以延长灯泡的使用寿命,降低电能的消耗。另外,有些汽车的行李舱里装有灯光损坏传感器,可以在前照灯、尾灯或制动灯等灯泡损坏时,发出警报,以提醒驾驶人。

5 智能前照灯系统

车辆的智能前照灯系统可以根据对面来车的距离来自动控制左侧灯光的高低角度和照射强度。一旦会车完成,将会立即恢复原有灯光角度位置和亮度。而有些车辆更是在远光未开启的情况下,通过前照雷达探测,如果探测到障碍物,如停泊或慢速行驶在路上的汽车或者行人时,将自动将远光照向无限远角度,提醒驾驶人注意前方情况。智能前照灯系统还可以根据来车距离自动调节前照灯照明的亮度和高度角。

除此之外,该系统还有前照灯随动转向技术,这一技术是由转向盘下面的转向柱中的角速度传感器直接给灯光控制电动机或者辅助补偿灯一个信号,使其按照驾驶人需要做的转向角度自动转向或者向需要转向的一侧打亮补偿灯光,从而减少视觉盲区。

> **引导问题9** ▶ **前照灯冲洗装置的组成及工作原理如何?**

在泥泞路面或恶劣气候下跟车或会车时,经常因泥水飞溅,使前照灯镜面脏污,影响照明及行车安全,故部分车辆装备有前照灯冲洗装置。

1 组成

前照灯冲洗装置由前照灯冲洗开关、控制器、储水罐、冲洗电动机及喷嘴等组成,如图5-22所示。

2 工作原理

前照灯冲洗装置的电路如图5-23所示。压下冲洗开关,左右两侧的喷嘴喷出冲洗液,将前照灯冲洗干净。喷嘴位置必须正确,使在所有车速时,冲洗液均能喷向前照灯。

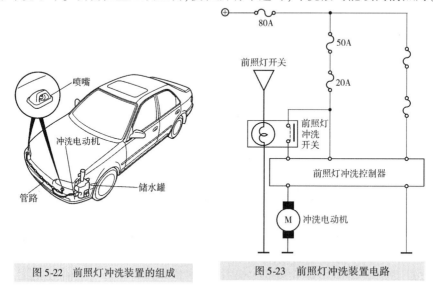

图5-22 前照灯冲洗装置的组成　　图5-23 前照灯冲洗装置电路

当前照灯打开、驾驶人操作风窗玻璃清洗系统时,前照灯冲洗系统会同时作用,利用特殊的涡流室喷嘴,通过水滴的运动效果,强制冲洗前照灯表面污粒,以避免光线因污粒反射而造成炫目。

引导问题10　其他照明灯的作用及电路组成?

1 雾灯

雾灯用于雨、雪、雾或尘埃弥漫天气时的行车照明并具有信号作用。雾灯有前雾灯和后雾灯两种。前雾灯装于汽车前部比前照灯稍低的位置(图5-24)。雾灯的光色规定为黄色、橙色或红色,这是因为其光波较长,透雾性能好。雾灯由雾灯开关控制,有些汽车的雾灯开关又受灯光总开关控制。雾灯电路如图5-25所示。

2 倒车灯

倒车灯为一独立的电路,灯色为白色,倒车灯由装在变速器上的倒车灯开关控制,当变速杆拨至倒车挡时,倒车信号开关将倒车信号电路接通,倒车灯点亮,如图5-26所示。有的倒车灯电路上装有蜂鸣器,以警告车后的行人和汽车。

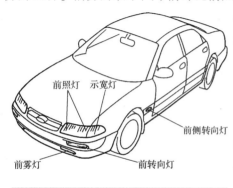

图5-24 雾灯安装位置

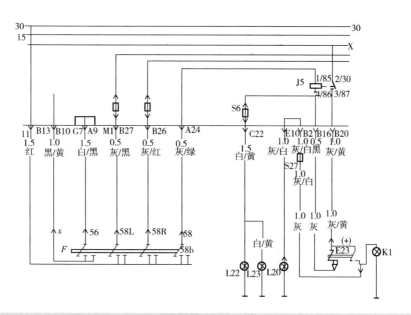

图 5-25 雾灯电路图

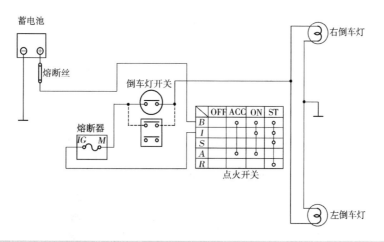

图 5-26 倒车灯电路

3 尾灯

尾灯装在车辆后端左右两侧,前照灯开关在第一段与第二段时尾灯均可点亮。通常尾灯与制动灯共用一灯泡,灯泡内为双灯丝,功率为21/5W,21W为制动灯用,5W为尾灯用,其构造如图5-27所示。

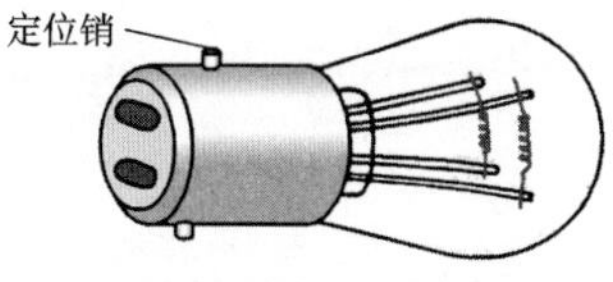

4 牌照灯

前后牌照灯与示宽灯及尾灯并联,同时点亮,其灯泡功率为5W。

图 5-27 双丝灯泡的构造

5 阅读灯

阅读灯又称地图灯、个人灯、内小灯等,在前座椅上方,如图 5-28 所示。压下开关灯亮,点火开关在任何位置时阅读灯均可点亮,其灯泡功率为 5～8W。

6 车顶灯

车顶灯又称车内灯或室内灯,装在车顶的中央,如图 5-29 所示。其开关通常有三个位置,OFF 时灯熄灭,ON 时灯一直亮着,DOOR 时在车门打开时灯才亮,车门关闭后灯熄灭。现代汽车利用定时器电路在车门关闭后使车顶灯持续点亮 10～15s 才熄灭,以方便驾驶人及乘客。图 5-30 所示为一般车顶灯的电路,其灯泡功率为 10W。

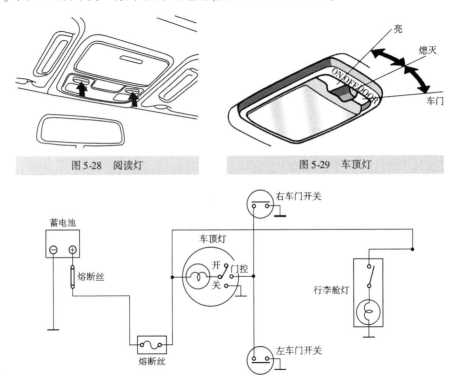

图 5-28 阅读灯　　图 5-29 车顶灯

图 5-30 车顶灯电路

7 点火开关照明灯

所有车门关闭后,点火开关照明灯会持续点亮 10～15s 才熄灭,以方便驾驶人插入钥匙,如图 5-31 所示。

8 车门灯

车门灯又称探照灯,装在四个车门下方,如图 5-32 所示。当车门打开时灯亮,照亮地面,以方便进出汽车的驾驶人及乘客,其灯泡功率约为 3～4W。

学习任务五　前照灯不亮的检修

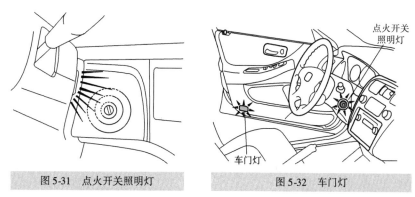

图 5-31　点火开关照明灯　　　　图 5-32　车门灯

9 行李舱灯

行李舱灯装在行李舱内,当行李舱打开时灯亮,其灯泡功率为5W。

其他室内常见的照明灯还有置物箱灯、音响照明灯及自动变速器变速杆处挡位照明灯等。

引导问题11　**如何分析威驰(1.6L)乘用车前照灯电路图?**

威驰(1.6L)乘用车前照灯电路如图5-33所示。

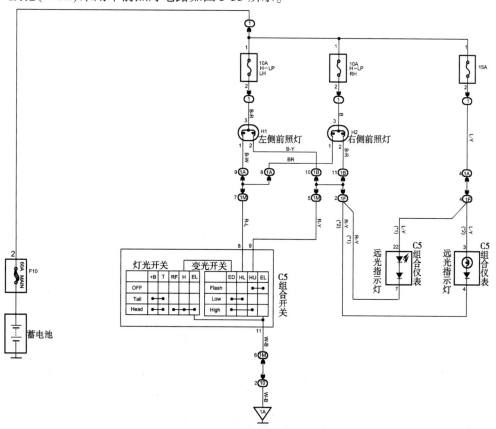

图 5-33　威驰(1.6L)乘用车前照灯电路图

引导问题 12　前照灯不亮的检测流程？

灯泡损坏和线路故障均可造成两侧前照灯不亮，其中线路故障主要包括供电线路故障、搭铁线路故障及组成线路的各种元件故障。可按照图 5-34 所示的检测流程进行故障检查。

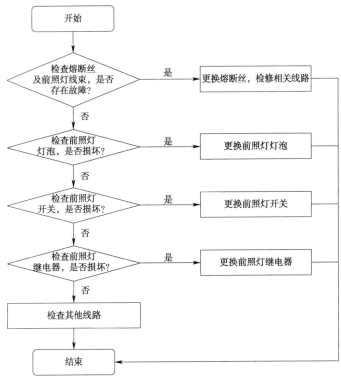

图 5-34　前照灯不亮的检测流程

二、实 施 作 业

引导问题 13　作业需要哪些工具、设备和材料？

（1）组合工具、扭力扳手、钳子、螺丝刀。
（2）威驰（1.6L）乘用车、万用表、光束调整白板等。
（3）磁力护裙、座椅套、转向盘套、变速杆手柄套和脚垫、保护性胶带等。
（4）威驰（1.6L）乘用车维修手册。

引导问题 14　通过查询和查找，填写以下信息。

车辆生产年份_____，车牌号码_____，行驶里程_____，发动机型号及排量

_____,车辆识别代码(VIN)_____。

引导问题 15 如何检查前照灯线路?

1 检查熔断丝及电源线路

(1)拔下熔断丝,用万用表检查熔断丝是否损坏,如果损坏则更换。
(2)插上完好的熔断丝,然后将点火开关置于"ON"挡,用万用表测量熔断丝两端电压,应为蓄电池电压。如果无电压或电压值不符合规定,检查供电线路。

2 检查供电与灯泡之间的线路

断开前照灯线束插接器,操纵前照灯开关,用万用表测量前照灯插接器各端子,具体测量方法见表5-2。如果测量结果与标准值不符,则说明供电线路与灯泡之间线路存在故障。

供电线路与灯泡之间线路检查表　　　　　　　　　　　　　　　表5-2

测量端子	测量条件	规定值
3与搭铁	Head(万用表直流20V挡)	蓄电池电压
2与搭铁	Head/High(万用表200Ω挡)	小于1Ω
1与搭铁	Head/Low(万用表200Ω挡)	小于1Ω

引导问题 16 如何检查前照灯系统元件?

1 检查灯泡

断开前照灯线束插接器,用万用表根据表5-3的内容检查前照灯灯泡。如果检查结果与标准值不相符,则更换灯泡。

前照灯灯泡检查表　　　　　　　　　　　　　　　表5-3

测量端子	测量条件	规定值
3与1	万用表200Ω挡	导通
3与2	万用表200Ω挡	导通
1与2	万用表200Ω挡	导通

2 检查前照灯开关

拆下前照灯开关,用万用表检查图5-35所示前照灯开关各端子,具体检查方法见表5-4。如果检查结果与标准值不符,则更换前照灯开关。

前照灯开关检查表　　　　　　　　　　表 5-4

开关动作	测试端子	规定状态
OFF	10-11,12-13	不导通
TAIL	10-13	导通
HEAD	10-13,11-12	导通
FLASH	9-11	导通
LOWBEAM	8-11	导通
HIBEAM	9-11	导通

3 前照灯继电器检查

拆下前照灯继电器,前照灯继电器各端子如图 5-36 所示,用万用表检查继电器的工作情况,具体检查方法见表 5-5。

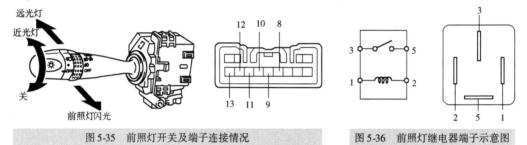

图 5-35　前照灯开关及端子连接情况　　　　图 5-36　前照灯继电器端子示意图

前照灯继电器检查表　　　　　　　　　　表 5-5

测量端子	条　件	规　定　值
3 与 5	在端子 1 与 2 间不加电压	10kΩ 或更大
3 与 5	在端子 1 与 2 间加电压	小于 1Ω

引导问题 17　如何检查和更换前照灯灯泡?

1 拆卸前照灯灯泡

(1)断开前照灯线束插接器,拆下灯座罩,如图 5-37 所示。
(2)按下调整弹簧,并按图 5-38 中箭头所示方向拉动以将其脱开。
(3)如图 5-39 所示,拆下前照灯灯泡。

不要用手指接触灯泡玻璃。

学习任务五　前照灯不亮的检修

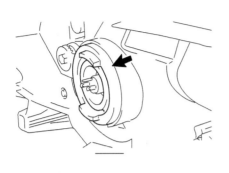

图5-37　拆卸灯座罩

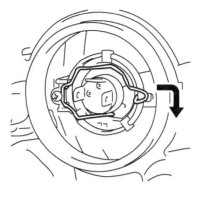

图5-38　拆卸调整弹簧

2 安装前照灯灯泡

(1)安装前照灯灯泡(图5-39)。

(2)按图5-40中所示的方向移动调整弹簧,以将其锁止。

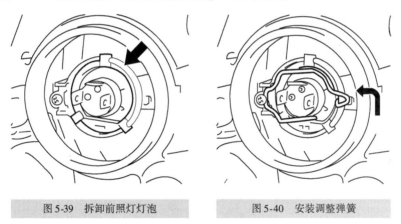

图5-39　拆卸前照灯灯泡　　　　　图5-40　安装调整弹簧

(3)安装灯座罩(图5-37)。

引导问题18 如何更换前照灯开关?

前照灯开关相关零件的分解如图5-41所示。

1 拆卸

(1)操纵转向盘,将前轮摆正。
(2)脱开蓄电池的负极端子,90s后再进行操作。
(3)拆下喇叭按钮总成。
①如图5-42所示,用梅花套筒扳手,松开两个梅花螺钉,直至螺钉头周边卡在螺钉壳体内。
②如图5-43所示,从转向盘中拉出喇叭按钮总成,使用螺丝刀松开空气囊接头的锁紧

部分,拆下空气囊接头。

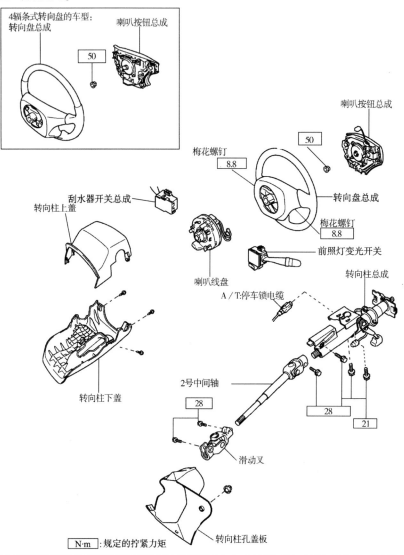

图 5-41　前照灯开关相关部件的分解图

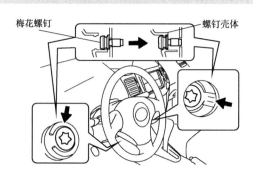

图 5-42　喇叭按钮拆卸(一)

> 当拆下喇叭按钮总成时,注意不要拖拉空气囊总成线束;要将喇叭按钮总成下表面朝上放置。

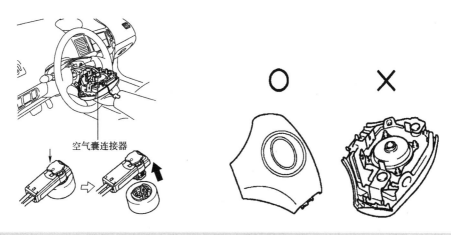

图5-43 喇叭按钮拆卸(二)

(4)拆下转向盘总成。如图5-44所示,拆下转向盘固定螺母,在转向盘总成和主轴总成上做好配合标记,使用专用工具拆下转向盘总成。

(5)拆下3个螺钉,拆下转向柱上盖和转向柱下盖。

(6)拆下螺旋电缆总成。

(7)拆下前照灯开关总成。

2 安装

(1)安装前照灯开关总成。

(2)安装螺旋电缆总成。

(3)安装转向柱下盖和转向柱上盖,固定3个螺钉。

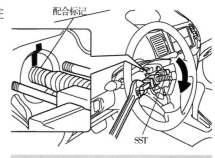

图5-44 拆卸转向盘

(4)安装转向盘总成。

(5)安装喇叭按钮总成。

(6)连接蓄电池的负极端子。

(7)检查安全气囊指示灯。

引导问题19 如何更换威驰(1.6L)乘用车前照灯总成?

威驰(1.6L)乘用车前照灯总成相关部件的分解如图5-45和图5-46所示。

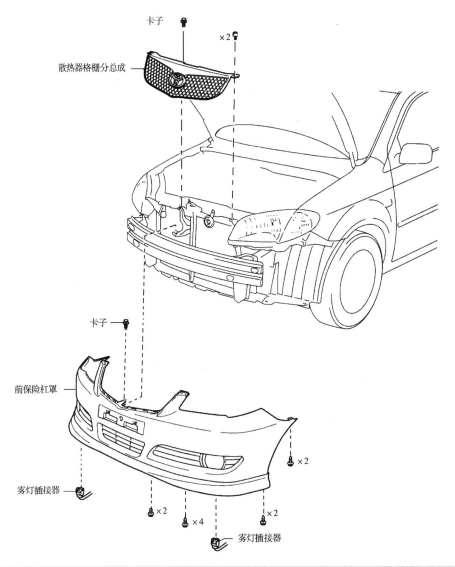

图 5-45 前照灯总成相关部件的分解图(一)

1 前照灯总成的拆卸

(1)从蓄电池负极端子断开电缆线。
(2)拆下散热器格栅分总成。
(3)拆下前保险杠罩。
(4)拆下前照灯总成。如图 5-47 所示,拆下 3 个螺钉,断开 3 个插接器,然后拆下前照灯。
(5)拆下示宽灯灯泡。
①如图 5-48 所示,按箭头所示方向转动示宽灯灯座和灯泡,将其拆下。

学习任务五 前照灯不亮的检修

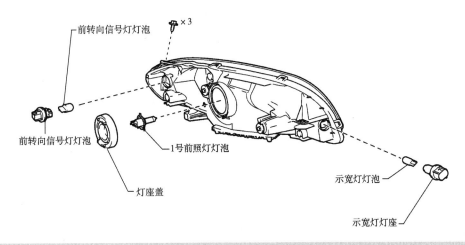

图 5-46 前照灯总成相关部件的分解图(二)

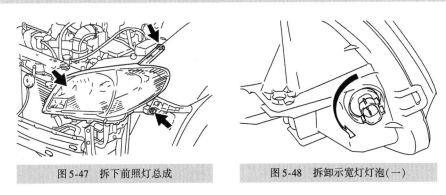

图 5-47 拆下前照灯总成　　　图 5-48 拆卸示宽灯灯泡(一)

②如图 5-49 所示,从灯座上拆下示宽灯灯泡。
(6)拆下前转向信号灯灯泡。
①如图 5-50 所示,按箭头所示方向转动转向灯灯座和灯泡,将其拆下。

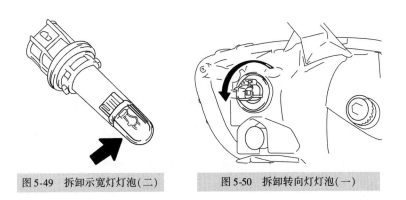

图 5-49 拆卸示宽灯灯泡(二)　　　图 5-50 拆卸转向灯灯泡(一)

②如图 5-51 所示,从灯座上拆下转向信号灯灯泡。
(7)拆卸前照灯灯泡。

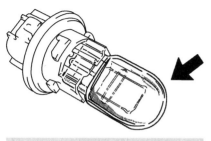

图 5-51 拆卸转向灯灯泡(二)

2 前照灯总成的安装

(1)安装前照灯灯泡。
(2)安装转向信号灯灯泡(图 5-51 和图 5-50)。
(3)安装示宽灯灯泡(图 5-49 和图 5-48)。
(4)安装前照灯总成(图 5-47)。
(5)安装前保险杠总成。
(6)安装散热器格栅分总成。
(7)连接蓄电池负极端子电缆。
(8)进行前照灯灯光调整。

引导问题20 如何检查和调整前照灯光束？

前照灯光束的检查和调整过程如下。
(1)汽车停放在水平地面上,轮胎充气至规定压力,上下弹跳汽车以使悬架就位。
(2)如图 5-52 所示,将一张较厚的白板垂直放置在离前照灯 3m 远的地面上,确保汽车的中线与白板表面成 90°角,在白板上画一条水平线(H 线),标明前照灯的灯光应照射的位置。

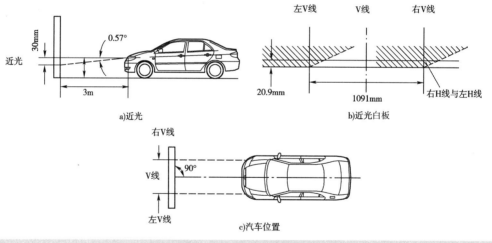

图 5-52 前照灯照射范围的检查图

(3)在汽车中线对应的位置画一条垂直线(V 线)。
(4)在两个前照灯应射的位置画两条垂直线(左 V 线与右 V 线)。
(5)连接两个近光中心标记,以形成一条至前照灯灯光应照射位置的水平线(右 H 线与左 H 线)。

 注意

右 H 线与左 H 线比水平线(H 线)低 0.57°。

(6)起动发动机,打开前照灯。

(7)检查前照灯灯光是否正确照射到图示的位置上,如果不能正确照射在图示的位置,则调整前照灯光束,如图5-53所示。用调节螺钉A进行前照灯纵向调节,用调节螺钉B进行前照灯水平调节。

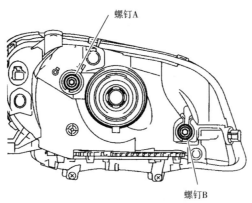

图5-53 前照灯的调节

三、评价与反馈

(1)对本学习任务进行评价,见表5-6。

评 分 表　　　　　　　　　　　表5-6

考核项目	评分标准	分数	学生自评	小组互评	教师评价	小计
团队合作	是否协调	5				
活动参与	是否积极主动	5				
安全生产	有无安全隐患	10				
现场5S	是否做到	10				
任务方案	是否正确、合理	15				
操作过程	检查前照灯线路;检查前照灯灯泡、前照灯开关和继电器;更换前照灯灯泡、前照灯开关和前照灯总成;更换前照灯总成;调整前照灯光束	30				
任务完成情况	是否圆满完成	5				
工具和设备使用	是否规范、标准	10				
劳动纪律	是否能严格遵守	5				
工单填写	是否完整、规范	5				
总分		100				
教师签名:			年　月　日		得分	

(2)在实施作业时每一个安全事项都注意到了吗？如果没有,找出忽略的地方和原因。

(3)能否向车主解释故障诊断及排除的过程？如果不能,分析原因并提出改进措施。

四、学习拓展

(1)查阅桑塔纳2000GSi型乘用车维修手册,比较桑塔纳2000GSi型乘用车照明系统和威驰(1.6L)乘用车照明系统在结构上有什么不同。

(2)查阅相关资料,说说什么是前照灯光束自动调整系统。

(3)查阅科鲁兹(1.6L)乘用车维修手册,根据威驰(1.6L)乘用车前照灯不亮的诊断流程制定科鲁兹(1.6L)乘用车前照灯系统不亮的诊断流程。

学习任务六

转向信号灯和危险警告灯都不亮的检修

学习目标

完成本学习任务后,你应能:
1. 正确描述信号装置的作用及类型;
2. 掌握喇叭的结构及工作原理;
3. 掌握转向信号及危险警告系统的组成及工作原理;
4. 正确分析信号系统的电路图;
5. 掌握转向信号灯系统的检测流程;
6. 掌握转向信号灯和危险警告灯不亮的检查方法。

 建议完成本学习任务的时间为 10 课时。

 学习任务描述

一辆威驰(1.6L)手动挡乘用车,转向信号灯和危险警告灯都不亮,到维修站检修。经技术人员分析,可能为转向灯灯泡损坏或转向闪光继电器及转向线路有故障,需要对转向信号与危险警告系统元件及线路进行检查或维修。

学习内容

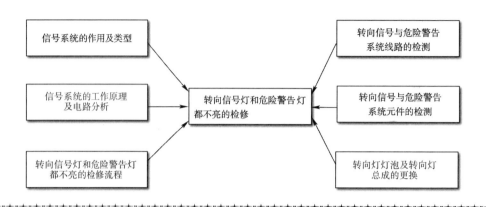

一、资料收集

引导问题 1 信号装置的作用及类型如何？

汽车信号装置主要包括声响信号装置和灯光信号装置两种类型，其作用是产生特定的声响和灯光信号，向其他汽车的驾驶人和行人发出警告，以引起注意，确保汽车的行驶安全。

1 声响信号装置

声响信号装置有气喇叭、电喇叭和倒车蜂鸣器等。气喇叭是利用气流使金属膜片振动发声，在一些装备气压制动的汽车上装用。气喇叭的音量高，在城市市区内禁止使用。虽然在一些城市的市区内禁止使用电喇叭，但是电喇叭却是所有汽车都必须配备的信号装置，并要求电喇叭的声音清脆悦耳，其音量不得超过105dB。

2 灯光信号装置

汽车灯光信号包括转向信号、制动信号、危险警告信号及示廓信号等。

(1)转向信号。汽车的转向信号由车辆左侧或右侧转向灯的闪烁表示。为使转向信号醒目可靠，转向灯的颜色要采用红色或橙色(现大都用橙色)，并要求在灯轴线右偏5°～左偏5°的视角范围内，无论是白天黑夜，能见距离不小于35m，而在右偏30°～左偏30°的视角范围内，能见距离不小于10m；转向灯的闪光频率应在60～120次/min范围内(一般取60～95次/min)。

(2)制动信号。汽车制动信号由车尾部制动灯的亮起表示。制动灯要求采用红色，两个制动灯的安装位置应与汽车纵轴线对称，并在同一高度；制动灯的红色灯光应保证夜间

100m以外能够看清；其光束角度在水平面内应为灯轴线左右各45°，在铅垂面内应为灯轴线上下各15°范围。

（3）危险警告信号。汽车危险警告信号由左右转向灯的同时闪烁表示，对危险警告信号的要求与转向信号相同。

（4）示廓信号。由装在汽车前后、左右的示廓灯亮起表示。要求示廓灯透光面边缘距车身不得大于400mm。示廓灯灯光在前方100m以外应能看得清楚，在其他各个方向，能看清示廓灯灯光的距离不应小于30m。

安装在相应位置的信号装置配以相应的控制开关、导线及熔断器等就组成了汽车信号系统。

引导问题2　喇叭有哪些类型？结构及工作过程如何？

1 盆形喇叭

盆形喇叭的基本构造如图6-1所示，由膜片总成、产生驱动力的铁芯、使电流断续的铂触点以及形成固定磁场回路的外壳等组成。

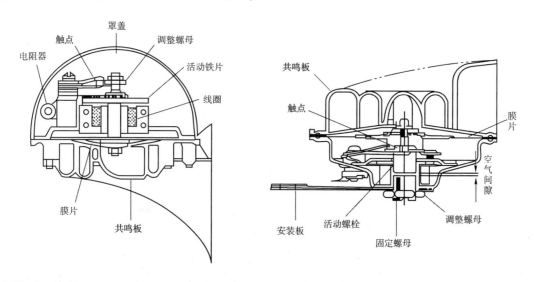

图6-1　盆形喇叭的基本构造

2 螺旋形喇叭

螺旋形喇叭是利用螺旋管的共鸣产生较柔软的音色，体积比盆形喇叭大。低频率型为400Hz，高频率型为500Hz。

螺旋形喇叭的基本构造如图6-2所示，以螺旋管的音响管取代盆形喇叭的共鸣板，其他的驱动回路、触点机构等均与盆形喇叭相同。

螺旋形喇叭的工作原理与盆形喇叭完全相同，只有发音机构不同而已。

3 电子式喇叭

电子式喇叭发音体采用压电元件,以产生悦耳的声音,且省电、低噪声,其结构如图 6-3 所示。

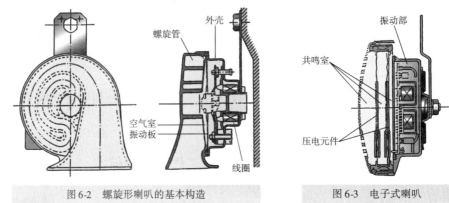

图 6-2　螺旋形喇叭的基本构造　　　　图 6-3　电子式喇叭

引导问题 3　喇叭电路及工作过程如何?

带喇叭继电器的喇叭控制电路如图 6-4 所示。喇叭继电器以喇叭按钮的小电流控制经过触点的大电流,可以减少喇叭电路的电压降,缩短电源与喇叭的配线长度。喇叭继电器上有三个接头,分别连接按钮、喇叭和电源。一般 12V 高低音喇叭需通过 3~5A 的电流。

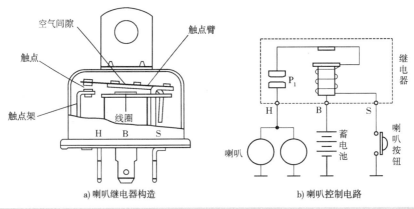

a) 喇叭继电器构造　　　　b) 喇叭控制电路

图 6-4　带喇叭继电器的喇叭电路

当按下喇叭按钮时,喇叭继电器线圈通电,使继电器触点闭合,闭合后电流进入喇叭线圈后搭铁,如图 6-5 所示。其路径如下:

蓄电池→喇叭继电器 B 接头→触点 P_1→H 接头→喇叭接头→线圈→喇叭内触点 P_2→搭铁。

喇叭电磁线圈的吸力将活动片吸引,使膜片及调整螺母一起下移,调整螺母将触点拉开,线圈电路断开,膜片的弹性使膜片及活动铁片弹回。线圈电流中断时产生的感应电流由与触点并联的电阻或电容器吸收。

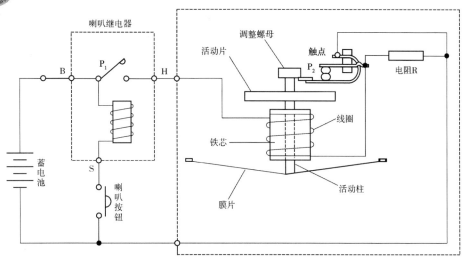

图 6-5　喇叭电路的控制过程

膜片弹回后,触点又闭合,电流又接通,线圈的磁力又将活动铁片及膜片拉下,使触点又分开。如此膜片不断地来回振动,使空气因振动而发出声音。

引导问题4　转向灯电路组成及工作过程如何?

大部分汽车使用的转向灯为闪烁式,图6-6所示为闪烁式转向灯的电路,包括转向灯开关、左右的车前转向灯、车后转向灯、车侧转向灯及转向指示灯、闪光器、熔断丝、点火开关等。其灯泡功率通常为21W,侧转向灯则使用5W灯泡。

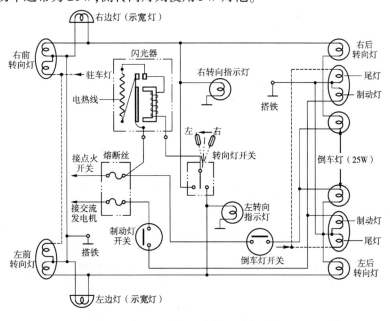

图 6-6　闪烁式转向灯电路系统

当转向灯开关向左(右)扳动时,电流经蓄电池→点火开关→熔断丝→闪光器→转向灯开关→左(右)前、后、侧转向灯及指示灯搭铁,因闪光器的作用,使灯泡以 60～120 次/min 的速率不断闪烁,以警告其他驾驶人及行人。若其中一个灯泡烧坏时,转向灯闪烁的周期变短,驾驶人可立即发现问题。

引导问题5 ▶ 转向灯控制电路各组成部件的作用及结构是怎样的?

1 转向灯开关

现代汽车的转向灯开关都是包含在组合开关内,用来控制转向灯电路的接通,其结构如图6-7所示,左侧开关为前照灯及转向灯开关,转向灯开关有 L、OFF 与 R 三个位置。

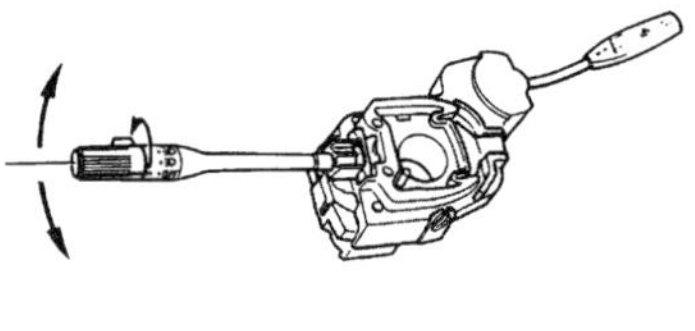

转向灯开关均为自动复原式,开关向顺时针方向扳动时为右转,向逆时针方向扳动时为左转,等汽车转弯后,转向盘开始回转时,转向灯开关自动复原至 OFF 位置,驾驶人不必在转弯后再将转向灯开关拨回。

图6-7 转向灯开关

2 闪光器

转向灯的闪烁是由闪光器来控制的,闪光器的作用是串联在转向灯电路中,在汽车转弯(或变道)时,使转向灯发出明暗交替的闪烁光,以示汽车的行驶趋向。常见的闪光器有电容式、晶体管式和集成电路式(IC 式)等类型,如图6-8所示。

引导问题6 ▶ 如何分析危险警告灯电路?

危险警告灯电路如图6-9所示。危险警告灯电路与转向灯电路共用车前与车后的转向灯、车内的转向指示灯及闪光器。但两者的功能不同,转向信号灯为单侧转向灯闪亮,作为转向指示用,危险警告灯为所有转向灯均同时闪亮,作为危险警告用;另外危险警告灯不经点火开关控制,只要压下开关(图6-10),车外的转向灯及车内的转向指示灯均同时闪烁。

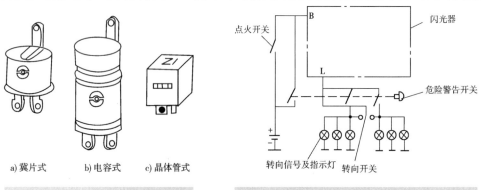

a) 冀片式　　b) 电容式　　c) 晶体管式

图6-8 闪光器的类型　　　　　图6-9 危险警告灯电路

学习任务六 转向信号灯和危险警告灯都不亮的检修

引导问题 7   制动灯的工作过程如何?

制动灯的亮度为尾灯的 5 倍以上。常用制动灯开关(图 6-11)控制,踩下制动踏板时,开关内的触点接通,制动灯点亮,其电路如图 6-12 所示。

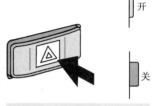

图 6-10 危险警告灯开关

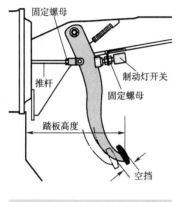

图 6-11 制动灯开关的位置

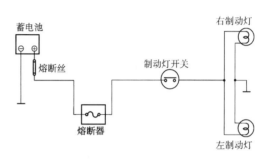

图 6-12 制动灯电路

引导问题 8   威驰(1.6L)乘用车转向及危险报警灯电路是怎样的?

威驰(1.6L)乘用车转向及危险报警灯电路如图 6-13 所示。

引导问题 9   转向信号灯和危险警告灯都不亮的检修流程是怎样的?

转向信号灯和危险警告灯都不亮的检修流程如图 6-14 所示。

二、实 施 作 业

引导问题 10   作业需要哪些工具、设备和材料?

(1)组合工具、扭力扳手、钳子、螺丝刀。
(2)威驰(1.6L)乘用车、万用表。
(3)磁力护裙、座椅套、转向盘套、变速杆手柄套和脚垫、保护性胶带、转向灯熔断丝、转向灯灯泡等。
(4)威驰(1.6L)乘用车维修手册。

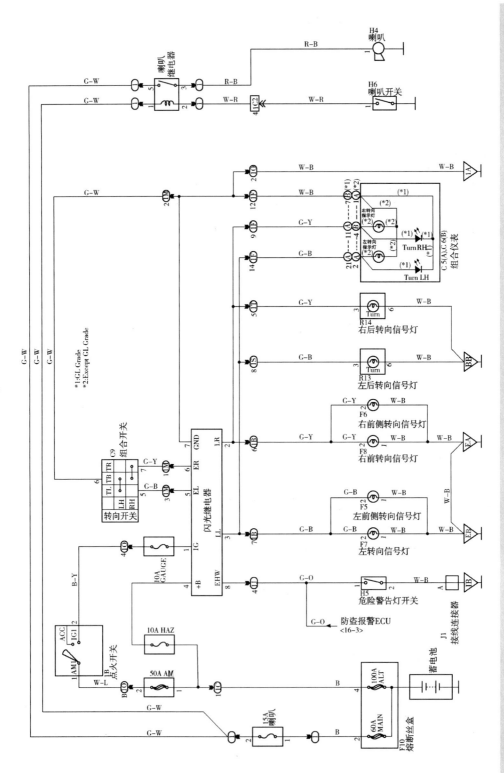

图 6-13 威驰（1.6L）乘用车转向及危险报警灯电路

学习任务六 转向信号灯和危险警告灯都不亮的检修

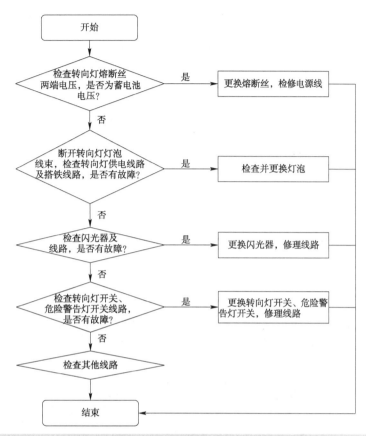

图 6-14 转向信号灯和危险警告灯都不亮的检修流程

引导问题 11 通过查询和查找,填写以下信息。

车辆生产年份_____,车牌号码_____,行驶里程_____,发动机型号及排量_____,车辆识别代码(VIN)_____。

引导问题 12 如何检查转向信号灯线路?

1 检查熔断丝及电源线路

(1)拔下熔断丝,用万用表检查熔断丝是否损坏,如果损坏则更换。
(2)插上完好的熔断丝,然后将点火开关置于"ON"挡,用万用表测量熔断丝两端电压,应为蓄电池电压。如果无电压或电压值不符合规定,检查供电线路。

2 检查转向灯线路

断开转向灯插接器,用万用表测量转向灯插接器供电端子及搭铁端子线路,具体检测方法见表 6-1。如果测量结果与规定值不相符,则说明转向灯线路存在故障。

转向灯线路检测　　　　　　　　　　　　　表 6-1

测量端子	测量条件	规定值
2 端子与搭铁	点火开关置于 ON 挡,操作转向灯开关,万用表直流 20V 挡	0V～大于 9V 变化
1 端子与搭铁	万用表 200Ω 挡	小于 1Ω

引导问题 13　　如何检查转向灯及危险警告灯系统元件？

1 检查灯泡

断开转向灯灯泡线束插接器,用万用表测量转向灯灯泡两个端子是否导通,如果不导通,则更换转向灯灯泡。

2 检查转向灯开关

转向灯开关及端子连接情况如图 6-15 所示,用万用表测量其端子导通情况,具体检测方法见表 6-2。如果测量结果与规定状态不相符,则更换转向灯开关。

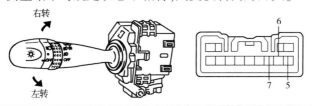

图 6-15　转向灯开关端子示意图

转向灯开关检测　　　　　　　　　　　　　表 6-2

测量端子	开关位置	规定状态
6 与 7	右转	导通
5、6、7 之间	空位	不导通
6 与 5	左转	导通

3 检查危险警告灯开关

拆下危险警告灯开关,用万用表测量危险警告灯开关两端子的导通情况,具体检测方法见表 6-3。

危险警告灯开关检测　　　　　　　　　　　表 6-3

测量端子	开关状态	规定值
1 与 2	ON	小于 1Ω
	OFF	大于 10kΩ 或更大

4 检查转向信号闪光器

断开转向信号闪光器插接器,其线束端子如图6-16所示,用万用表检测插接器各端子,具体检测方法见表6-4。如果测量结果与规定状态不相符,则说明转向信号线路有故障。

将线束插接器连接到转向信号闪光器上,从线束插接器后端检查各端子的状态,具体检测方法见表6-5。如果测量结果与规定状态不相符,则更换转向信号闪光器。

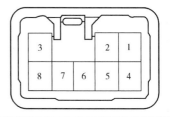

图6-16 转向信号闪光器端子示意图

转向信号闪光器线束检测　　　　　　　　　　　　表6-4

测量端子	测量条件	规定状态
1与搭铁	点火开关置于ON挡(万用表直流20V挡)	蓄电池电压
2与搭铁	点火开关置于OFF挡(万用表直流20V挡)	没有电压
4与搭铁	万用表直流20V挡	蓄电池电压
7与搭铁	万用表200Ω挡	导通

转向信号闪光器检测　　　　　　　　　　　　表6-5

测量端子	测量条件	规定状态
2与搭铁	危险警告开关 OFF→ON 挡	0V→0~9V(60~120次/min)
2与搭铁	转向信号开关(右转) OFF→ON 挡	0V→0~9V(60~120次/min)
3与搭铁	危险警告开关 OFF→ON 挡	0V→0~9V(60~120次/min)
3与搭铁	转向信号开关(左转) OFF→ON 挡	0V→0~9V(60~120次/min)
5与搭铁	转向信号开关(左转) OFF→ON 挡	大于9V→0V
6与搭铁	转向信号开关(右转) OFF→ON 挡	大于9V→0V
8与搭铁	危险警告开关 OFF→ON 挡	大于9V→0V

引导问题14　如何更换后组合灯?

威驰(1.6L)乘用车后组合灯总成相关部件分解图如图6-17和图6-18所示。

1 后组合灯的拆卸

(1)从蓄电池负极端子断开电缆。

(2)拆下后地板装饰板。如图6-19所示,分离6个卡爪和2个卡子,并拆下后地板装饰板。

(3)拆下行李舱门密封条。如图6-20所示,拆下行李舱门密封条,以拆下后组合灯。

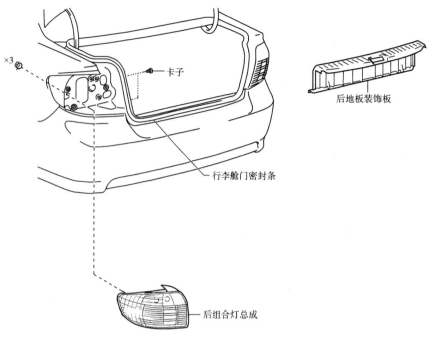

图6-17 威驰(1.6L)乘用车后组合灯总成相关部件分解图(一)

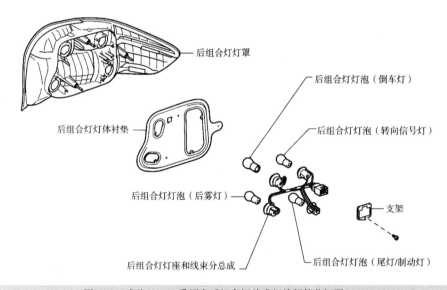

图6-18 威驰(1.6L)乘用车后组合灯总成相关部件分解图(二)

(4)拆下后组合灯总成。

①如图6-21所示,拆下2个卡子,然后打开行李舱内装饰罩,以拆下后组合灯。

②如图6-22所示,断开插接器和线束卡夹,拆下3个螺母并拆下后组合灯。

(5)拆卸后组合灯灯体衬垫。如图6-23所示,拆下后组合灯灯体衬垫。断开插接器并拆下2个螺母。

学习任务六　转向信号灯和危险警告灯都不亮的检修

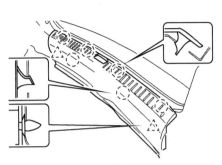

图6-19　后组合灯总成的拆卸(一)

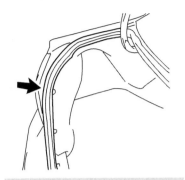

图6-20　后组合灯总成的拆卸(二)

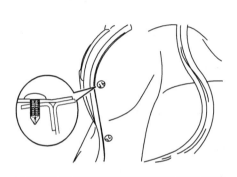

图6-21　后组合灯总成的拆卸(三)

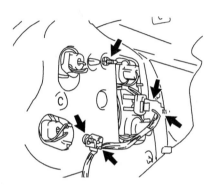

图6-22　后组合灯总成的拆卸(四)

注　意

如果衬垫黏附在灯体上,则将其分开;衬垫必须换新的,以防进水。

(6)拆下后组合灯的灯泡。按图6-24中箭头所示方向转动后组合灯灯座和线束以将其拆下,从灯座和线束上拆下灯泡。

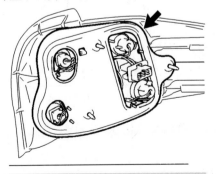

图6-23　后组合灯总成的拆卸(五)

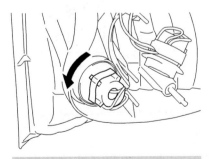

图6-24　后组合灯总成的拆卸(六)

(7)拆下后组合灯灯座和线束分总成。

①如图6-25所示,拆下螺钉和支架。
②如图6-26所示,拆下后组合灯灯座和线束。

图6-25 后组合灯总成的拆卸(七)

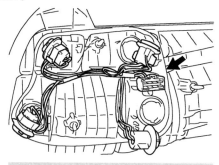

图6-26 后组合灯总成的拆卸(八)

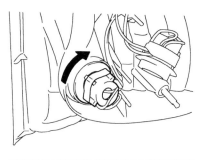

图6-27 安装后组合灯灯泡

2 后组合灯总成的安装

(1)安装后组合灯灯座和线束总成(图6-26和图6-25)。

(2)安装后组合灯灯泡。将后组合灯灯泡安装到灯座和线束上,按图6-27中箭头所示方向转动后组合灯灯座和线束以将其安装。

(3)安装后组合灯灯体衬垫(图6-23)。

(4)安装后组合灯总成。

①如图6-28所示,用3个螺母安装后组合灯。

②如图6-29所示,连接插接器和线束卡夹,接合2个卡子并安装行李舱内装饰罩。

(5)安装行李舱门密封条(图6-20)。

(6)安装后地板装饰板(图6-19)。

(7)连接蓄电池负极端子电缆。

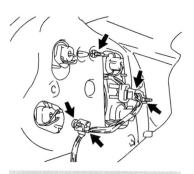

图6-28 安装后组合灯总成(一)

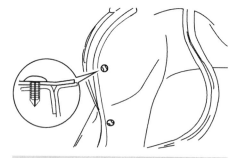

图6-29 安装后组合灯总成(二)

引导问题15 如何更换侧转向信号灯?

侧转向信号灯总成安装位置如图6-30所示。

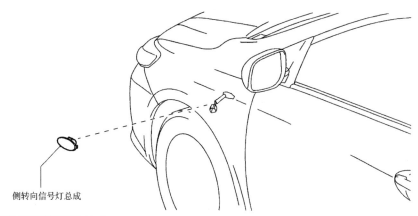

图 6-30 侧转向信号灯总成安装位置

(1) 侧转向信号灯总成的拆卸。如图 6-31 所示,向汽车前方拉动侧转向信号灯总成并偏转,松开 2 个卡爪。断开插接器,拆下侧转向信号灯总成。

(2) 侧转向信号灯总成的安装。如图 6-32 所示,给侧转向信号灯灯罩换装新的垫圈,连接插接器,接合 2 个卡爪,安装侧转向信号灯总成。

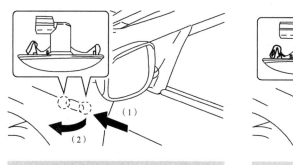

图 6-31 侧转向信号灯总成的拆卸

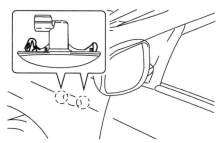

图 6-32 侧转向信号灯总成的安装

三、评价与反馈

(1) 对本学习任务进行评价,见表 6-6。

评 分 表　　　　　表 6-6

考核项目	评分标准	分数	学生自评	小组互评	教师评价	小计
团队合作	是否协调	5				
活动参与	是否积极主动	5				
安全生产	有无安全隐患	10				
现场 5S	是否做到	10				
任务方案	是否正确、合理	15				

续上表

考核项目	评分标准	分数	学生自评	小组互评	教师评价	小计
操作过程	转向灯线路检查； 元件(灯泡、转向灯开关、危险警告灯开关、闪光器)检查； 更换后组合灯总成； 更换侧转向信号灯	30				
任务完成情况	是否圆满完成	5				
工具和设备使用	是否规范、标准	10				
劳动纪律	是否能严格遵守	5				
工单填写	是否完整、规范	5				
	总分	100				
教师签名：			年 月 日		得分	

（2）在实施作业时每一个安全事项都注意到了吗？如果没有，找出忽略的地方和原因。

（3）能否向车主解释故障诊断及排除的过程？如果不能，分析原因并提出改进措施。

四、学习拓展

（1）查阅桑塔纳2000GSi型乘用车维修手册，比较桑塔纳2000GSi型乘用车信号系统和威驰(1.6L)乘用车信号系统在结构上有什么不同。

（2）根据威驰(1.6L)乘车前照灯系统不亮的检查流程，制定科鲁兹(1.6L)乘用车前照灯系统的检修流程。

（3）查阅科鲁兹(1.6L)乘用车维修手册，根据威驰(1.6L)乘车后组合灯的拆装工艺流程制定科鲁兹(1.6L)乘用车后组合灯的拆装工艺流程。

学习任务七

燃油表显示不准的检修

学习目标

完成本学习任务后,你应能:
1. 正确描述仪表和报警装置的功用和类型;
2. 正确描述仪表和报警装置的组成及工作原理;
3. 正确分析仪表和报警装置的电路图;
4. 掌握汽车组合仪表的拆装步骤及装配要求。

 建议完成本学习任务的时间为 **14 课时**。

 学习任务描述

　　一辆 2008 款卡罗拉(1.6L)乘用车燃油表指示不准,到维修站检修。经技术人员分析,可能是燃油表传感器、燃油表线路或燃油表本身有故障,需要对仪表装置进行检查或维修。

学习内容

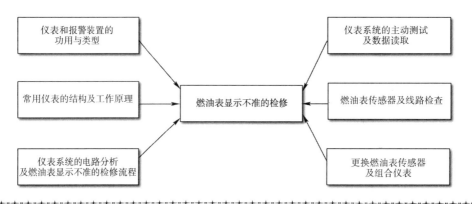

一、资料收集

引导问题1 仪表及报警装置的功用及类型有哪些?

仪表是汽车各部位如油箱、冷却液、机油、充电系统等的监视装置,能够让驾驶人随时掌握汽车各部位的运行状况,保证安全驾驶。图7-1所示为很多现代汽车采用的一般指针型模拟式仪表。

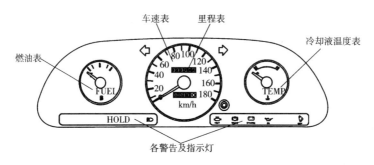

图7-1 一般指针型仪表

现代汽车除了车速表、转速表、燃油表及冷却液温度表外,为了提高对驾驶人的警示作用,利用各种警告及指示灯来代替仪表,如机油压力警告灯取代机油压力表,充电警告灯取代电流表等,另外再增加驻车制动警告灯、远光指示灯、转向指示灯、挡位指示灯、车门未关警告灯、安全带未系警告灯、发动机故障警告灯、防抱死制动系统(ABS)警告灯、安全气囊(SRS)警告灯等各种警告及指示灯。现代汽车越来越多的警告灯是由电子模块控制电路的搭铁,使警告灯点亮。

由于电子及微型计算机控制技术在汽车上应用越来越广泛,现代汽车也有采用如液晶数字显示的数字仪表(常称为电子仪表),以取代传统指针指示的模拟仪表。采用数字显示的仪表有车速表、发动机转速表、燃油表、冷却液温度表等,如图7-2所示。报警装置除各警告灯外,还有语音报警系统。

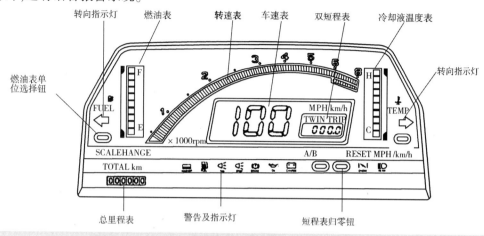

图7-2 电子仪表

有些行车信息的显示,并不要求很高的精确度。以发动机冷却液温度为例,模拟式温度表的指针指在中间稍下方的位置时,驾驶人就能确定冷却液温度是在适当的范围;若是以数字显示温度为98℃,驾驶人反而不易确认冷却液温度是否正确。这就是为什么系统采用数字处理技术,但显示是采用模拟方法的原因。

引导问题2 ▶ 一般仪表的构造如何?

燃油表、冷却液温度表等各种仪表是由接收器(或称指示表)和传感器两部分组成,两者间使用导线连接。接收器中有指针及刻度,指示各测定值;传感器在各部位进行检测,以提供指示表测定值。

接收器有电热式及电磁式两种,传感器有电热式及电阻式两种,故仪表的组成有数种,如图7-3所示。

引导问题3 ▶ 电子仪表工作原理是怎样的?

一般仪表都是以指针及刻度表示数量、速度,可以直接目视读取,但精确度较差。而电子仪表则以数字直接表示数量,读取不会错误,容易辨认,准确性高,可靠性高,适于高精度要求的仪表。

数字显示器是由综合仪表内的 CPU 控制,利用输入的信号,CPU 将之转换为正确的段以形成数字、文字或棒状图形(图7-2)。

数字显示方式有发光二极管(LED)、液晶显示器(LCD)、真空荧光显示器(VFD)等,由于 LED 具有耗电低、寿命长等优点,被广泛应用于电子装置的指示与数字显示。当电流通过时,能产生红色、黄色及绿色光。利用7段或11段显示,以形成数字、文字或排列组合成棒状图形,如图7-4所示。

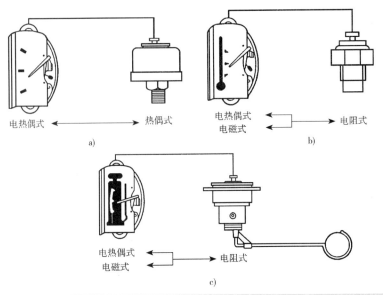

图 7-3 仪表接收器与传感器的组合

a) 7段数字显示　　b) 棒状圆形显示　　c) 棒状圆形显示　　d) 7段显示9999

图 7-4 LED 的显示

引导问题4　电热式燃油表的原理、构造及工作过程如何？

1 电热式燃油表的原理

电热式燃油表,利用热偶片弯曲拉动仪表的指针,以指示正确读数,其构造简单,成本低。

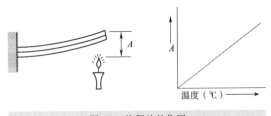

图 7-5 热偶片的作用

热偶片是两片膨胀系数相差很大的金属片,一般使用黄铜与弹簧钢,相重叠在一起而成,如图7-5所示。将膨胀率极小的弹簧钢置上侧,膨胀率大的黄铜置下侧,当加热后,尾端即向上弯,热偶片的弯曲量 A 与温度(℃)的变化成正比。

热偶片若只用一片,则热偶片会因外界温度的变化而弯曲,使表的指示失准,如图7-6a)所示。为避免表的指示受外界温度的影响,使用两片热偶片成"U"字形,如图7-6b)所示。如此外界温度变化时,固定端与自由端的弯曲量相同,因外界温度变动所产生的弯曲量互相抵消,因此表的指针不会因温度变动而发生指示误差,这就是热偶片的温度补偿原理。

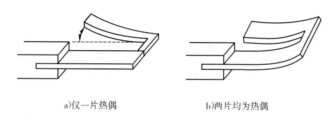

a) 仅一片热偶   b) 两片均为热偶

图 7-6　热偶片的温度补偿

2 电热式燃油表的构造及工作过程

图 7-7 所示为电热式燃油表及可变电阻式传感器的构造。传感器装在油箱内，油箱中的浮筒随油量的多少而升降，经过连杆使传感器中的电阻值发生变化。

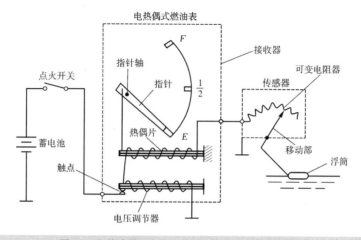

图 7-7　电热式燃油表及可变电阻传感器的构造与作用

当油箱油量少时，浮筒降到下面位置，传感器的电阻变大，电流由蓄电池→点火开关→电压调节器→燃油表接收器电热线→传感器电阻→搭铁。因电阻值大，通过热偶片电热线的电流小，产生热量少，热偶片弯曲量少，指针指在 E（无油）附近。

当油箱油满时，浮筒升到上面位置，传感器的电阻减到最小，流过热偶片的电流增大，产生热量多，热偶片弯曲最大，指针指在 F（满油）附近。

引导问题5　电热式仪表为什么要装有电源稳压器？

电热式仪表是利用电流流经绕在热偶片外的电热线产生热量，使热偶片弯曲，仪表的指针移动，以指示正确读数。

当电源发生变化，如发动机低速或高速时，发电机发出不同电压时，电压高则流经电热线的电流较大，产生的热量较多，热偶片的弯曲量大，指针的读数会较高；电压低时，指针的读数会较低。这样就会造成仪表的指示失准。

为使电热式仪表的指示不受电源电压变动的影响，所有电热式仪表的前面一定装有电源稳压器,使流到仪表的电流量保持一定,不因电压的变化而影响表的读数。电压调节器有电热式及集成电路(IC)式两种。

引导问题6 ▶ 电磁式燃油表的构造与工作原理如何?

电磁线圈的构造如图7-8所示,绕在铁芯周围的线圈交叉90°,因磁力线的变化使指针摆动,用于燃油表及冷却液温度表。

在图7-8中,线圈 L_1 与 L_3 在同一轴向产生 A 方向及 C 方向(相差180°方向)的磁力,线圈 L_2 及 L_4 与 L_1 及 L_3 呈90°方向,产生 B 方向及 D 方向(相差180°方向)的磁力。这些交叉的线圈产生使转子动作的磁力线,为了控制转子的动作,在转子下部注入硅油,如图7-9所示。

在交叉的线圈中通入电流,则转子因受各线圈磁力线的影响而产生转动,使装在上面的指针摆动。图 7-10 所示为电磁式燃油表电路,若传感器的电阻值 R_S 发生变化,则电压 V_S 也变化,电流 I_1、I_2 的大小也变化,各线圈所产生磁力线的强度也发生变化。

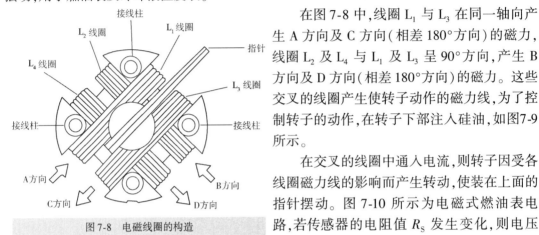

图 7-8 电磁线圈的构造

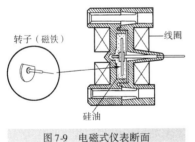

图 7-9 电磁式仪表断面

图 7-10 电磁式燃油表电路

引导问题7 ▶ 什么是归零式与非归零式燃油表?

归零式燃油表是指仅在点火开关置于"ON"挡时才作用,当点火开关置于"OFF"挡时,指针回到0位置的燃油表。图 7-11a)所示为归零式燃油表的构造,其转子为半圆形,当点火开关置于"OFF"挡时,线圈的磁力线消失,转子靠本身质量回到0位置。

非归零式燃油表是指当点火开关置于"OFF"挡时,指针仍留在原位的燃油表,图 7-11b)所示为非归

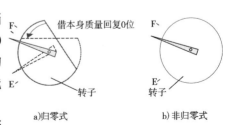

图 7-11 归零式与非归零式燃油表

零式燃油表的构造,其转子的形状为圆盘状,通过硅油的黏度保持指针在一定的作用位置。非归零式燃油表指针的移动速度很慢,从点火开关打开到指针稳定为止,约需2min。

引导问题 8 电子式燃油表构造及工作原理如何?

电子式燃油表是以仪表计算机处理数据来显示燃油量,如图 7-12 所示,该表由传感器、处理器及显示器组成,处理器是计算机的一种主要设备器件。仪表计算机也可称为车身计算机或车身控制模块。

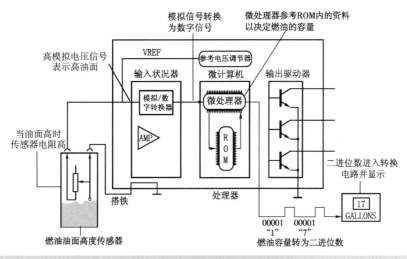

图 7-12 电子式燃油表的组成及作用

燃油箱可变电阻式传感器(信号器)产生模拟信号,模拟/数字转换器将模拟信号转换为二进位数或称二进制代码的信号给微计算机,经计算机处理后将数字信号送给仪表板内电路,以照明正确的段,从而显示出燃油存量。

引导问题 9 普通冷却液温度表的构造与工作原理如何?

普通冷却液温度表可分为电热式和电磁式两种,其结构原理与普通燃油表基本相同。图 7-13 为传感器使用热敏电阻、接收器使用热偶片的温度表构造。

温度表表面的刻度 C 表示低温,H 表示高温,一般汽车行驶时指针应指在 1/3 ~ 1/2 刻度之间。

当冷却液温度低时,热敏电阻的电阻值大;当冷却液温度高时,热敏电阻的电阻值小,其构造如图 7-14 所示。

引导问题 10 电子式温度表的结构及工作原理如何?

电子式温度表是由可变电阻器(冷却液温度传感器)、处理器(计算机)及显示器组成,如图 7-15 所示。

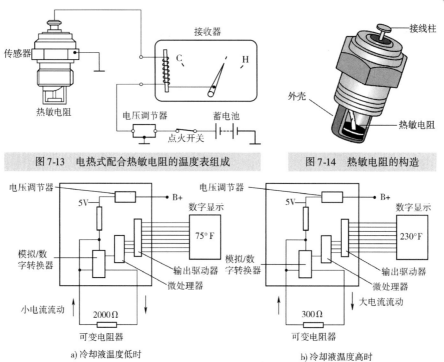

图7-13 电热式配合热敏电阻的温度表组成　　图7-14 热敏电阻的构造

a) 冷却液温度低时　　　　　　　　　　　　　b) 冷却液温度高时

图7-15 电子式温度表的组成

当冷却液温度低时,负温度系数(NTC)的冷却液温度传感器电阻高,流过的电流小,传感器两端的电压高,模拟/数字转换器将高电压信号转为数字信号,送给微处理器,微处理器再送出信号给输出驱动器,使显示器显示出75 °F(23.9℃)的冷却液温度,如图7-15a)所示;反之,当冷却液温度逐渐升高时,因NTC型冷却液温度传感器电阻逐渐降低,流过的电流逐渐变大,因此传感器两端电压逐渐变低,故冷却液温度的显示会逐渐升高,例如达230 °F(110℃),如图7-15b)所示。

引导问题11　车速里程表的结构及工作过程如何?

车速表用于显示汽车行驶的速度,按照其工作原理的不同可分为机械式车速表和电子式车速表。

1　机械式车速表的结构及工作过程

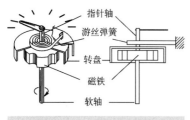

图7-16 电磁式车速表

机械式车速表为电磁式,其构造如图7-16所示,由变速器输出轴带动的软轴驱动。

车速表指针的指示是因软轴带动磁铁旋转时,使转盘也发生旋转力,此旋转力与游丝弹簧的弹力平衡时指示在一定位置。

旋转磁铁之所以使转盘转动,其原理是把导体置于旋转磁场中,导体便感应产生电流,而发生与旋转磁场同方向转矩。旋转磁铁是永久磁铁产生的磁力线，由 N 极发出，切割转盘后回到 S 极。当旋转磁铁顺时针旋转时，转盘不动，由相对运动可假定旋转磁铁不转，而转盘以逆时针方向切割磁力线，如图 7-17 所示，根据右手定则可知，靠近 N 极处的电流向下流，靠近 S 极的电流向上流；再根据左手定则可知，在磁场中的转盘，当有电流发生后，会产生顺时针方向旋转的作用，如图 7-18 所示。所以旋转磁铁旋转时，转盘会随着产生同方向的旋转。

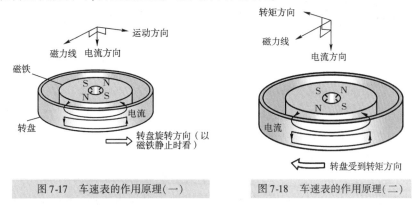

图 7-17 车速表的作用原理（一）　　图 7-18 车速表的作用原理（二）

转盘的旋转力与旋转磁铁的旋转速度（即车速）成正比，而游丝弹簧的力与此旋转力平衡时，便决定了指针的指示位置。

2 电子式车速表的结构及工作原理

电子式车速表是由车速传感器（VSS）、处理器及指针式车速表组成，如图 7-19 所示。车速传感器采用电磁式，为一种小型的交流（AC）信号产生器，由变速器输出轴驱动，当汽车行进时，VSS 产生的电压信号与车速成正比，送给处理器放大、计算及处理后，使指针摆动以显示速度。

电子式车速表与机械式车速表的不同点为不使用机械式的软轴，而是利用 VSS 及处理器的电子控制作用。现在汽车多采用电子式车速表。

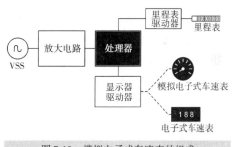

图 7-19 模拟电子式车速表的组成

引导问题 12 　里程表的结构与工作原理如何？

里程表用来显示汽车累计行驶的里程数和短里程数，按照其工作原理的不同可分为机械式里程表和机械电子式里程表。

1 机械式里程表的结构和工作原理

机械式里程表的结构如图 7-20 所示。里程表是以车速表旋转磁铁的驱动软轴驱动特殊的齿轮来带动计数环来计算行驶里程，如图 7-21 所示。里程表通常有五个计数环，末位数每转一圈代表汽车行驶 1km。现代汽车的里程表结构的最右侧通常再附一组白底黑字，每一数字代表 1/10km 的计数环。

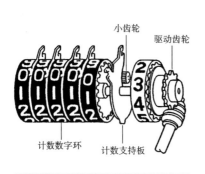

图7-20 机械式里程表的构造

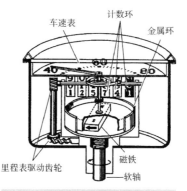

图7-21 里程表的驱动齿轮

短程表通常为三位数,随时可以用归零装置,使每个计数环都回到0位。

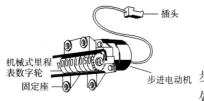

图7-22 机械电子式里程表

2 机械电子式里程表的结构与工作原理

机械电子式里程表是由车速传感器(VSS)、处理器及步进电动机与机械式里程表组成。VSS信号送给处理器,处理器控制步进电动机作用,使机械式里程表显示正确的数字。步进电动机与机械式里程表的组合,如图7-22所示。

引导问题13 ▶ 发动机转速表的结构及工作原理如何?

发动机转速表指示发动机转速,使驾驶人了解发动机正在运转的状况,避免发动机超速运转。

发动机转速表通常都是利用送到点火线圈的脉冲电压或电流,使指示器作用,以显示发动机转速。分电器铂触点的"ON-OFF"或点火系统ECU使点火线圈电流"ON-OFF",电子电路利用此"ON-OFF"信号,使模拟式指针或数字显示器作用。图7-23为铂触点型脉冲式发动机转速表的电路。在具有仪表控制单元的车辆上,发动机转数表由仪表控制单元进行控制,仪表控制单元接收发动机转速传感器信号,将该信号转变为可显示的发动机转数信号,通过转数表显示出来。

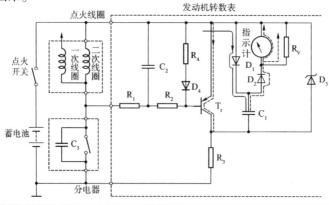

图7-23 脉冲式发动机转速表电路

学习任务七 燃油表显示不准的检修

引导问题 14 ▶ 如何分析卡罗拉(1.6L)乘用车的仪表电路？

卡罗拉(1.6L)乘用车的仪表电路如图 7-24～图 7-29 所示。

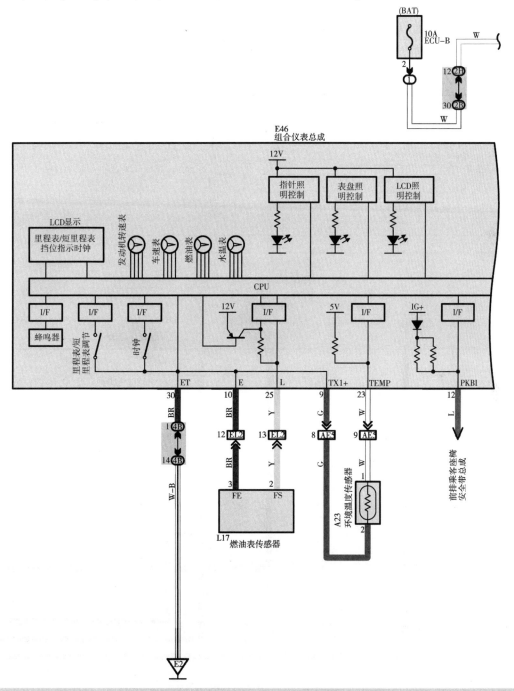

图 7-24 卡罗拉(1.6L)乘用车仪表电路图(一)

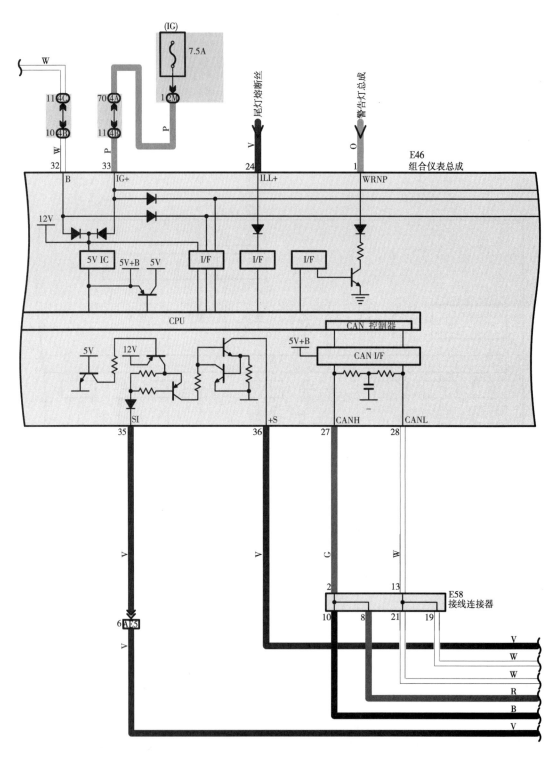

图 7-25 卡罗拉(1.6L)乘用车仪表电路图(二)

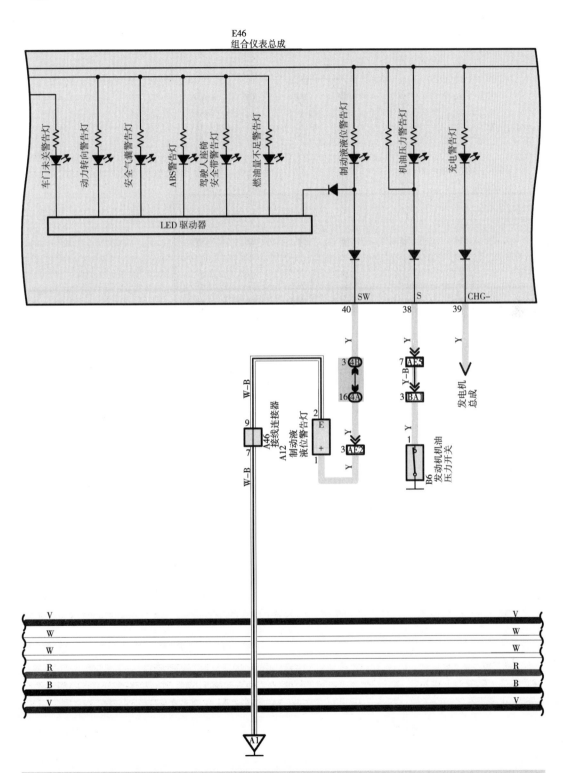

图 7-26 卡罗拉(1.6L)乘用车仪表电路图(三)

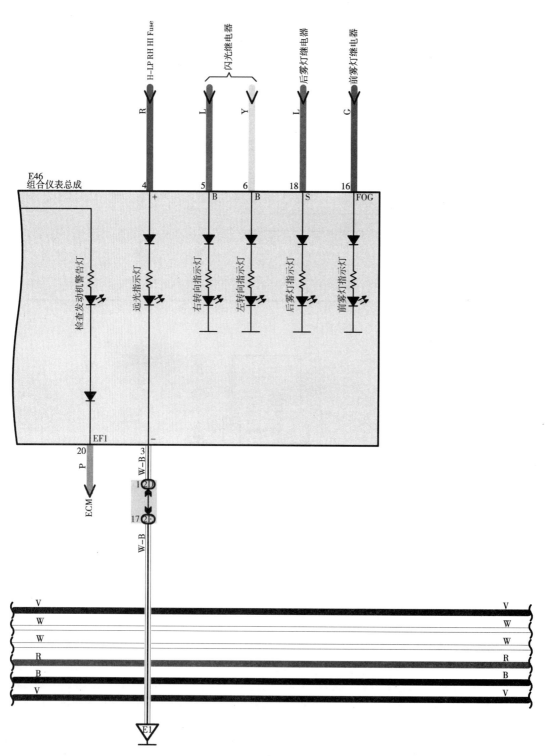

图 7-27 卡罗拉(1.6L)乘用车仪表电路图(四)

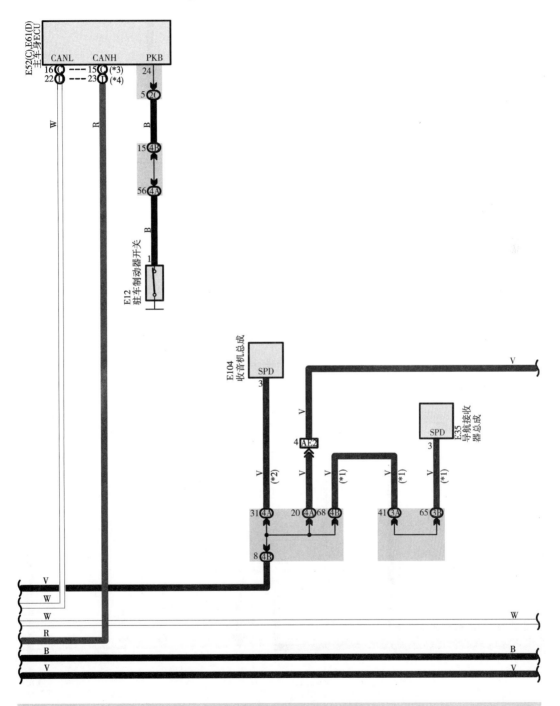

图7-28 卡罗拉(1.6L)乘用车仪表电路图(五)

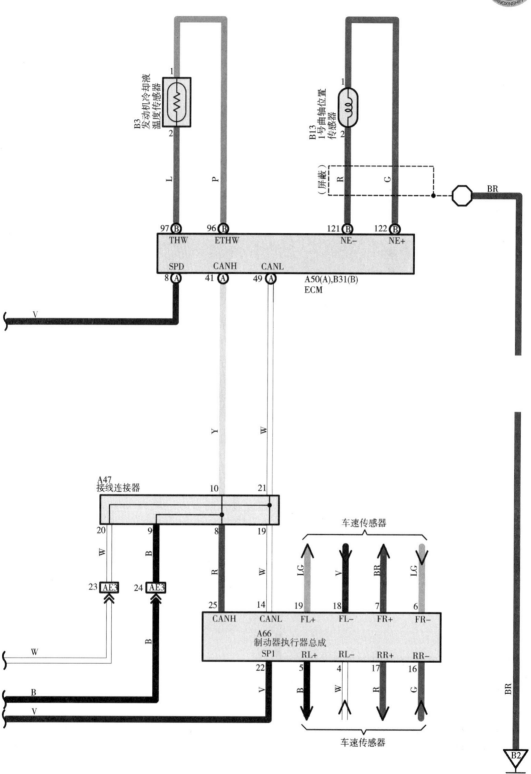

图7-29 卡罗拉(1.6L)乘用车仪表电路(六)

引导问题 15　卡罗拉(1.6L)乘用车燃油表指示不准的检测流程是怎样的?

卡罗拉(1.6L)乘用车燃油表指示不准的检测流程如图 7-30 所示。

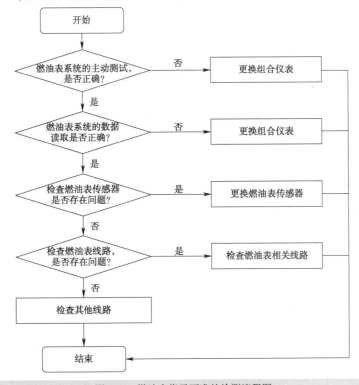

图 7-30　燃油表指示不准的检测流程图

二、实 施 作 业

引导问题 16　作业需要哪些工具、设备和材料?

(1)组合工具、扭力扳手、钳子、螺丝刀。
(2)卡罗拉(1.6L)乘用车、万用表。
(3)磁力护裙、座椅套、转向盘套、变速杆手柄套和脚垫、保护性胶带、绝缘胶布。
(4)卡罗拉(1.6L)乘用车维修手册。

引导问题 17　通过查询和查找,填写以下信息。

车辆生产年份_____,车牌号码_____,行驶里程_____,发动机型号及排量_____,车辆识别代码(VIN)_____。

引导问题 18 如何进行燃油表的主动测试?

(1)将智能检测仪连接到 DLC3 上。
(2)将点火开关置于"ON"挡。
(3)打开检测仪。
(4)进入以下菜单项:Diagnisis/OBD/MOBD/Cimbination Meter/Active Test。
(5)根据表 7-1,检查工作情况。如果指针指示异常,更换组合仪表。

燃油表主动测试表　　　　　　　　　　　　　　　　　　　　　表 7-1

测试仪显示	测试部位	控制范围
FuelMeter Operation	燃油表	EMPTY,1/2,FULL

引导问题 19 如何用智能检测仪读取燃油表数据?

(1)将智能检测仪连接到 DLC3 上。
(2)将点火开关置于"ON"挡。
(3)打开检测仪。
(4)进入以下菜单项:Diagnisis/OBD/MOBD/Cimbination Meter/DataList。
(5)根据表 7-2,检查检测值。如果检测仪显示的值与燃油表指示的值不相符,则更换组合仪表。

燃油数据表　　　　　　　　　　　　　　　　　　　　　表 7-2

检测仪显示	测量项目/范围	正常状态
燃油输入	燃油输入信号:0~127.5	燃油表指示:空(E)与满(F)之间

引导问题 20 如何检查燃油表传感器?

断开燃油表传感器线束插接器,拆下燃油表传感器,如图 7-31 所示,检查并确定浮子在 E 和 F 之间平滑移动。用万用表测量传感器 2 和 3 端子之间的电阻,标准值见表 7-3。如果测量值与标准值不相符,则更换传感器。

燃油表传感器标准值表　　　　　　　　　　　　　　　　　　　　　表 7-3

测量端子	测量条件	标准值(Ω)
2 与 3	F	13.5~16.5
2 与 3	在 E 和 F 之间	13.5~414.5
2 与 3	E	405.5~414.5

引导问题 21 如何检查燃油表线路?

断开燃油表传感器和组合仪表连接线束,如图 7-32 所示。用万用表测量燃油表线路,具体测量方法见表7-4。如果测量结果与规定值不符，则维修相应线路。

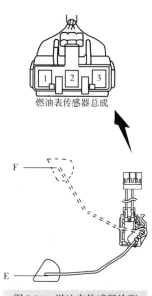

图7-31 燃油表传感器检测

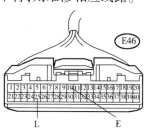

a)组合仪表线束插接器

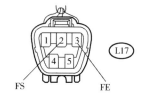

b)燃油表传感器线束插接器

图7-32 组合仪表及燃油表传感器线束连接端子图

燃油表线路检测　　　　　　　　　　　　　　　表7-4

测量端子	测量条件	规定值
L17-2 与搭铁	始终	小于1Ω
L17-3 与搭铁	始终	10kΩ 或更大
L17-20 与 E46-1	始终	小于1Ω
L17-3 与 E46-25	始终	小于1Ω
E46-25 与搭铁	始终	小于1Ω
E46-10 与搭铁	始终	10kΩ 或更大

引导问题22　如何更换燃油表传感器？

燃油表传感器拆卸及分解如图7-33和图7-34所示。

1 燃油表传感器的拆卸

（1）拆卸后排座椅坐垫总成。

（2）拆卸后地板检修孔盖。如图7-35所示，拆下后地板检修孔盖，将线束插接器从燃油吸油管总成上断开。

（3）燃油系统卸压。起动发动机，在发动机自然停止后，将点火开关置于OFF位置；再次起动发动机，确认发动机不起动；拆下加油口盖并释放燃

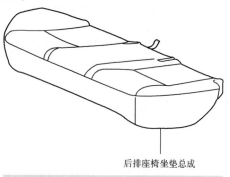

图7-33 拆下后排座椅坐垫总成

油箱中的压力。

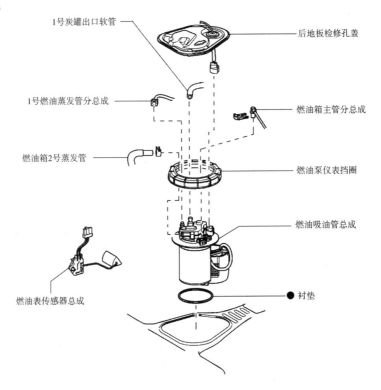

图 7-34　燃油表传感器总成部件的分解图

（4）从蓄电池负极端子断开电缆。

（5）断开燃油箱主管分总成。如图 7-36 所示，拆下油管接头卡子，然后从燃油吸油管总成的螺塞上拉出燃油管接头。

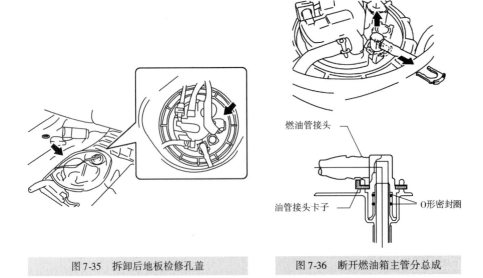

图 7-35　拆卸后地板检修孔盖　　　　　图 7-36　断开燃油箱主管分总成

学习任务七　燃油表显示不准的检修

> **注意**
> 必须防止污垢或灰尘进入接头,如果污垢或灰尘进入接头,O形密封圈可能密封不良;用手断开接头,不要使尼龙管弯曲、打结或扭曲,盖上塑料袋以保护接头。

(6)断开1号燃油蒸发管分总成。如图7-37所示,松开卡子,并从燃油吸油管总成上拆下1号燃油蒸发管分总成。

(7)断开1号炭罐出口软管。如图7-38所示,将1号炭罐出口软管从燃油吸油管总成上断开。

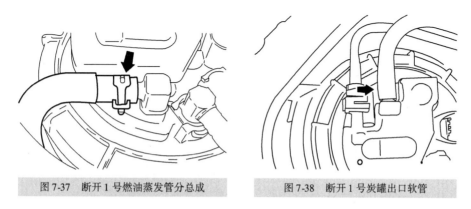

图7-37　断开1号燃油蒸发管分总成　　　图7-38　断开1号炭罐出口软管

(8)断开燃油箱2号蒸发管。如图7-39所示,松开挡圈,并将燃油箱2号蒸发管从燃油吸油管总成上断开。

(9)拆卸燃油泵挡圈。

①如图7-40所示,用6mm六角套筒扳手,将SST09808-14020(09808-01410,09808-01420,09808-01430)安装到燃油泵挡圈上,将SST槽口插入燃油泵挡圈肋片。

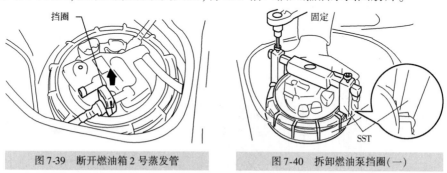

图7-39　断开燃油箱2号蒸发管　　　图7-40　拆卸燃油泵挡圈(一)

②如图7-41所示,使SST09808-14020(09808-01410,09808-01420,09808-01430)松开燃油泵挡圈;用手固定燃油吸油管总成,以拆下燃油泵挡圈。

(10)拆卸燃油吸油管总成。如图7-42所示,将燃油吸油管总成从燃油箱上拆下,确保燃油表传感器臂没有弯曲,从燃油箱上拆下衬垫。

(11)拆卸燃油表传感器总成。如图7-43所示,断开燃油表传感器总成插接器,从线束上拆下线束保护装置,断开3个线束卡夹,松开锁止,并滑动燃油表传感器总成以将其拆下。

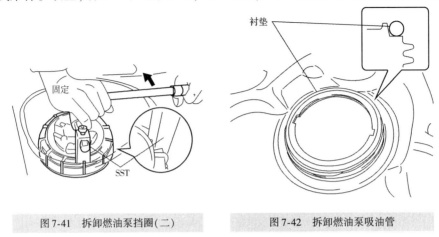

图 7-41　拆卸燃油泵挡圈(二)　　　　图 7-42　拆卸燃油泵吸油管

2　燃油表传感器的安装

(1)安装燃油表传感器总成(图7-43)。向下滑动燃油表传感器总成以将其安装;连接3个线束卡夹;安装线束保护装置;连接燃油表传感器。

(2)检查燃油泵仪表挡圈的配合。在燃油吸油管总成断开时,将燃油泵仪表挡圈手动安装至燃油箱。如果能用手转动燃油泵仪表挡圈180°或更多,重复使用挡圈。如果不能用手转动燃油泵仪表挡圈180°或更多,使用提供的新燃油泵仪表挡圈零件。

(3)安装燃油吸油管总成。

①将新衬垫安装到燃油箱上(图7-42),将燃油吸油管固定到燃油箱上,确保燃油表传感器臂没有弯曲。

②如图7-44所示,将燃油吸油管凸出部分对准燃油箱槽口。

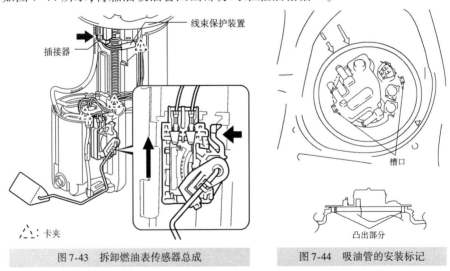

图 7-43　拆卸燃油表传感器总成　　　　图 7-44　吸油管的安装标记

③如图7-45所示,用手固定燃油吸油管总成以防止其倾斜,将燃油泵挡圈和燃油箱上的开始标记对准,并用手拧紧燃油泵挡圈180°。

学习任务七 燃油表显示不准的检修

④如图7-46所示,用6mm六角套筒扳手,将SST安装到燃油泵挡圈上。

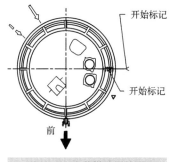

图7-45 安装燃油泵挡圈

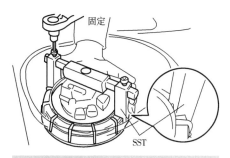

图7-46 紧固燃油泵挡圈

⑤如图7-47所示,从燃油箱上的开始标记紧固燃油泵挡圈约450°,使挡圈上的开始标记落在如图所示的范围内。

(4)连接燃油箱2号蒸发管(图7-39)。

(5)连接1号炭罐出口软管(图7-38)。

(6)连接1号燃油蒸发管分总成(图7-37)。

(7)连接燃油箱主管分总成(图7-36)。将燃油管接头推入燃油吸油盘的螺塞里,然后安装油管接头卡子,连接燃油泵插接器。

(8)将电缆连接到蓄电池负极端子。

(9)检查燃油是否泄漏。

(10)安装后地板检修孔盖(图7-35)。

(11)安装后排座椅坐垫总成。

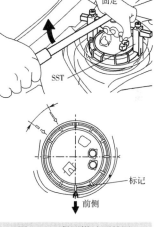

图7-47 紧固燃油泵挡圈

引导问题23 如何更换组合仪表总成?

组合仪表相关部件的分解如图7-48所示。

1 组合仪表的拆卸

(1)拆卸仪表板左下装饰板。如图7-49所示,脱开3个卡爪和卡子,并拆下仪表板左下装饰板。

(2)拆卸仪表板左端装饰板。

①如图7-50所示,在图示位置粘贴保护性胶带,插入车顶防护条拆卸工具并向卡子方向滑动拆卸工具。

②如图7-51所示,用双手拉动拆卸工具以将卡子脱开。

③如图7-52所示,脱开3个卡子,拆下仪表板左端装饰板。

(3)拆卸仪表板装饰板总成。

①操作倾斜度调节杆以降下转向盘总成。

②在图7-53所示位置粘贴保护性胶带。

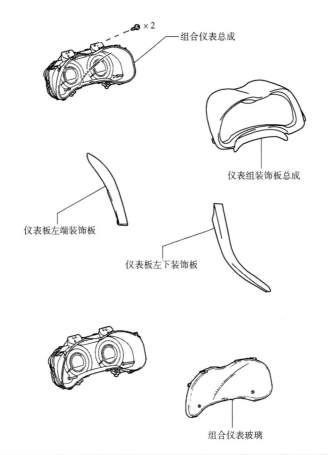

图 7-48　组合仪表相关部件分解图

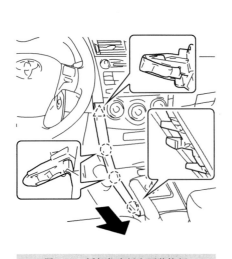

图 7-49　拆卸仪表板左下装饰板

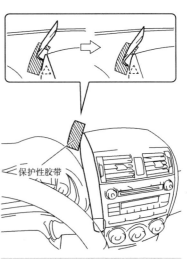

图 7-50　拆卸仪表板左端装饰板（一）

学习任务七　燃油表显示不准的检修

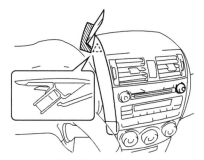
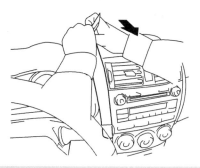

图 7-51　拆卸仪表板左端装饰板(二)

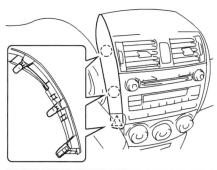
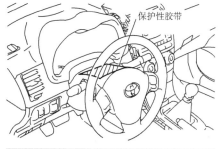

图 7-52　拆卸仪表板左端装饰板(三)　　图 7-53　拆卸仪表板装饰板(一)

③如图 7-54 所示,脱开导销、卡爪和 3 个卡子,并拆下仪表板装饰板总成。

(4)拆卸组合仪表总成。

①如图 7-55 所示,拆下 2 个螺钉,脱开 2 个导销。

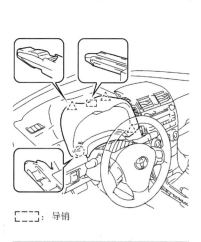
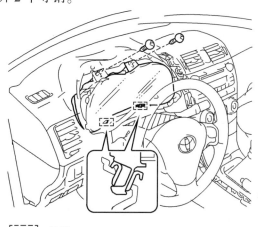

图 7-54　拆卸仪表板装饰板(二)　　图 7-55　组合仪表总成拆卸(一)

注意

拆下组合仪表总成时,小心不要损坏导销。

②如图 7-56 所示,拉出组合仪表总成,断开插接器,并拆下组合仪表总成。

> 拆下组合仪表总成时,不要损坏上仪表板分总成或组合仪表总成。

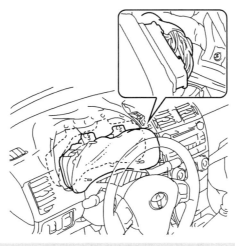

图 7-56　组合仪表总成拆卸(二)

2 组合仪表的安装

(1)安装组合仪表总成。
①连接插接器,并暂时安装组合仪表总成(图 7-56)。

> 安装组合仪表总成时,不要损坏上仪表板分总成或组合仪表总成。

②接合两个导销(图 7-55)。

> 安装组合仪表总成时,小心不要损坏导销。

　　安装组合仪表总成时,将导销牢固地插入上仪表板分总成的孔内。用两个螺钉安装组合仪表总成。
　　(2)安装仪表装饰板总成(图 7-53、图 7-54)。接合导销、卡爪和 3 个卡子,并安装仪表板装饰板总成。清除转向柱罩上贴着的保护性胶带。

(3)安装仪表板左端装饰板(图7-50~图7-52)。
(4)安装仪表板左下装饰板(图7-49)。

三、评价与反馈

(1)对本学习任务进行评价,见表7-5。

评 分 表   表7-5

考核项目	评分标准	分数	学生自评	小组互评	教师评价	小计
团队合作	是否协调	5				
活动参与	是否积极主动	5				
安全生产	有无安全隐患	10				
现场5S	是否做到	10				
任务方案	是否正确、合理	15				
操作过程	燃油表的主动测试; 燃油表数据读取; 检查燃油表线路; 检查燃油表传感器; 更换组合仪表	30				
任务完成情况	是否圆满完成	5				
工具和设备使用	是否规范、标准	10				
劳动纪律	是否能严格遵守	5				
工单填写	是否完整、规范	5				
总分		100				
教师签名:			年 月 日		得分	

(2)在实施作业时,每一个安全事项都注意到了吗?如果没有,找出忽略的地方和原因。
(3)能否向车主解释故障诊断及排除的过程?如果不能,分析原因并提出改进措施。

四、学习拓展

(1)查阅桑塔纳2000GSi型乘用车维修手册,比较桑塔纳2000GSi型乘用车仪表系统和卡罗拉(1.6L)乘用车仪表系统在结构上有什么不同。

(2)根据卡罗拉(1.6L)乘用车燃油表指示不准的检查流程,制定2000GSi乘用车燃油表指示不准的检查流程。

(3)查阅凯越(1.6L)乘用车维修手册,根据卡罗拉(1.6L)乘用车组合仪表的拆装工艺制定凯越(1.6L)乘用车组合仪表的拆装工艺。

学习任务八

刮水器电动机不转动的检修

学习目标

完成本学习任务后,你应能:
1. 正确描述刮水器与洗涤器的作用及类型;
2. 掌握刮水器与洗涤器的组成结构及工作过程;
3. 正确分析刮水器与洗涤器控制电路;
4. 掌握电动刮水器不转动的检测流程;
5. 掌握电动刮水器的检修方法;
6. 掌握电动刮水器电动机总成的更换方法;
7. 明确电动刮水器电动机总成的更换步骤。

 建议完成本学习任务的时间为 **14** 课时。

 学习任务描述

一辆科鲁兹(1.6L)乘用车,拨动刮水器开关时,刮水器不转动,到维修站检修。经技术人员分析,可能刮水器电动机、刮水器开关或刮水器线路有故障,需要对刮水器系统进行检查。

学习任务八　刮水器电动机不转动的检修

学习内容

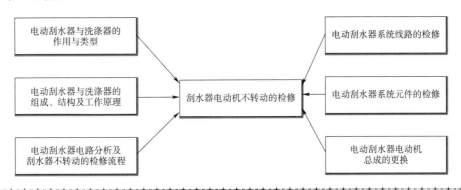

一、资料收集

引导问题 1　刮水器和洗涤器系统的作用及类型有哪些？

刮水器的作用是用来清除风窗玻璃上的雨水、雪或尘土，以确保驾驶人有良好的视野。在行驶中，由于泥土的飞溅或其他原因污染风窗玻璃，所以刮水器还设有洗涤装置。有些乘用车还装备有前照灯冲洗系统。电动刮水器和洗涤器系统在车上的布置如图 8-1 所示。

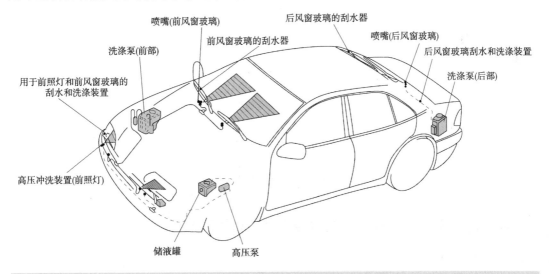

图 8-1　刮水器和洗涤器系统在车上的布置

现代汽车均使用电动机驱动刮水器，这样可以保持一定速度摆动，不受发动机转速与负荷变动的影响，且可以随驾驶人需要，视雨势大小调整摆动速度。电动刮水器可以做每秒一次至 30s 一次间歇摆动的变速调整。根据刮水片的联动方式，刮水器可分为以下几种。

（1）平行联动式：一般小型车采用最多，如图 8-2a）所示。

(2)对向联动式：大型车采用，如图8-2b)所示。
(3)单臂式：部分小型车采用，如图8-2c)所示。
目前使用的刮水器多数是平行连动式。

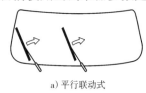

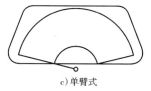

a) 平行联动式　　　　b) 对向联动式　　　　c) 单臂式

图8-2　刮水片联动方式

引导问题2　电动刮水器的组成及工作原理如何？

电动刮水器主要由直流电动机、蜗轮箱、曲臂、连杆、短臂、刮水器摆臂和刮水片等组成，如图8-3所示。一般电动机和蜗杆箱结合成一体组成刮水器电动机总成。曲臂、连杆和短臂等杆件可以把蜗轮的旋转运动转变为刮水器摆臂的往复摆动，使摆臂上的刮水片实现刮水动作。当刮水器电动机转动时，使蜗轮上的曲臂旋转，经连杆使短臂以枢轴中心做扇形运动，此短臂上安装右侧的刮水器摆臂，另一连杆与左侧的短臂连接，左右两侧的刮水器摆臂以枢轴为中心做同方向左右平行的运动。

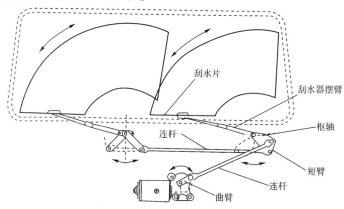

图8-3　刮水器的结构

引导问题3　刮水器电动机的结构及工作原理如何？

1 刮水器电动机的结构

刮水器电动机有绕线式和永磁式两种。绕线式刮水器电动机的磁极绕有励磁绕组，通电流时产生磁场，而永磁式刮水器电动机的磁极用永久磁铁制成。

永磁式电动机体积小、质量小、结构简单，使用广泛。永磁式刮水器电动机的结构如图8-4所示，主要由外壳、磁铁总成、电枢、电刷安装板及复位开关、输出齿轮及蜗轮、输出臂等组成。

2 工作原理

为了满足实际使用的需要,刮水器电动机使用三个电刷实现低速刮水和高速刮水两个挡位,且在任意时刻刮水结束后刮水片应能自动回到风窗玻璃最下端。

1 变速原理

永磁式刮水器电动机是利用三个电刷来改变正、负电刷之间串联线圈的个数实现变速的,如图8-5所示。其原理是:刮水器电动机工作时,在电枢内同时产生反电动势,其方向与电枢电流的方向相反。如要使电枢旋转,外加电压必须克服反电动势的作用。当电动机转速升高时,反电动势增高,只有当外加电压等于反电动势时,电枢的转速才能稳定。

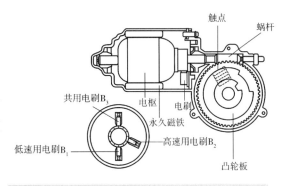

图8-4 永磁式刮水器电动机

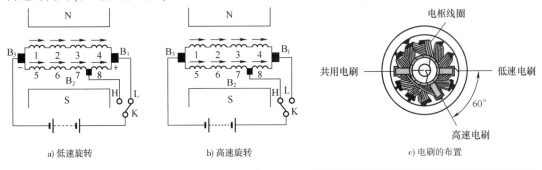

a) 低速旋转　　b) 高速旋转　　c) 电刷的布置

图8-5 永磁式刮水器电动机的变速原理

三刷永磁式刮水器电动机工作时,电枢绕组产生的反电动势的方向如图8-5中箭头所示。当将刮水器开关K拨向L(低速)时,电源电压U加在电刷B_1和B_3之间。在电刷B_1和B_3之间的两条并联支路中,每条支路中各有4个串联绕组,反电动势的大小与支路中反电动势的大小相等。由于外加电压需要平衡4个绕组所产生的反电动势,故电动机转速较低,如图8-5a)所示。

当将刮水器开关K拨向H(高速)时,电源电压U加在电刷B_2和B_3之间。绕组1、2、3、4、8同在一条支路中,其中绕组8与绕组1、2、3、4的反电动势方向相反,相互抵消后,使每条支路变为3个绕组,如图8-5b)所示。由于电动机内部的磁场方向和电枢的旋转方向没有变化,所以各绕组内反电动势的方向与低速时相同。但是,外加电压只需平衡3个绕组所产生的反电动势,故电动机的转速增高。

2 自动复位原理

铜环式刮水器自动复位控制电路及自动复位装置结构如图8-6所示。刮水器的开关有三个挡位,它可以控制刮水器的速度和自动复位。四个接线柱分别接复位装置、电动机低速电刷、搭铁、电动机高速电刷。0挡为复位挡,Ⅰ挡为低速挡,Ⅱ挡为高速挡。复位装置在减速蜗轮(由塑料或尼龙材料制成)上,嵌有铜环。此铜环分为两部分,其中一部分铜环与电动机外壳相连(为搭铁)。触点臂用磷铜片或其他弹性材料制成,其一端分别铆有两个触点。由于触点臂具有一定的弹性,因此在蜗轮转动时,触点与蜗轮的端面和铜环保持接触。

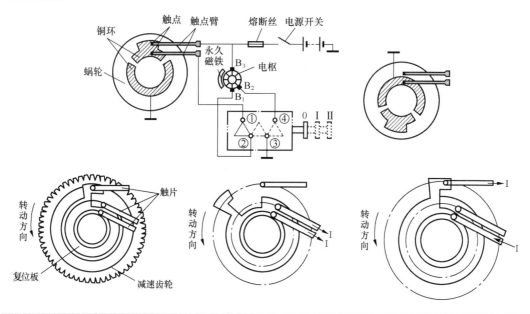

图8-6 铜环刮水器自动复位装置

当接通电源开关,并把刮水器开关拉出到Ⅰ挡(低速)位置时,电流从蓄电池正极→电源开关熔断丝→电刷B_3→电枢绕组→电刷B_1→刮水器开关接线柱②→接触片→刮水器开关接线柱③→搭铁→蓄电池负极,构成回路,电动机以低速运转。

把刮水器开关拉出到Ⅱ挡(高速)位置时,电流从蓄电池正极→电源开关→熔断丝→电刷B_3→电枢绕组→电刷B_2刮水器接线柱④→接触片→刮水器接线柱③→搭铁→蓄电池负极,构成回路,电动机以高速运转。

当把刮水器开关退回到0挡时,如果刮水片没有停止到规定的位置,由于触点与铜环相接触,则电流继续流入电枢,其电路为蓄电池正极→电源开关→熔断丝→电刷B_3→电枢绕组→电刷B_1→接线柱②→接触片→接线柱①→触点臂→铜环→搭铁→蓄电池的负极。由此可以看出,电动机仍以低速运转,直至蜗轮旋转到复位位置,电路中断。由于电枢的运动惯性,电动机不能立即停止转动,此时电动机以发电动机方式运行。因此电枢绕组通过触点臂与铜环接通而短路,电枢绕组将产生强大制动力矩,电动机迅速停止运转,使刮水片复位到风窗玻璃的下部。

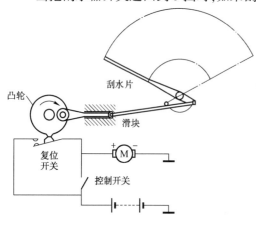

图8-7 凸轮式刮水器自动复位装置

图8-7所示为一种凸轮式刮水器自动复位

装置,其控制原理主要是由与蜗轮联动的凸轮驱动复位开关动作来实现的。

引导问题4 电动刮水器的间歇刮水是如何实现的?

现代汽车刮水器上都加装了电子间歇控制系统,使刮水器能按照一定的周期停止和刮水,这样汽车在小雨或雾天中行驶时,玻璃上不至于形成发黏的表面,从而使驾驶人获得更好的视线。汽车刮水器的间歇控制一般是利用自动复位装置和电子振荡电路或集成电路实现的,刮水器的间歇控制按照间歇时间是否可调分为可调节型和不可调节型。

图8-8所示为同步间歇刮水器内部控制电路。当刮水器开关置于间歇挡位置(开关处于0位,且间歇开关闭合)时,电源将通过自动复位开关向电容器C充电,随着充电时间的增长,电容器两端的电压逐渐升高。当电容器C两端的电压升高到一定值时,晶体管VT_1和VT_2先后相继由截止转为导通,从而接通继电器磁化线圈的电路,在电磁吸力的作用下,继电器常闭触点打开,常开触点闭合,从而接通了刮水器电动机的电路,此时电动机将低速旋转。

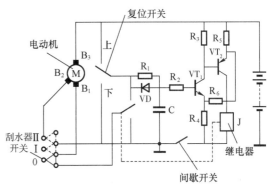

图8-8 同步间歇刮水器内部电路

当复位装置将自动复位开关的常开触点(下)接通时,电容器C通过二极管VD、自动复位装置常开触点迅速放电,此时刮水器电动机的通电回路不变,电动机继续转动。随着放电时间的增长,VT_1和VT_2由导通转为截止,从而切断了继电器磁化线圈的电路,继电器复位,常开触点打开,常闭触点闭合。此时由于自动复位开关的常开触点处于闭合状态,电动机仍将继续转动,只有当刮水片回到原位(不影响驾驶人视线位置),自动复位开关的常开触点打开,常闭触点闭合时,电动机方能停止转动。继而电源将再次向电容器C充电,重复以上过程。如此反复,实现刮水片的间歇动作,其间歇时间的长短取决于R、C电路充电时间的常数的大小。

引导问题5 什么是柔性刮水器?

图8-9所示为新型柔性齿条传动刮水器,这种刮水器与一般拉杆传动式刮水器相比,具有体积小、噪声低等优点,而且可将刮水电动机总成安装在空间较大的地方,便于维修。

电动机驱动的蜗轮轴上有一个曲柄销,它驱动连杆机构,而连杆和一个装在硬管里的柔性齿条连接,因此,在连杆运转时,齿条则会作往复运动,齿条的往复运动带动齿轮箱中的小齿轮往复运动,从而驱动刮水片往复运动。

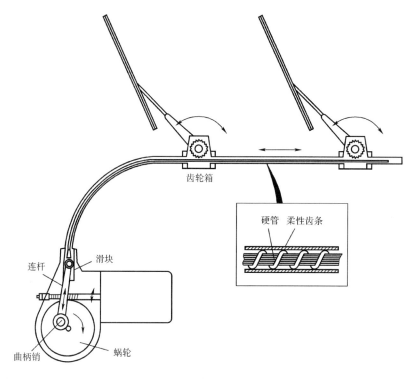

图8-9 柔性齿条刮水器

引导问题6 电动刮水器对刮水片(橡胶片)的结构有何要求?

要将风窗玻璃上的积水清除得很干净,使视线良好,刮水器臂与刮水片(图8-10)必须经特殊设计才能发挥功能,平面玻璃与曲面玻璃所用的刮水器臂与刮水片的构造是不同的,使用错误会使积水刮除不干净,影响视线。刮水器臂与驱动轴的安装方法,如图8-11所示,一般均以螺栓固定。

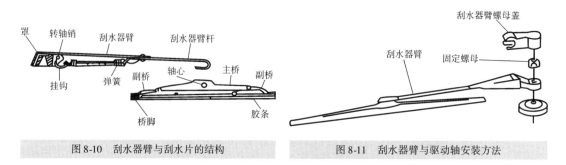

图8-10 刮水器臂与刮水片的结构   图8-11 刮水器臂与驱动轴安装方法

引导问题7 风窗洗涤器的组成及工作过程如何?

汽车行驶时,风窗玻璃上常附着灰尘、砂粒等,若不冲洗就直接使用刮水器时,会使刮水器片损伤,并易使风窗玻璃刮伤;同时风窗玻璃太干燥时,也使刮水器片受到过大的阻力,易使刮水器电动机烧坏。故使用刮水器前,先使洗涤器向风窗玻璃喷水,洗净玻璃上的灰尘、砂粒等,并减少刮水器片的阻力。

目前汽车使用的洗涤器均为电动式,其结构包括储水箱、水管及喷嘴等部分,电动机(永久磁铁式)及水泵(离心式)装在储水箱上,如图8-12所示。图8-13所示为离心式水泵的作用原理,图8-14所示为喷嘴的种类。

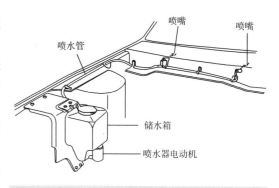

图8-12 洗涤器系统的组成

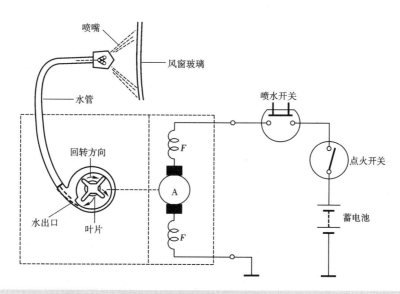

图8-13 离心式水泵的作用原理

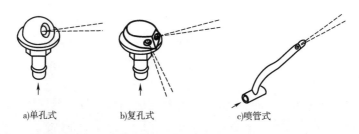

图8-14 喷嘴的种类

引导问题8 如何分析电动刮水器和洗涤器各挡位的控制电路?

现代汽车刮水器除低、高速外,通常附有间歇(INT)的位置,间歇摆动的间隔时间一般为固定时间的较多,但有的也可以调整,最久可达30s左右。有些汽车在间歇动作时,为能彻底刮净风窗玻璃上的尘土,并且避免刮水器片损伤或玻璃刮伤,一般附有自动喷水动作。

下面以图 8-15 所示的电动刮水器与洗涤器电路为例来说明电动刮水器与洗涤器各挡位电路的控制过程。该刮水器电路由间歇控制器、刮水器开关、洗涤电动机、刮水电动机及连接线束等组成。刮水器开关有"Tip(点动)"、"0(停止)"、"I(间歇)"、"1(低速)"、"2(高速)"、"Wa(喷水)"6 个挡位。

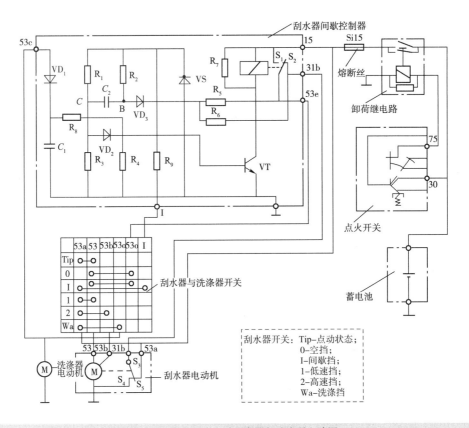

图 8-15　奥迪轿车电动刮水器与洗涤器电路图

1 低速挡

当刮水器开关位于挡位"1"时,电流由蓄电池正极→卸荷继电器→熔断丝→刮水器开关的 53a 和 53 接线柱→刮水器电动机 53 接柱→电动机→搭铁,此时刮水器电动机在低速挡工作。

2 高速挡

当刮水器开关位于挡位"2"时,电流由蓄电池正极→卸荷继电器→熔断丝→刮水器开关 53a 和 53b 接线柱→刮水器电动机 53b 接线柱→电动机→搭铁,此时刮水器电动机在高速挡工作。

3 间歇挡

当刮水器开关位于"I"挡时,电源便经熔断器、刮水器开关53a端、刮水器开关内部I挡接入间歇控制器的"I"端。C_2 被充电:其充电电路为蓄电池正极→熔断器→刮水器开关53a→I挡→间歇控制器的"I"端→R_9→R_2→C_2→VD_2→晶体管VT的基极、发射极→搭铁→蓄电池负极。此时,C 点的电位为1.6V,B 点的电位为5.6V,C_2 两端有4V的电位差。

C_2 充电时,其充电电流为晶体管VT提供偏流,VT导通,接通了继电器线圈的电路,间歇控制器中的常开触点 S_1 闭合、常闭触点 S_2 打开,电流由蓄电池正极→卸荷继电器→间歇控制器接线柱15、触点 S_1、接线柱53e→刮水器开关53e接线柱、I挡和53接线柱→刮水器电动机53接线柱→刮水器电动机→搭铁,此时刮水器在低速挡工作。

当刮水片往返一次又回到风窗玻璃的最下位置时,刮水器电动机也旋转至自动复位位置时,复位开关中触点 S_3、S_4 接通,使电动机的31b端搭铁,为 C_2 的放电提供了通路。

C_2 的放电回路有两条:一路经 R_2、R_1 放电;另一路经 VD_3、R_6、31b、电动机的自动复位触点 S_3、S_4 接通搭铁,稳压管VS、R_1 放电。

放电瞬间 B 点电压突然降到2.8V,由于 C_2 原有4V电位差,使 C 点电位降为 $-1.2V$,晶体管VT的基极电位翻转为低电平,于是晶体管VT截止,切断了继电器线圈的电路,则控制器常开触点 S_1 断开、常闭触点 S_2 又闭合,恢复到自然状态时的31b与53e接通,将电阻 R_5、R_6 并联,加速 C_2 放电,为 C_2 的再充电作准备。

随着 C_2 放电过程的进行,C 点电位逐渐升高,当 C 点电位接近2V时,晶体管VT又导通,C_2 又恢复为充电状态。

可见,只要刮水器开关置于间歇挡,电源便接入间歇控制器的"I"端,C_2 就会不间断地充电、放电,晶体管VT就会导通、截止反复翻转,使间歇控制器继电器反复接通与断开,如此形成了间歇刮水过程。其刮洗时间为2~4s,间歇时间为4~6s,直到断开刮水器开关。

4 自动停机复位

当刮水器开关位于"0"挡时,若此时刮水片没有回到规定位置,则刮水器电动机自动复位开关触点 S_3 与 S_5 相接,电流由蓄电池正极→卸荷继电器→熔断丝→刮水器电动机53a、S_5、S_3 和31b→间歇控制器的31b、动断触点 S_2 和53e→刮水器开关53e→"0"挡→刮水器电动机53→搭铁,电动机仍继续旋转;刮水片到达规定位置时,复位开关中的触点 S_3 与 S_5 断开而与 S_4 接通,电动机被短路,产生制动转矩,刮水器回到规定的位置。

5 点动挡

当刮水器开关位于"Tip"挡时,刮水器电动机低速工作;松开刮水器开关手柄时,刮水器开关自动跳回"0"挡,刮水器在复位开关的作用下,回到规定的位置。

6 风窗洗涤

当刮水器开关位于"Wa"挡时,风窗洗涤器和刮水器同时工作。洗涤器电动机的电路为:蓄电池正极→卸荷继电器→熔断丝→刮水器开关53a和53c→洗涤器电动机→搭铁,于是洗涤器电动机带动水泵运转,将洗涤液喷洒到风窗玻璃上。与此同时,通过间歇控制器 53c 接柱使间歇控制器工作,刮水器电动机在间歇挡工作。

在此挡位工作时,若松开刮水器开关手柄,刮水器开关自动回到"0"挡。

引导问题9 ▶ 如何检查调整风窗洗涤器的喷射位置?

1 喷射位置的检查

发动机运转时,检查洗涤液在风窗玻璃上的喷射位置。图 8-16 所示为卡罗拉轿车洗涤液在风窗玻璃上的正常喷射区域。如果检查结果不符合规定,更换洗涤器喷嘴进行调整。

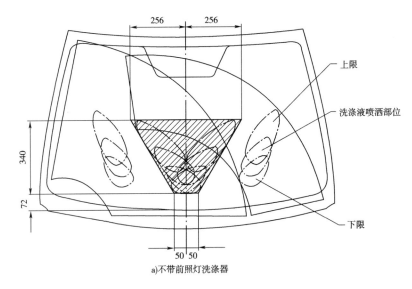

a) 不带前照灯洗涤器

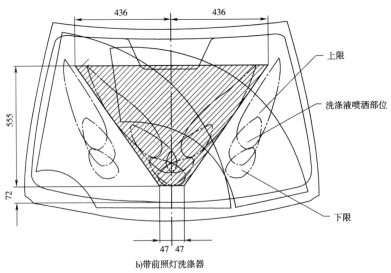

b) 带前照灯洗涤器

图 8-16 洗涤液在风窗玻璃上的喷射区域

2 洗涤器喷射位置的调整

(1) 拆卸洗涤器喷嘴分总成。

① 如图 8-17 所示,用头部缠有胶带的螺丝刀脱开 2 个卡爪并拆下洗涤器喷嘴分总成。

不要损坏风窗玻璃。

② 如图 8-18 所示,从洗涤器软管上断开洗涤器喷嘴分总成。

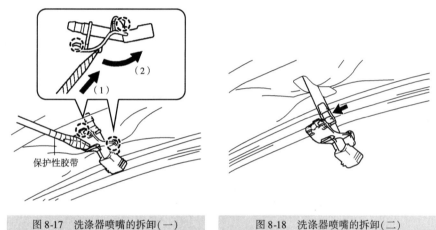

图 8-17 洗涤器喷嘴的拆卸(一)　　图 8-18 洗涤器喷嘴的拆卸(二)

(2) 如图 8-19 所示,选择一个洗涤器喷嘴分总成,以保证洗涤液的喷射区域符合标准。

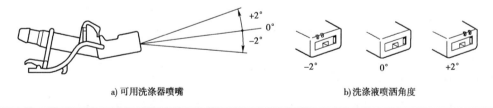

a) 可用洗涤器喷嘴　　　　　b) 洗涤液喷洒角度

图 8-19 洗涤器喷嘴的调整

(3) 将新的洗涤器喷嘴分总成连接至洗涤器软管,接合 2 个卡爪并连接洗涤器喷嘴分总成。

引导问题 10 如何分析科鲁兹(1.6L)乘用车电动刮水器和洗涤器电路?

科鲁兹(1.6L)乘用车电动刮水器和洗涤器电路如图 8-20 和图 8-21 所示。

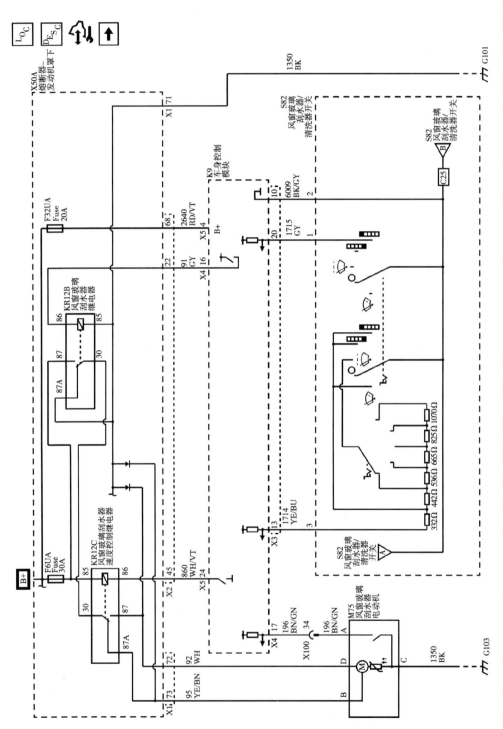

图 8-20 科鲁兹(1.6L)乘用车电动刮水器和洗涤器电路图(一)

该系统主要由风窗玻璃刮水器继电器、风窗玻璃刮水器速度控制继电器、风窗玻璃洗涤器泵继电器、风窗玻璃洗涤液泵、风窗玻璃刮水器电动机、风窗玻璃刮水器/洗涤器开关、车身控制模块(BCM)、雨量传感器等电气部件组成。其控制开关有5个挡位,分别是低速挡(LO)、高速挡(HI)、停止复位挡(OFF)、间歇刮水挡(INT)和喷洗器挡。按照刮水器开关的指示,车身控制模块通过监测来自前刮水器/洗涤器开关的几个信号来确定前刮水器/洗涤器系统的操作模式。车身控制模块接收到的第一个信号是由配置为阶梯电阻网络的风窗玻璃刮水器开关内的6个电阻产生的。该信号连接至车身控制模块的模/数转换输入装置。根据选择功能(高速、低速、间歇1至5、喷洗、关闭),前刮水器控制开关将不同的电阻器组连接至电路,从而在车身控制模块上产生不同的电压。通过监测此电压,车身控制模块可以确定如何控制刮水器电机接通/断开继电器。应注意的是高速、低速和除雾功能在此信号电路上的值相同。只有当风窗玻璃刮水器开关置于高速刮水器位置时,从风窗玻璃刮水器开关接收到的第二个信号才激活。当刮水器开关未置于高速位置时,开关断开,信号电路被车

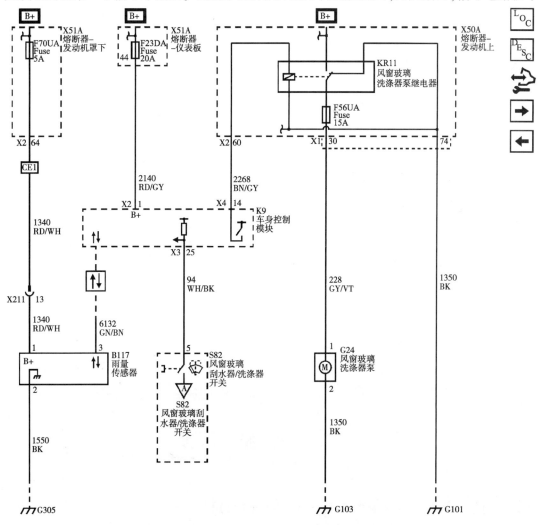

图 8-21　科鲁兹(1.6L)乘用车电动刮水器和洗涤器电路图(二)

身控制模块拉接至蓄电池电压。当刮水器开关处于高速位置时,开关将电路电压拉低。车身控制模块根据此输入信号确定如何控制刮水器高/低速继电器。从风窗玻璃刮水器开关接收到的第3个信号来自瞬时风窗玻璃洗涤控制开关。当洗涤器开关未激活时,开关断开,信号电路被车身控制模块拉至蓄电池电压。当洗涤器开关激活时,开关将电路电压拉低。车身控制模块基于此信号控制风窗玻璃洗涤器以及风窗玻璃洗涤器所激活的刮水器操作。

引导问题11 刮水器电动机不转动的检修流程如何?

刮水器电动机不转动的检修流程如图8-22所示。

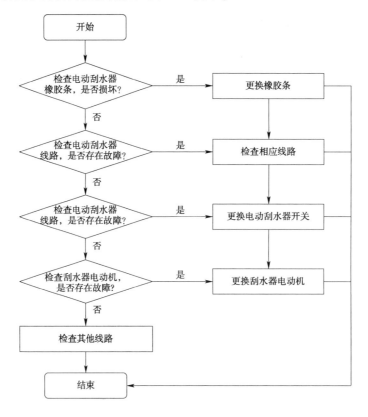

图8-22 刮水器电动机不转动的检修流程

二、实 施 作 业

引导问题12 作业需要哪些工具、设备和材料?

(1)组合工具、扭力扳手、钳子、螺丝刀。

(2)科鲁兹(1.6L)乘用车、万用表。

(3)磁力护裙、座椅套、转向盘套、变速杆手柄套和脚垫、保护性胶带。

(4)科鲁兹(1.6L)乘用车维修手册。

引导问题 13 通过查询和查找，填写以下信息。

车辆生产年份_____，车牌号码_____，行驶里程_____，发动机型号及排量_____，车辆识别代码(VIN)_____。

引导问题 14 如何检查及更换前刮水器橡胶条？

前刮水器刮片相关部件的分解如图 8-23 所示。

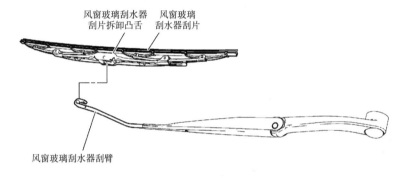

图 8-23　前刮水器刮片分解图

1 前刮水器刮片的拆卸

先向上提刮水器刮臂，然后向内推动刮片顶部中央的方形凸舌，再向下轻轻旋转刮水器刮片，从刮水器刮臂上滑下刮片，最后小心地松开刮水器刮臂，使其回至风窗玻璃。

2 前刮水器刮片的安装

先向上提刮水器刮臂，然后向外拉动雨刮片顶部中央的方形凸舌，再向上轻轻旋转刮水器刮片，将刮水器刮片安装到刮水器刮臂上，最后小心地松开刮水器刮臂，使其回至风窗玻璃。

引导问题 15 如何对电动风窗玻璃刮水器系统进行自诊断断及功能测试？

1 自诊断

通过故障检测仪可以对电动风窗玻璃刮水器系统进行自诊断，然后根据检测仪的故障码提示，进行相应故障维修。故障码见表 8-1。

故障码表 表8-1

B3715	风窗玻璃刮水器继电器电路对蓄电池短路
B3725	风窗玻璃刮水器继电器电路对搭铁短路
B3735	风窗玻璃刮水器继电器电路开路
B3865	风窗玻璃刮水器高速继电器电路对蓄电池短路
B3875	风窗玻璃刮水器高速继电器电路对搭铁短路
B3885	风窗玻璃刮水器高速继电器电路开路

2 功能测试

可以通过故障检测仪的元件测试功能对电动风窗玻璃刮水系统进测试。具体方法如下。

（1）将点火开关置于"ON"挡，连接故障检测仪。

（2）当起动高速风窗玻璃刮水器时，确认故障诊断仪"风窗玻璃刮水器高速开关"参数在"Active（激活）"和"Inactive（未激活）"之间变化。

（3）当起动低速风窗玻璃刮水器时，确认故障诊断仪"风窗玻璃刮水器开关"参数在"Off"和"LO"之间变化。

（4）当循环间歇式风窗玻璃刮水器时，确认故障诊断仪"风窗玻璃刮水器开关"参数在"Delay 1（延迟1）"和"Delay 5（延迟5）"之间变化。

（5）当将风窗玻璃刮水器/洗涤器开关在"Off""LO"和"HI"之间循环时，确认风窗玻璃刮水器电机在"Off""LO"和"HI"之间变化。

如果测试结果与上述结果不相符，则检查相关元件及线路。

引导问题16 如何对电动风窗玻璃刮水器系统进行线路检查？

1 供电线路检查

（1）拔下熔断丝，用万用表检查熔断丝是否损坏，如果损坏则更换。

（2）插上完好的熔断丝，将点火开关置于"ON"挡，用万用表测量熔断丝两端电压，应为蓄电池电压。如果无电压或电压值不符合规定，检查供电线路。

2 控制线路检查

断开刮水器电动机线束连接器，用万用表测量线束各端子的电压，具体测量方法见表8-2。如果测量结果与规定值不相符，则说明电动刮水器线路存在故障，进行下一步检查。

电动风窗玻璃刮水器控制线路检查表 表8-2

测量端子	测量条件	规定值
C 与车身搭铁	始终	0V
B 与车身搭铁	点火开关置于"ON"挡，刮水器开关置于"HI"挡	10～14V
D 与车身搭铁	点火开关置于"ON"挡，刮水器开关置于"LO"挡	10～14V
A 与车身搭铁	点火开关置于"ON"挡，刮水器开关置于"INT"挡	10～14V 与 0V 之间变化

3 检查电动刮水器开关与车身控制模块(BCM)之间的线束

断开刮水器关与车身控制模块之间线束连接器,用万用表测量刮水器开关与车身控制模块之间线束各端子的导通情况,具体测量方法见表8-3。

电动刮水器开关与电动刮水器电机之间的线束检查表　　　　表8-3

测量端子	测量条件	规　定　值
1(开关)与 X3－20(车身模块)	万用表200Ω挡	小于2Ω
2(开关)与 X3－10(车身模块)	万用表200Ω挡	小于2Ω
3(开关)与 X3－13(车身模块)	万用表200Ω挡	小于2Ω

4 检查车身模块与继电器之间的线路

断开车身控制模块与继电器之间线束连接器,用万用表测量车身模块与继电器之间线束各端子的导通情况,具体测量方法见表8-4。

电动刮水器开关与电动刮水器电机之间的线束检查表　　　　表8-4

测量端子	测量条件	规　定　值
X2－45(继电器)与 X5－24(车身模块)	万用表200Ω挡	小于2Ω
X2－22(继电器)与 X4－16(车身模块)	万用表200Ω挡	小于2Ω

5 检查继电器与刮水器电机之间的线路

断开继电器与刮水器电动机之间的线束,用万用表测量继电器与刮水器电动机之间线束各端子的导通情况,具体测量方法见表8-5。

电动刮水器开关与电动刮水器电动机之间的线束检查表　　　　表8-5

测量端子	测量条件	规　定　值
X1－73(继电器)与 B(刮水器电动机)	万用表200Ω挡	小于2Ω
X1－72(继电器)与 D(刮水器电动机)	万用表200Ω挡	小于2Ω

引导问题17　如何检查刮水器电动机?

断开刮水器电动机线束连接器,检查刮水器电机的工作情况。

1 检查电动机 LO 运转

将蓄电池正极(＋)引线连接至端子 B,并将蓄电池负极(－)引线连接至端子 C,同时检查并确认电动机是否低速(LO)运转。

正常:电动机低速(LO)运转。

2 检查电动机 HI 运转

将蓄电池正极(＋)引线连接至端子 D,并将蓄电池负极(－)引线连接至端子 C,同时检查并确认电动机是否高速(HI)运转。

正常:电动机高速(HI)运转。

如果以上检查结果不符合规定,则更换电动机总成。

引导问题 18 如何检查风窗玻璃刮水器开关?

将点火开关置于"OFF"挡,断开"S82 风窗玻璃刮水器/洗涤器开关"处的线束连接器。根据表 8-6 所示内容测量刮水器开关各端子的导通情况,如果不在规定范围内,则更换风窗玻璃刮水器开关。

风窗玻璃刮水器开关检查表　　　　　　　　　　表 8-6

测量端子	测量条件	规定值
1 与 2	刮水器开关 HI 挡闭合	小于 2Ω
3 与 2	刮水器开关 LO 挡闭合	小于 2Ω
3 与 2	延迟位置 1 延迟位置 2 延迟位置 3 延迟位置 4 延迟位置 5	3.75~3.85kΩ 2.75~2.85kΩ 1.95~2.05kΩ 1.25~1.35kΩ 765~775Ω

引导问题 19 如何检查风窗玻璃刮水器继电器?

将点火开关置于"OFF"挡,断开相应继电器,根据表 8-7 所示内容测量继电器相应端子之间的导通情况,如果不符合要求,更换继电器。

风窗玻璃刮水器继电器检查表　　　　　　　　　　表 8-7

测量端子	测量条件	规定值
30 与 85、86	始终	无穷大
85、86 与 87	始终	无穷大
85 与 86	始终	60~200Ω
30 与 87A	在 85 与 86 之间加蓄电池电压 在 85 与 86 之间不加蓄电池电压	无穷大 小于 5Ω
30 与 87	在 85 与 86 之间加蓄电池电压 在 85 与 86 之间不加蓄电池电压	小于 5Ω 无穷大

引导问题 20 如何更换电动刮水器开关?

1 拆卸

(1)拆下转向柱上装饰盖(图 3-33)。

(2)拆下转向柱下装饰盖(图 3-34)。

(3)拆下风窗玻璃刮水器和洗涤器开关。如图 8-24 所示,断开刮水器和洗涤器开关线束连接器,松开塑料固定凸舌以便拆下风窗玻璃刮水器和洗涤器开关。

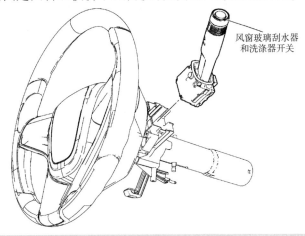

图 8-24　拆下风窗玻璃刮水器和洗涤器开关

引导问题 21　如何更换刮水器电机？

1 拆卸

(1)拆下风窗玻璃刮水器刮臂。如图 8-25 所示,用小的平刃工具拆下风窗玻璃刮水器刮臂装饰盖,拆下风窗玻璃刮水器刮臂螺母,握住刮水器传动机构枢轴刮水器刮臂端部,朝两边移动臂,从刮水器传动机构枢轴上释放风窗玻璃刮水器刮臂。

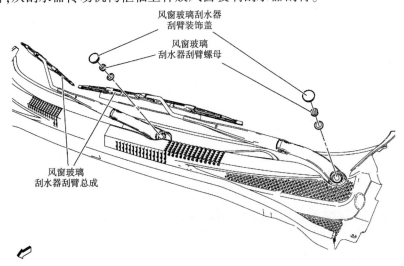

图 8-25　拆下风窗玻璃刮水器刮臂

(2)拆下进风口格栅板。如图8-26所示,拆下发动机舱盖后挡风雨条,拆下进风口格栅板5个卡夹,拆下进风口栅板。

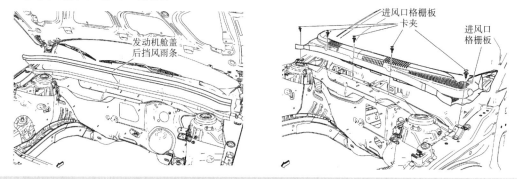

图8-26 拆下进风口栅板

(3)拆下风窗玻璃刮水器传动机构。如图8-27所示,断开电气连接器,拆下风窗玻璃刮水器传动机构3个固定螺栓,将风窗玻璃刮水器传动机构拆下。

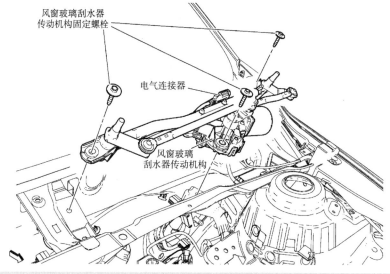

图8-27 拆下风窗玻璃刮水器传动机构

(4)拆下风窗玻璃刮水器电机。如图8-28所示,拆下风窗玻璃刮水器电机2个固定螺栓和1个固定螺母,将风窗玻璃刮水器电机从传动机构上取下。

2 安装

(1)安装风窗玻璃刮水器电机。将风窗玻璃刮水器电机安装到传动机构上,将风窗玻璃刮水器电机2个固定螺栓和1个固定螺母紧固至10N·m(图8-28)。

(2)安装风窗玻璃刮水器传动机构。安装好风窗玻璃刮水器传动机构,将3个固定螺栓紧固至10N·m,插上电气连接器(图8-27)。

(3)安装进风口格栅板。装上进风器栅板的5个卡夹,并安装好发动机舱盖后风窗雨条(图8-26)。

学习任务八　刮水器电动机不转动的检修

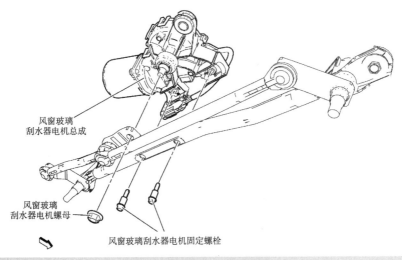

图 8-28　拆下风窗玻璃刮水器电机

（4）安装风窗玻璃刮水器刮臂。在风窗玻璃下遮光区域处找到中央带黑点的透明基圆，将刮水器刮臂定位于枢轴以使雨刮片从透明基圆中央穿过，将刮水器臂向下压到枢轴上，同时提起刮水器臂刮片部位，安装刮水器刮臂螺母，保持雨刮臂固定就位，拧紧雨刮臂螺母至 24.5N·m，松开雨刮臂总成，用同样的方法安装另一个刮水器刮臂（图 8-25）。

引导问题 22　如何更换洗涤泵？

1 拆卸

（1）拆下风窗玻璃洗涤液储罐加注管。如图 8-29 所示，从下洗涤液储罐中拉出上管总成并检查护环，如果损坏则更换。

（2）拆下左前轮罩衬板。

①拆下左前车轮和轮胎总成。举升并妥善支撑车辆，拆下车轮中心盖，标记车轮相对于轮毂的位置，拆下车轮螺母，将轮胎和车轮总成从车辆上拆下，如图 8-30 所示。

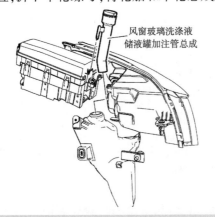

图 8-29　拆下风窗玻璃洗涤液储液罐加注管

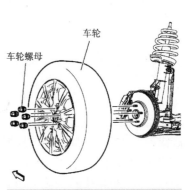

图 8-30　拆下车轮总成

201

> 如果渗透性机油沾到车轮和制动盘或制动鼓之间的垂直表面上,则在车辆行驶时会导致车轮松动,造成车辆失控和伤人事故。由于车轮和轮毂/轴之间所用材料不同或者安装太紧,车轮可能难以拆下。可以通过用橡胶锤轻轻地敲打轮胎侧面来拆下车轮。不遵循此说明可能会导致车轮损坏。

②如图 8-31 所示,拆下前轮罩衬板螺钉及前轮罩衬板塑料固定件,取下前轮罩衬板。

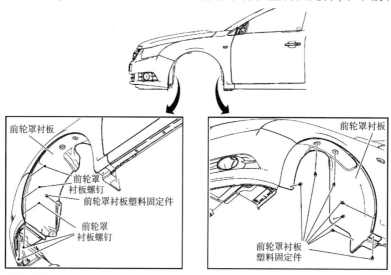

图 8-31 拆下前轮罩衬板

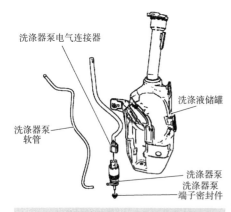

图 8-32 拆下风窗玻璃洗涤器泵

(3)拆下风窗玻璃洗涤器泵。断开洗涤器泵电气连接器,将洗涤器泵软管从洗涤器泵上断开,使用小号平刃工具,将洗涤器泵从洗涤液储罐上拆下,将风窗玻璃洗涤液排放到一个适当、干净的容器中,使用小号平刃工具,将洗涤器泵端子密封件从洗涤液储罐上拆下,如图 8-32 所示。

2 安装

(1)安装风窗玻璃洗涤器泵。将洗涤器泵端子密封件装观察家洗涤液储罐上,将洗涤器泵安装观察家洗涤液储罐,将洗涤器泵软管从安装到洗涤器泵上,插上洗涤器泵电气连接器,加注风窗玻璃洗涤液。

(2)安装左前轮罩衬板。

①安装左前车轮和轮胎总成。如图 8-33 所示,清除车轮和轮毂安装面上的所有锈蚀或异物。清洁车轮双头螺栓和车轮螺母上的螺纹。为阻止中间位置卡入车轮,安装之前用轴

承油脂轻轻涂抹在轮辋的内侧中间位置上。通过使用中间孔或车轮双头螺栓将轮盘与前轮毂对准,安装轮胎和车轮总成,将车轮定位标记对准轮毂,并按图8-34所示顺序均匀地交替紧固螺母至140N·m,以避免跳动量过大。

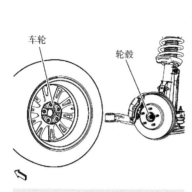

图8-33 安装车轮总成

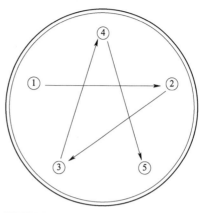

图8-34 车轮螺栓拧紧顺序

安装车轮之前,去除车轮支座面、制动鼓或制动盘支座面上的锈蚀。

安装车轮时,若安装面金属之间接触不紧密,会引起车轮螺母松动。这将导致车辆行驶时车轮脱落,造成车辆失控并很可能伤人。

千万不要润滑车轮螺母、双头螺栓和支座面,或者向其抹油。车轮螺母、双头螺栓或支座面必须清洁干燥。紧固润滑过的零件会损害车轮双头螺栓。这将导致车辆行驶时车轮脱落,造成车辆失控并很可能伤人。

②安装前轮罩衬板螺钉及前轮罩衬板塑料固定件,安装前轮罩衬板(图8-31)。

(3)安装风窗玻璃洗涤液储罐加注管(图8-29)。

引导问题23 ▶ 如何调整风窗玻璃刮水器刮臂?

如果风窗玻璃刮水器刮臂的位置不正确,可按图8-35所示的方法进行调整。从风窗玻璃刮水器传动机构上松开风窗玻璃刮水器刮臂。测量挡水板的上边缘(橡胶唇口)至刮水器刮臂连接点的距离,驾驶人侧a大约6.5cm。乘客侧b大约8.5cm。

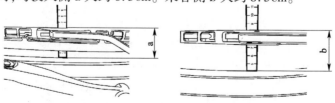

图8-35 风窗玻璃刮水器刮臂的调整

三、评价与反馈

(1)对本学习任务进行评价,见表8-8。

评 分 表　　　　　　　　　　表8-8

考核项目	评分标准	分数	学生自评	小组互评	教师评价	小计
团队合作	是否协调	5				
活动参与	是否积极主动	5				
安全生产	有无安全隐患	10				
现场5S	是否做到	10				
任务方案	是否正确、合理	15				
操作过程	更换电动刮水器橡胶条; 检查电动刮水器线路; 检查电动刮水器开关和电动机; 更换电动刮水器开关和电动机	30				
任务完成情况	是否圆满完成	5				
工具和设备使用	是否规范、标准	10				
劳动纪律	是否能严格遵守	5				
工单填写	是否完整、规范	5				
	总分	100				
教师签名:			年　月　日		得分	

(2)在实施作业时每一个安全事项都注意到了吗?如果没有,找出忽略的地方和原因。

(3)能否向车主解释故障诊断及排除的过程?如果不能,分析原因并提出改进措施。

四、学习拓展

(1)查阅桑塔纳2000GSi型乘用车维修手册,比较桑塔纳2000GSi型乘用车风窗玻璃电动刮水器系统与科鲁兹(1.6L)乘用车风窗玻璃电动刮水器系统在结构和功能上有什么不同。

(2)根据科鲁兹(1.6L)乘用车风窗玻璃电动刮水器不转动的检查流程,制定威驰(1.6L)乘用车风窗玻璃电动刮水器不转动的检查流程。

(3)查阅威驰(1.6L)乘用车维修手册,根据科鲁兹(1.6L)乘用车风窗玻璃刮水器电动机的拆装工艺流程制定威驰(1.6L)乘用车风窗玻璃刮水器电动机的拆装工艺流程。

学习任务九

电动车窗不工作的检修

学习目标

完成本学习任务后,你应能:
1. 正确描述电动车窗系统的作用及组成;
2. 掌握电动车窗的工作过程;
3. 正确分析电动车窗系统的电路图;
4. 掌握电动车窗不工作的检测流程;
5. 掌握电动车窗系统的检修方法。

 建议完成本学习任务的时间为 **10** 课时。

 学习任务描述

一辆卡罗拉(1.6L)手动挡乘用车电动车窗不能升降,到维修站检修。经技术人员分析,可能为电动车窗电动机或线路有故障,需要对电动车窗系统元件及线路进行检查或维修。

学习内容

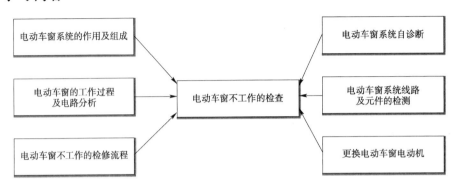

一、资料收集

引导问题1 电动车窗系统由哪几部分组成？

电动车窗是指用电作为动力使车窗玻璃自动升降，它是由驾驶人或乘员操纵开关接通车窗升降电动机的电路，电动机产生动力通过一系列的机械传动，使车窗玻璃按要求进行升降。其优点是操作简便，有利于行车安全。电动车窗一般由车窗玻璃、车窗玻璃升降器、车窗电动机、控制开关、控制线路等装置组成，其在车上的布置如图9-1和图9-2所示。

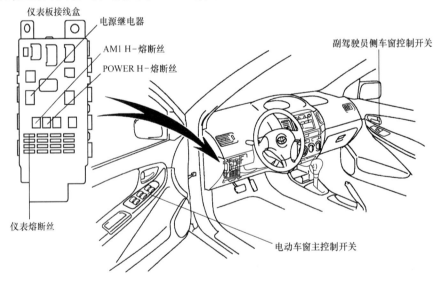

图9-1 电动车窗系统部件在车上的布置（一）

1 电动机

现代汽车的电动车窗常使用可左右旋转的串联式电动机操作，如图9-3所示。磁场线圈有两只方向相反的线圈,也称左转用线圈及右转用线圈,当不同的磁场线圈通电时,电枢的转动方向不相同,使电动车窗玻璃向上或向下运动。

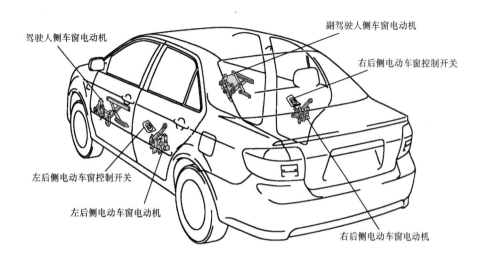

图 9-2 电动车窗系统部件在车上的布置(二)

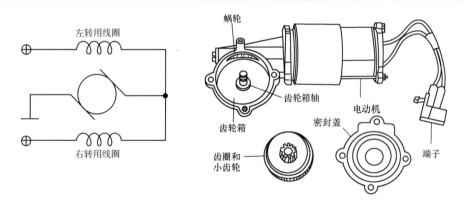

图 9-3 左右都能旋转的串联电动机

2 玻璃升降器

玻璃升降器安装在车门内,将电动车窗驱动电动机的旋转运动转变为车窗玻璃的直线运动,实现车窗打开或关闭。常见的电动车窗升降器有交叉臂式、软轴式和绳轮式等。

交叉臂式玻璃车窗升降器如图 9-4 所示,是通过齿轮和齿扇机构实现换向和传递动力的。齿扇上连有螺旋弹簧,车窗上升时,弹簧伸展,放出能量,以减轻电动机负荷;车窗下降时,弹簧被压缩,吸收能量,因此无论车窗上升还是下降,电动机的负荷都基本相同。

软轴式车窗升降器如图 9-5 所示,它是通过齿轮和齿条实现车窗方向的转换。

绳轮式车窗升降器结构如图 9-6 所示,它是通过电动机带动一个带槽的绳轮,驱动绳缆缠绕在绳轮上,当绳轮转动时,通过绳缆的缠绕运动实现车窗玻璃上下移动。一般的动力传递路线为:直流电动机→减速装置→绳轮→绳缆→玻璃安装支架→玻璃升降。

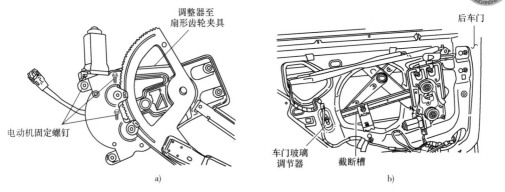

图9-4 交叉臂式车窗升降器

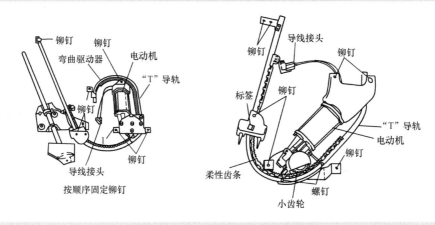

图9-5 软轴式车窗升降器

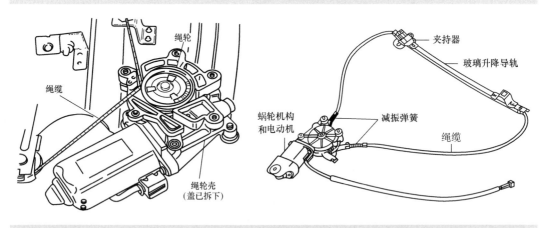

图9-6 绳轮式车窗升降器

3 开关

电动车窗升降开关用来接通车窗电动机的电路,以控制电动机的旋转方向。车窗开关一般包括主开关、分开关和锁止开关。

(1)主开关安装在驾驶人车门,可控制所有车门的车窗上升和下降,主开关为两段式,如

图9-7所示。当向上拉起开关时,车窗升起,放开开关时,车窗停止移动;当向下按下开关时,车窗下降,放开开关时,车窗停止;当按下主开关第二段时,驾驶人侧车窗会自动一次下降至最低位置。

(2)分开关安装在其他各车门,用于控制各车门车窗的开启和关闭,其工作过程同主开关的第一段相同。

(3)锁止开关安装在驾驶人侧车门,如图9-8所示,可以控制各车门分开关,当锁止开关处于锁止状态时,各分控开关将失去控制作用,只能通过驾驶人侧主开关控制各车窗的开启和关闭。

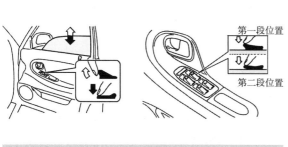

图9-7 驾驶人侧主开关

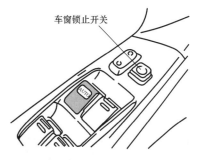

图9-8 电动车窗锁止开关

引导问题2 电动车窗控制电路及工作过程如何?

1 控制电路

典型电动车窗控制电路如图9-9所示。

2 电动车窗工作过程

1 车窗上升的工作过程

(1)主开关控制。当主开关拨向"Up"时,控制电路为:蓄电池正极→点火开关→电路断路器→车窗主开关Up触点→车窗分开关Up触点→车窗电动机→车窗分开关Down触点→车窗主开关Down触点→搭铁。同时接通四个车窗电动机电路,电动机旋转,使车窗上升。

(2)分开关控制。当将任一车窗分开关拨向"Up"时,控制电路为:蓄电池正极→点火开关→电路断路器→车窗分开关Up触点→电动机→车窗分开关Down触点→车窗主开关Down触点→搭铁。此时,接通相应车窗电动机电路,电动机旋转,使单个车窗玻璃上升。

2 车窗下降的工作过程

(1)主开关控制。当主开关拨向"Down"时,控制电路为:蓄电池正极→点火开关→电路断路器→车窗主开关Down触点→车窗分开关Down触点→电动机→车窗分开关Up触点→车窗主开关Up触点→搭铁。同时接通四个车窗电动机电路,流过电动机的电流方向与车窗上升时方向相反,电动机反向旋转,使车窗下降。

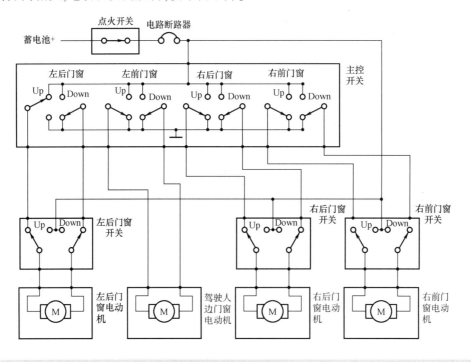

图9-9 电动车窗控制电路

(2)分开关控制。当将任一车窗分开关拨向"Down"时,控制电路为:蓄电池正极→点火开关→电路断路器→车窗分开关 Down 触点→电动机→车窗分开关 Up 触点→车窗主开关 Up 触点→搭铁。此时,接通相应车窗电动机电路,流过电动机的电流方向与车窗上升时方向相反,电动机反向旋转,使单个车窗玻璃下降。

3 电动车窗保护装置

驾驶人通过操纵开关控制电动车窗升降到极限位置后仍然没有释放开关或由于结冰导致车窗不能自由运动时,如果继续接通开关使电动机通电,会造成电动机过载而烧毁。因此为了防止电路过载,电路或电动机内装有一个或多个 PTC(正温度系数)断路器,用以控制电流。当电动机过载时,即使开关没有断开,PTC 断路器也会自动切断电路。

引导问题3 如何分析卡罗拉乘用车电动车窗电路图?

卡罗拉乘用车电动车窗的控制电路如图 9-10 ~ 图 9-12 所示。

引导问题4 电动车窗不工作的检修流程如何?

电动车窗不工作的检修流程如图 9-13 所示。

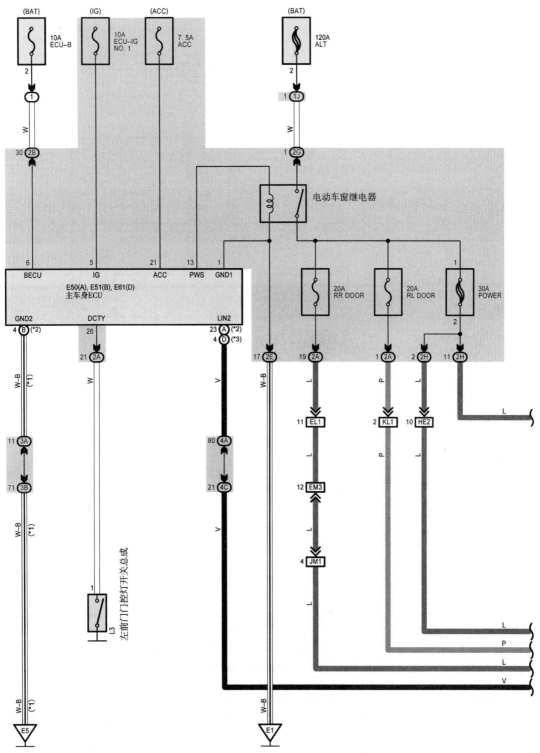

图9-10 卡罗拉乘用车电动车窗电路(一)

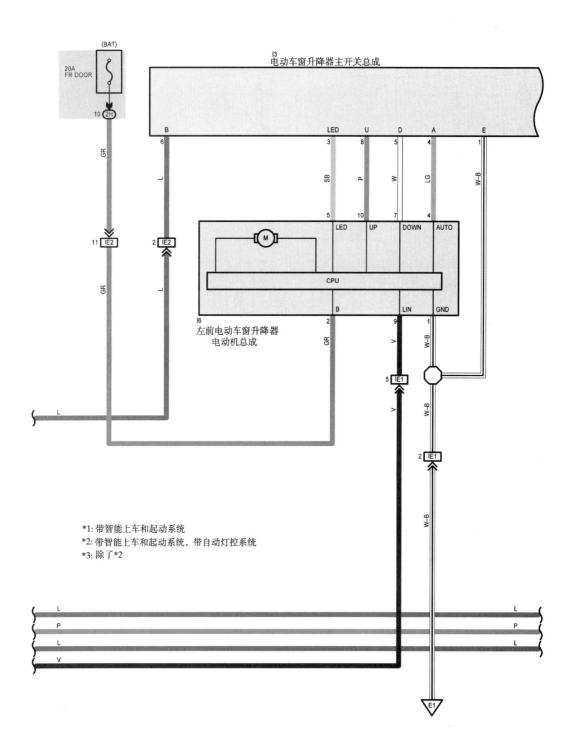

图 9-11 卡罗拉乘用车电动车窗电路(二)

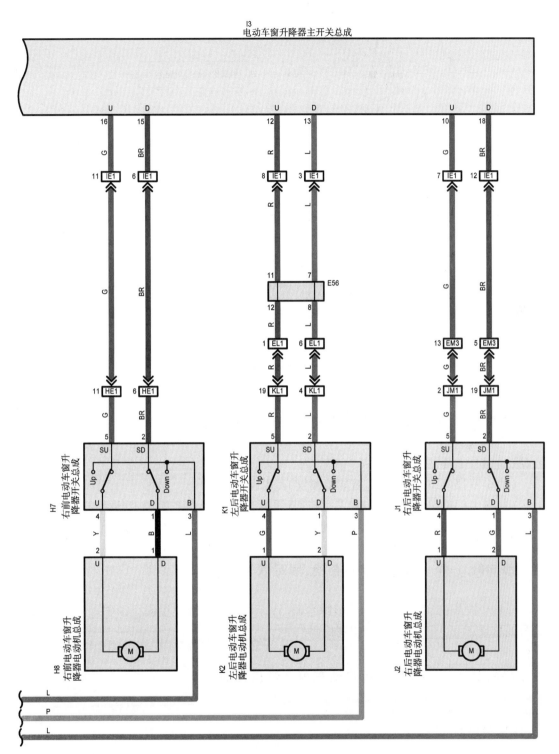

图9-12 卡罗拉乘用车电动车窗电路(三)

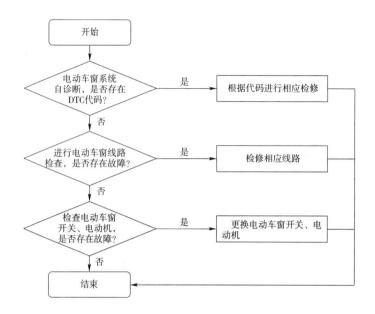

图 9-13　电动车窗不工作的检修流程

二、实 施 作 业

引导问题 5　作业需要哪些工具、设备和材料？

（1）组合工具、扭力扳手、钳子、螺丝刀。
（2）卡罗拉（1.6L）乘用车、智能检测仪、万用表。
（3）磁力护裙、座椅套、转向盘套、变速杆手柄套和脚垫、保护性胶带、通用润滑脂。
（4）卡罗拉（1.6L）乘用车维修手册。

引导问题 6　通过查询和查找，填写以下信息。

车辆生产年份＿＿＿＿＿＿，车牌号码＿＿＿＿＿＿，行驶里程＿＿＿＿＿＿，发动机型号及排量＿＿＿＿＿＿，车辆识别代码（VIN）＿＿＿＿＿＿。

引导问题 7　如何进行电动车窗系统自诊断？

1　检查 DTC

（1）将智能检测仪连接到 DLC3。
（2）将点火开关置于"ON"挡。

(3)按检测仪提示检查 DTC。
DTC 代码见表 9-1。

DTC 代 码 表 表 9-1

DTC 代码	检 测 项 目	DTC 代码	检 测 项 目
B2311	驾驶人侧车门电动机故障	B2313	玻璃位置初始化未完成
B2312	驾驶人侧车门主开关故障	B2321	驾驶人侧车门 ECU 通信终止

2 清除 DTC

(1)将智能检测仪连接到 DLC3。
(2)将点火开关置于"ON"挡。
(3)按检测仪提示清除 DTC。
(4)检查并确认检测仪显示"DTCS are clear"。

引导问题 8　如何检查电动车窗线路？

对电动车窗系统进行线路检查时,可按以下步骤进行。

1 检查熔断丝及电源线路

(1)拔下熔断丝,用万用表检查熔断丝是否损坏,如果损坏则更换。
(2)插上完好的熔断丝,然后将点火开关置于"ON"挡,用万用表测量熔断丝两端电压,应为蓄电池电压。如果无电压或电压值不符合规定,检查供电线路。

2 检查主开关线路

1 检查主开关侧线束

拆卸主开关,断开主开关连接线束插头,各插头端子如图 9-14 所示。用万用表测连接线束插头,具体测量方法见表 9-2。如果测量结果不符合规定值,则说明主开关线路。

图 9-14　电动车窗主开关线束端子示意图

电动车窗主开关线束测量表 表 9-2

测量端子	测量条件	规 定 值
I3-1 与车身搭铁	万用表200Ω挡	小于1Ω
I3-6 与车身搭铁	点火开关置于"ON"挡(万用表直流20V挡)	11～14V
I3-6 与车身搭铁	点火开关置于"OFF"挡(万用表直流20V挡)	低于1V

2 检查主开关

用万用表测量主开关各端子的导通情况,具体测量方法见表 9-3。如果测量结果与规定值不符,则更换主开关。

电动车窗主开关测量表　　　　　　　　　　　　　表9-3

测量端子	测量条件	规定值
8、1、4 之间	自动 UP(驾驶人侧)	小于 1Ω
8 与 1	手动 UP(驾驶人侧)	小于 1Ω
5 与 1	手动 DOWN(驾驶人侧)	小于 1Ω
4、5、1 之间	自动 DOWN(驾驶人侧)	小于 1Ω
6 与 16 15 与 1	UP(副驾驶人侧)	小于 1Ω
6 与 15 16 与 1	DOWN(副驾驶人侧)	小于 1Ω
6 与 12 13 与 1	UP(左后)	小于 1Ω
6 与 13 12 与 1	DOWN(左后)	小于 1Ω
6 与 10 18 与 1	UP(右后)	小于 1Ω
6 与 18 10 与 1	DOWN(右后)	小于 1Ω
蓄电池正极(+)接端子 3 蓄电池负极(-)接端子 1		照明灯亮起

❸ 检查主开关与电动车窗 ECU 之间线束

断开主开关线束插接器与电动车窗 ECU 线束插接器,如图 9-15 所示。用万用表测量主开关与电动车窗 ECU 之间的线路,具体测量方法见表 9-4。如果测量结果与规定值不相符,则说明主开关与电动车窗 ECU 之间的线束存在故障。

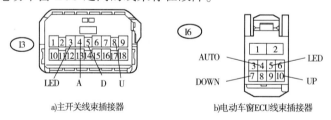

a)主开关线束插接器　　　　　　　b)电动车窗ECU线束插接器

图 9-15　主开关与电动车窗 ECU 线束端子示意图

主开关与电动车窗 ECU 之间线束测量表　　　　　　表9-4

检测端子	测量条件	规定值
I3-8 与 I6-10	万用表 200Ω 挡	小于 1Ω
I3-3 与 I6-5	万用表 200Ω 挡	小于 1Ω
I3-4 与 I6-4	万用表 200Ω 挡	小于 1Ω
I3-5 与 I6-7	万用表 200Ω 挡	小于 1Ω
I3-8 与车身搭铁	万用表 20kΩ 挡	10kΩ 或更大
I3-3 与车身搭铁	万用表 20kΩ 挡	10kΩ 或更大
I3-4 与车身搭铁	万用表 20kΩ 挡	10kΩ 或更大
I3-5 与车身搭铁	万用表 20kΩ 挡	10kΩ 或更大

3 检查驾驶人侧电动车窗电动机线路

1 检查驾驶人侧电动车窗电动机线束

拆下驾驶人侧电动车窗电动机总成,断开驾驶人侧电动车窗电动机线束插接器插头,插头端子如图 9-16 所示。用万用表测量插头端子,具体测量方法见表 9-5。如果测量结果与规定值不相符,则说明驾驶人侧电动车窗电动机线束存在故障。

驾驶人侧电动车窗线束测量表　　　　　表 9-5

测量端子	测量条件	规定值
I6-1 与车身搭铁	始终	小于 1Ω
I6-2 与车身搭铁	始终	11~14V

2 检查驾驶人侧电动机总成

拆卸驾驶人侧电动机总成,如图 9-17 所示。根据表 9-6 的内容检查电动机。如果检查结果与规定状态不相符,则更换电动机总成。

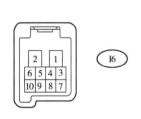

图 9-16　驾驶人侧电动车窗电动机线束端子示意图

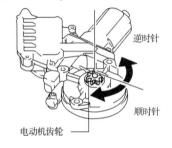

图 9-17　驾驶人侧电动机的检查

驾驶人侧电动机检查表　　　　　表 9-6

开关状态	测量条件	规定状态
手动操作	蓄电池正极接端子 2,蓄电池负极接端子 1、7	电动机齿轮逆时针转
	蓄电池正极接端子 2,蓄电池负极接端子 1、10	电动机齿轮逆时针转
自动操作	蓄电池正极接端子 2,蓄电池负极接端子 1、4、7	电动机齿轮顺时针转
	蓄电池正极接端子 2,蓄电池负极接端子 1、4、10	电动机齿轮顺时针转

> **注意**
> 不要向 1、2、4、7、10 端子以外的其他任何端子施加电压。

4 检查分开关线路

1 检查电动车窗分开关

拆下电动车窗分开关,断开电动车窗分开关线束插接器,其端子如图 9-18 所示。用万用表测量各端子导通情况,具体检查方法见表9-7。如果检查结果与规定状态不符,则更换分开关。

电动车窗分开关检查表　　　　　　　　　表9-7

开关位置	测量端子	规定状态
UP	1与2	导通
	3与4	
OFF	1与2	导通
	4与5	
DOWN	4与5	导通
	1与3	

2 检查副驾驶人侧电动机

拆下副驾驶人侧电动机,如图9-19所示。根据表9-8的内容检查电动机。如果检查结果与规定状态不符,则更换电动机总成。

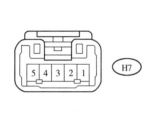

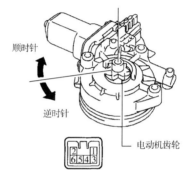

图9-18　电动车窗分开关线束端子示意图

图9-19　副驾驶人侧电动车窗电动机检查

副驾驶人侧电动机检查表　　　　　　　　　表9-8

测量条件	规定状态
蓄电池负极(-)接端子1 蓄电池正极(+)接端子2	电动机齿轮顺时针转
蓄电池负极(-)接端子2 蓄电池正极(+)接端子1	电动机齿轮逆时针转

注意

不要对1、2端子以外的任何端子施加电压。

5 检查继电器

从仪表板接线盒拆下电动车窗继电器,检查继电器的工作情况,具体检查方法见表9-9。

如果测量结果与规定值不相符,则更换电动车窗继电器。

继电器的检查 表9-9

测 量 端 子	测 量 条 件	规 定 值
1 与 2	蓄电池正极(+)接端子3 蓄电池负极(-)接端子5	小于1Ω

引导问题9 如何更换驾驶人侧电动车窗电动机?

驾驶人侧电动车窗电动机相关零部件的分解如图9-20和图9-21所示。

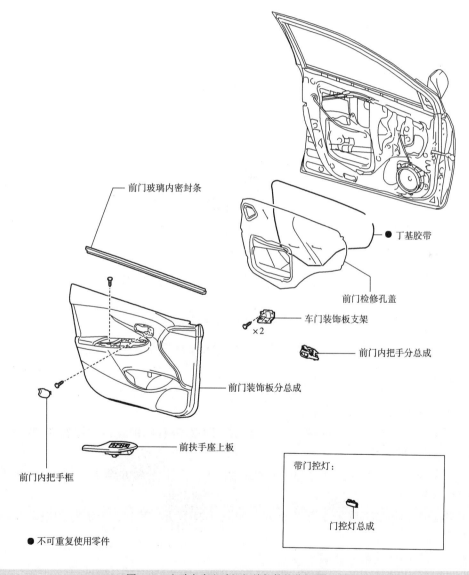

图9-20 电动车窗电动机相关部件的分解图(一)

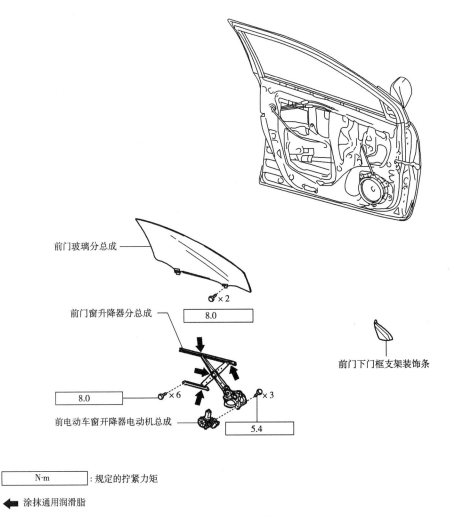

图 9-21 电动车窗电动机相关部件的分解图(二)

1 拆解

(1)从蓄电池负极端子断开电缆。

(2)拆卸前门内把手框。如图 9-22 所示,使用头部带有保护胶带的螺丝刀,脱开 3 个卡爪并拆下前门内把手框。

(3)拆卸前扶手座上板。如图 9-23 所示,脱开 2 个卡子和 6 个卡爪,拆下前扶手座上板,断开插接器。

(4)拆卸电动车窗升降器主开关总成。如图 9-24 所示,拆下 3 个螺钉和电动车窗升降器主开关总成。

(5)拆卸前门装饰板分总成。

①如图 9-25 所示,使用头部缠有保护胶带的螺丝刀,脱开卡爪并断开车门扶手盖。

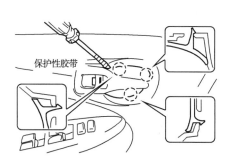

图 9-22 拆下前门内把手框

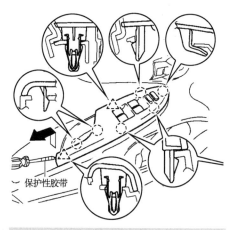

图 9-23 拆卸前扶手座上板

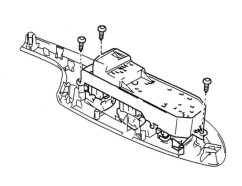

图 9-24 拆卸电动车窗升降器主开关总成

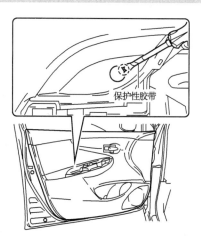

图 9-25 拆卸前门装饰板分总成(一)

②如图 9-26 所示,拆下 2 个螺钉。

③如图 9-27 所示,使用卡子拆卸工具,脱开 9 个卡子,脱开 5 个卡爪,从前门玻璃内密封条上分开前门装饰板分总成。

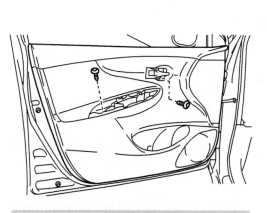

图 9-26 拆卸前门装饰板分总成(二)

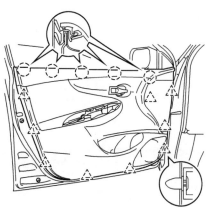

图 9-27 拆卸前门装饰板分总成(三)

④如图 9-28 所示,脱开 2 个卡爪,并断开前门内把手分总成。

(6) 拆卸前门内把手分总成。如图 9-29 所示,断开前门锁止遥控拉索和前门内侧锁止拉索,并拆下前门内把手分总成。

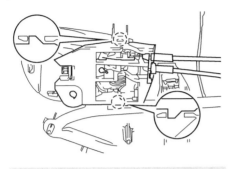
图 9-28 拆卸前门装饰板分总成(四)

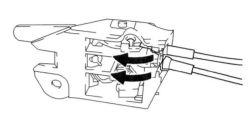
图 9-29 拆卸前门内把手分总成

(7) 拆卸前门下门框支架装饰条。如图 9-30 所示,脱开卡子和卡夹,并拆下前门下门框支架装饰条,断开连接。

(8) 拆卸前 2 号扬声器总成。

(9) 拆卸前门玻璃内密封条。如图 9-31 所示,从前门板上拆下前门玻璃内密封条。

图 9-30 拆卸前门下门框支架装饰条

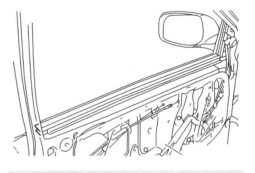
图 9-31 拆卸前门玻璃内密封条

(10) 拆卸前 1 号扬声器总成。

(11) 拆卸车门装饰板支架。如图 9-32 所示,拆下 2 个螺钉和车门装饰板支架。

(12) 拆卸前门检修孔盖。如图 9-33 所示,断开插接器,拆下前门检修孔盖。

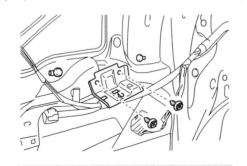
图 9-32 拆卸车门装饰板支架

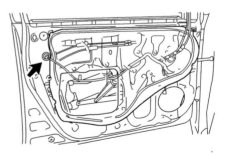
图 9-33 拆卸前门检修孔盖

去除车门上的残留丁基胶带。

(13) 拆卸前门玻璃分总成。
① 如图 9-34 所示,拆下 2 个螺栓。
② 如图 9-35 所示,拆下前门玻璃分总成。

拆下螺栓后,车门玻璃可能掉落,造成损坏。

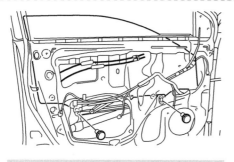
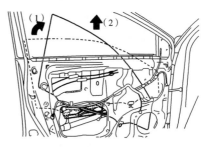

图 9-34　拆卸前门玻璃分总成(一)　　　图 9-35　拆卸前门玻璃分总成(二)

(14) 拆卸前门窗升降器分总成。如图 9-36 所示,断开插接器,拆下 5 个螺栓,将前门窗升降器分总成和前电动车窗升降器电动机总成作为一个单元拆下。

拆下螺栓时前门窗升降器可能掉落,造成损坏。

(15) 拆卸前电动车窗升降器电动机总成。如图 9-37 所示,用"TORX"梅花螺丝刀(T25),拆下 3 个螺钉和前电动车窗升降器电动机总成。

2　安装

(1) 安装前电动车窗升降器电动机总成(图 9-37)。

安装电动车窗升降器电动机时,升降器臂必须低于中间位置。

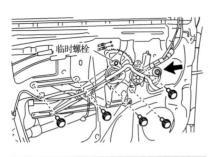
图9-36 拆卸前门窗升降器分总成

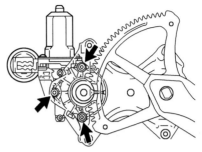
图9-37 拆卸前电动车窗升降器电动机总成

(2)安装前门窗升降器分总成(图9-36)。将通用润滑脂涂抹在前门窗升降器分总成的滑动部分上,将临时螺栓安装到前门窗升降器分总成上,临时安装前门窗升降器分总成,紧固临时螺栓和5个螺栓以安装前门窗升降器分总成,连接插接器。

(3)安装前门玻璃分总成(图9-35和图9-34)。沿着前门玻璃升降槽将前门玻璃分总成插入前门板内,用2个螺栓安装前门玻璃分总成。

(4)安装前门检修孔盖(图9-33)。将丁基胶带粘贴在前车门板上,将前门锁止遥控拉索和后门内侧锁止拉索穿过一个新的前门检修孔盖,使用前门板上的参考点连接前门检修孔盖,连接插接器。

牢固安装前门检修孔盖,避免出现褶皱和气泡。

(5)安装车门装饰板支架(图9-32)。用2个螺钉安装车门装饰板支架。

(6)安装前1号扬声器总成。

(7)安装前门玻璃内密封条(图9-31)。

(8)安装前2号扬声器总成。

(9)安装前门下门框支架装饰条(图9-30)。连接插接器,接合卡子和卡夹,并安装前门下门框支架装饰条。

(10)安装前门内把手分总成(图9-29)。将前门锁止遥控拉索和前门内侧锁止拉索连接到前门内把手分总成上,接合2个卡爪,并安装前门内把手分总成。

(11)安装前门装饰板分总成(图9-28~图9-25)。用前门玻璃内密封条上的5个卡爪接合前门装饰板,接合9个卡子,将前门装饰板安装到前门板上,安装2个螺钉,接合卡爪,连接车门扶手盖。

(12)安装电动车窗升降器主开关总成(图9-24)。用3个螺钉安装电动车窗升降器主开关总成。

(13)安装前扶手座上板(图9-23)。连接插接器,接合2个卡子和6个卡爪,安装前扶手座上板。

(14)安装前门内把手框(图9-22)。接合3个卡爪,安装前门内把手框。

(15) 将电缆连接到蓄电池负极端子。

三、评价与反馈

(1) 对本学习任务进行评价,见表9-10。

评 分 表 表9-10

考核项目	评分标准	分数	学生自评	小组互评	教师评价	小计
团队合作	是否协调	5				
活动参与	是否积极主动	5				
安全生产	有无安全隐患	10				
现场5S	是否做到	10				
任务方案	是否正确、合理	15				
操作过程	电动车窗系统自诊断; 电动车窗系统线路及元件检查; 更换驾驶人侧车窗电动机总成	30				
任务完成情况	是否圆满完成	5				
工具和设备使用	是否规范、标准	10				
劳动纪律	是否能严格遵守	5				
工单填写	是否完整、规范	5				
总分		100				
教师签名:			年 月 日		得分	

(2) 在实施作业时每一个安全事项都注意到了吗?如果没有,找出忽略的地方和原因。

(3) 能否向车主解释故障诊断及排除的过程?如果不能,分析原因并提出改进措施。

四、学习拓展

(1) 查阅桑塔纳2000GSi型乘用车维修手册,比较桑塔纳2000GSi型乘用车电动车窗系统和卡罗拉(1.6L)乘用车电动车窗系统在结构上有什么不同。

(2) 根据卡罗拉(1.6L)乘用车电动车窗不工作的检查流程,制定科鲁兹(1.6L)乘用车电动车窗系统的检修流程。

(3) 查阅科鲁兹(1.6L)乘用车维修手册,根据卡罗拉(1.6L)乘用车电动车窗电动机的拆装工艺制定科鲁兹(1.6L)乘用车电动车窗电动机的拆装工艺。

学习任务十

电动座椅不能调整的检修

学习目标

完成本学习任务后,你应能:
1. 正确描述电动座椅的功用及组成;
2. 正确分析电动座椅的控制电路及工作过程;
3. 掌握电动座椅不能调整的检修流程;
4. 掌握电动座椅系统的检修方法。

 建议完成本学习任务的时间为 **12** 课时。

 学习任务描述

一辆卡罗拉(1.6L)手动挡乘用车电动座椅不能调整,到维修站检查维修。经技术人员分析,可能为电动座椅开关、线路或电动机有故障,需要对电动座椅系统元件及线路进行检查或维修。

学习内容

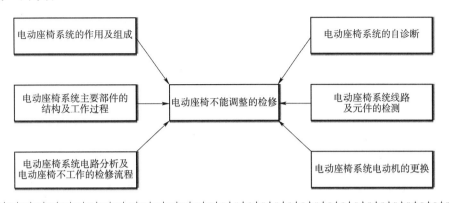

一、资料收集

引导问题1 电动座椅系统的功用及组成如何？

1 电动座椅的功用

装有电动座椅系统的车辆，驾驶人可通过操纵电动座椅控制开关，实现座椅位置及角度的调整，为驾驶人提供舒适、安全的驾驶位置，操作安全、方便。电动座椅一般具有前后移动、前后端升降、靠背倾角调节、腰部支撑等功能，如图10-1所示。

2 电动座椅的组成

电动座椅由若干个双向电动机、传动装置（变速器、软轴、齿轮传动机构）和控制电路（控制开关及线路）组成，如图10-2所示。各部件在车上的布置如图10-3所示。电动机有五个，分别是前后移动电动机、前端升降电动机、后端升降电动机、靠背倾斜电动机、腰部支撑电动机。每一个电动机都装有断电器，以防止线路过载。

双向电动机产生动力，传动装置可以把动力传至座椅，通过控制开关实现座椅不同位置的调节。

① 电动机

电动座椅中使用的电动机一般为永磁式双向直流电动机。它通过控制开关来改变流经电动机内部的电流方向，从而实现转动方向的改变。

② 传动装置

电动座椅的传动装置主要包括变速器、联轴器、软轴及齿轮传动机构等。变速器的作用是降速增扭。电动机轴与软轴相连，软轴再和变速器的输入轴相连，动力经过变速器的降速增扭以后，从变速器的输出轴输出，变速器的输出轴与蜗杆轴或齿轮轴相连，最终蜗轮蜗杆或齿轮齿条带动座椅支架产生位移。

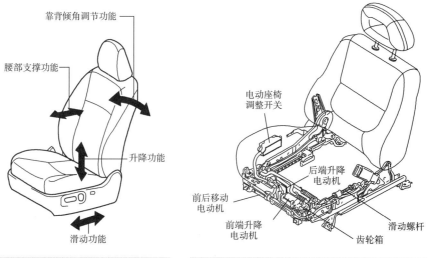

图 10-1 电动座椅的功能　　图 10-2 电动座椅的构造

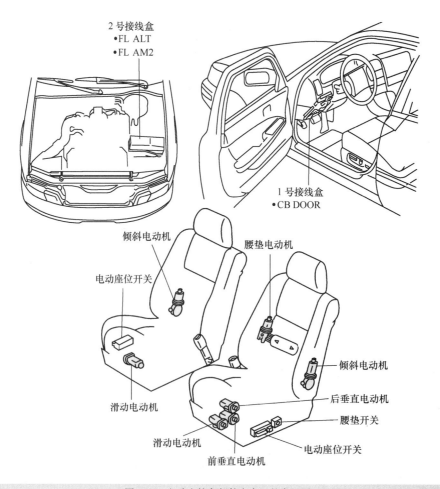

图 10-3 电动座椅各部件在车上的布置图

❸ 控制电路

控制电路通过操纵座椅控制开关,接通相应座椅调节电动机的电路,使电动机转动,带动座椅支架移动,以实现对座椅调整的控制。

引导问题2 ▶ 电动座椅的控制电路及工作原理如何?

❶ 电动座椅的控制电路

图10-4所示为典型电动座椅的控制电路。该电动座椅包括滑动电动机、前垂直电动机、倾斜电动机、后垂直电动机和腰垫电动机等,可以实现座椅的前后移动、前部高度调节、靠背倾斜程度调节、后部高度调节及腰椎前后调节。

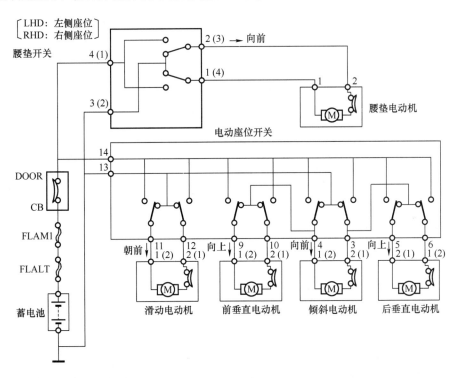

图10-4 电动座椅的控制电路

❷ 电动座椅的工作过程

❶ 座椅前后调节

当电动座椅调整开关往前推时,接通了滑动电动机电路。其电路为:FLALT→FLAM1→DOORCB→端子14→(前后调整开关"前")端子11→滑动电动机1(2)端子→滑动电动机2(1)端子→端子12→端子13→蓄电池负极→搭铁。此时,前后移动电动机开始运转,齿轮箱内的螺旋齿轮随之转动,使滑动螺杆也跟随旋转,因滑动螺母是固定在上端滑动器上,因此电动机与滑动螺杆的转动,使固定在上端滑动器的座椅整个往前移动。图10-5所示的黑色箭头表示各零件的作用方向。

当电动座椅调整开关往后推时,流过滑动电动机电流的方向与上述相反,电动机反转。使整个座椅向后移动,图10-5所示的白色箭头表示各零件的作用方向。

❷ **座椅前端升降**

当电动座椅调整开关前端向上拉时,接通前垂直电动机电路。其电路为:FLALT→FLAM1→DOORCB→端子14→(前端垂直调整开关"向上")端子9→前垂直电动机1(2)端子→前垂直电动机2(1)端子→端子10→端子13→蓄电池负极→搭铁。此时,前垂直电动机开始运转,齿轮箱内的螺旋齿轮随之转动,使移动螺杆(A)向后移动。装在移动螺杆(A)上的连杆沿着支点向前转动,使装在座椅骨架上的连杆及椅垫前端升高。图10-6所示的黑色箭头表示各零件的作用方向。

当电动座椅调整开关前端向下压时,流过前垂直电动机电流的方向与上述相反,电动机反转,使椅垫前端下降,图10-6所示的白色箭头表示各零件的作用方向。

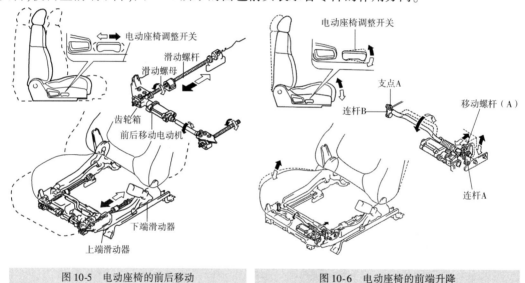

图10-5 电动座椅的前后移动　　　　　图10-6 电动座椅的前端升降

❸ **座椅后端升降**

当电动座椅调整开关后端向上拉时,接通了后垂直电动机电路。其电路为:FLALT→FLAM1→DOORCB→端子14→(后端垂直调整开关"向上")端子5→后垂直电动机端子2(1)→后垂直电动机1(2)端子→端子5→端子6→蓄电池负极→搭铁。此时,后垂直电动机开始运转,齿轮箱内的螺旋齿轮随之转动,使移动螺杆(B)向前移动。装在移动螺杆(B)上的连杆向前移动,且装在座椅骨架上的连杆沿着支点向前转动,使连杆及座椅后端升高。图10-7所示的黑色箭头表示各零件的作用方向。

当电动座椅调整开关后端向下压时,流过后垂直电动机的电流方向相反,电动机反转,使座椅后端下降,图10-7所示的白色箭头表示各零件的作用方向。

❹ **座椅前后端同时升降**

当拉起或压下整个电动座椅的调整开关时,同时接通前后垂直电动机电路,其电流方向与前述相同,此时,前后垂直电动机同时作用,使整个座椅上升或下降,如图10-8所示。

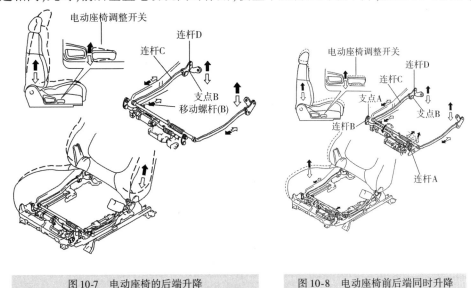

图10-7 电动座椅的后端升降　　　　图10-8 电动座椅前后端同时升降

靠垫倾斜调整和腰部调整与上述调整基本相同,可参照上述电路对调整过程进行分析。

引导问题3　什么是电动座椅加热系统?

为了改善驾驶人和乘客乘坐的环境,在电动座椅中增加了加热系统,可以对驾驶人和乘客的座椅进行加热,使乘坐更加舒适。有些汽车座椅的加热速度可以调节,有些不可以调节。下面以图10-9所示的带加热系统的电动座椅电路来介绍其工作过程。

当只需对驾驶人座椅进行加热时,只需关闭左前座椅加热开关。电路为:电源→熔断丝15→端子12→端子M21→加热开关→端子4→恒温器开关→座椅加热丝→靠背加热丝→搭铁。此时,只对驾驶人的座椅进行加热,同时驾驶人座椅加热指示灯(IND)点亮。单独对乘客座椅加热时的电路分析相同。

若要对两个座椅同时加热,则两座椅的加热开关同时关闭,此时,两座椅的座椅加热丝和靠背加热丝串联以后并联,两指示灯同时点亮,电路分析不再赘述。

引导问题4　什么是自动座椅?

自动座椅的基本结构及驱动方式与普通的电动座椅相似,只是在普通电动座椅的基础上增加了一套具有存储记忆功能的电子控制系统。电子控制系统中可以存储不同驾驶人或乘客的座椅位置,不同的驾驶人或乘客可以通过一个按钮调出自己的座椅位置,使得座椅的调整更加方便快捷。

该控制系统有两套控制装置:一套是手动的,包括电动座椅开关、腰垫电动机开关和一组座椅位置调整电动机等,驾驶人或乘客可以根据自身需要通过相应的座椅开关和腰垫开关来调整座椅,它的控制方式和普通电动座椅完全相同;另一套是自动的,包括座椅位置传感器、存储和复位开关、ECU 及与手动控制系统共用的一组调整电动机等。图 10-10 所示为自动座椅的基本组成和安装位置示意图。

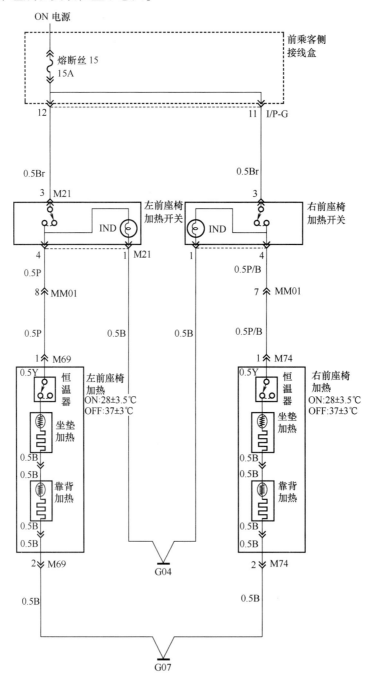

图 10-9 加热式电动座椅控制电路图

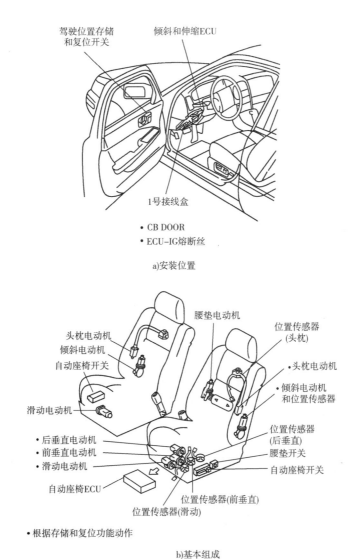

图 10-10 自动座椅的基本组成和安装位置

引导问题 5 如何分析卡罗拉乘用车电动座椅电路图？

卡罗拉乘用车电动座椅控制电路如图 10-11 和图 10-12 所示。

引导问题 6 电动座椅不能调整的检修流程如何？

电动座椅不能调整的检修流程如图 10-13 所示。

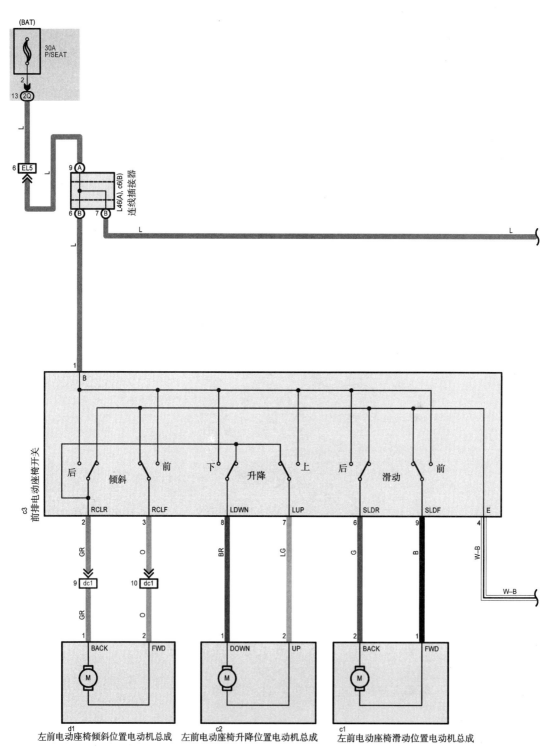

图 10-11 卡罗拉乘用车电动座椅电路图（一）

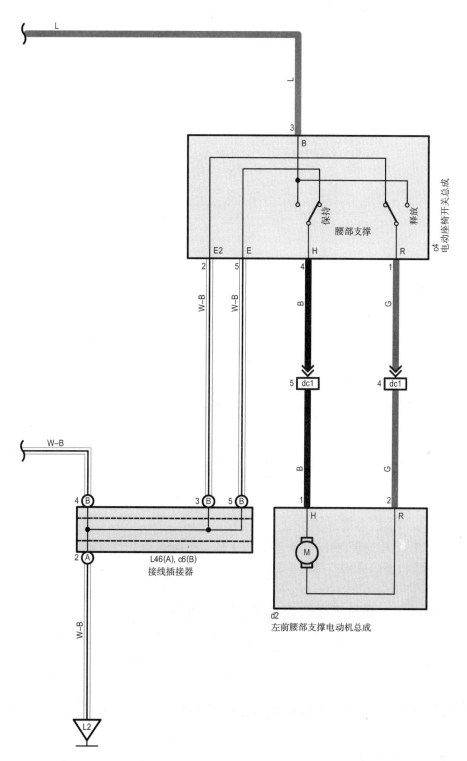

图10-12 卡罗拉乘用车电动座椅电路图(二)

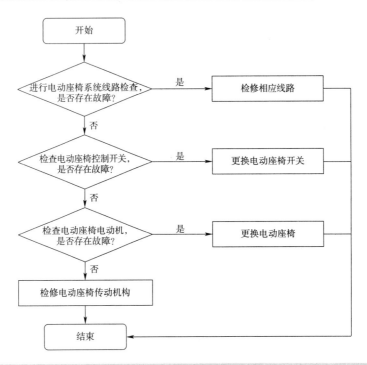

图 10-13　电动座椅不能调整的检修流程

二、实 施 作 业

引导问题 7　作业需要哪些工具、设备和材料？

(1) 组合工具、扭力扳手、钳子、螺丝刀。
(2) 卡罗拉(1.6L)乘用车、万用表。
(3) 磁力护裙、座椅套、转向盘套、变速杆手柄套和脚垫、保护性胶带、通用润滑脂。
(4) 卡罗拉(1.6L)乘用车维修手册。

引导问题 8　通过查询和查找，填写以下信息。

　　车辆生产年份＿＿＿＿＿，车牌号码＿＿＿＿＿，行驶里程＿＿＿＿＿，发动机型号及排量＿＿＿＿＿，车辆识别代码(VIN)＿＿＿＿＿。

引导问题 9　如何检查电动座椅控制开关？

1　检查电动座椅主开关

　　拆卸电动座椅主开关，其端子如图10-14所示。用万用表检查开关各端子导通情况，具体检查方法见表 10-1～表 10-3。如果检查结果与规定值不符,则更换开关。

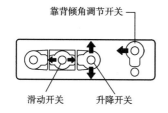
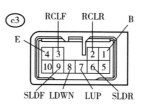

图 10-14 电动座椅开关端子示意图

滑动开关检查表   表 10-1

测量端子	开关状态	规 定 值	测量端子	开关状态	规 定 值
1 与 9	前	小于 1Ω	1 与 6	OFF	大于 10kΩ
4 与 6	前	小于 1Ω	1 与 9	OFF	大于 10kΩ
1 与 6	前	大于 10kΩ	1 与 6	后	小于 1Ω
4 与 9	前	大于 10kΩ	4 与 9	后	小于 1Ω
4 与 6	OFF	小于 1Ω	1 与 9	后	大于 10kΩ
4 与 9	OFF	小于 1Ω	4 与 6	后	大于 10kΩ

升降开关检查表   表 10-2

测量端子	开关状态	规 定 值	测量端子	开关状态	规 定 值
1 与 7	升	小于 1Ω	1 与 7	OFF	大于 10kΩ
4 与 8	升	小于 1Ω	1 与 8	OFF	大于 10kΩ
1 与 8	升	大于 10kΩ	1 与 8	降	小于 1Ω
4 与 7	升	大于 10kΩ	4 与 7	降	小于 1Ω
4 与 7	OFF	小于 1Ω	4 与 7	降	大于 10kΩ
4 与 8	OFF	小于 1Ω	4 与 8	降	大于 10kΩ

倾斜调节开关检查表   表 10-3

测量端子	开关状态	规 定 值	测量端子	开关状态	规 定 值
1 与 3	前	小于 1Ω	1 与 3	OFF	大于 10kΩ
4 与 2	前	小于 1Ω	1 与 2	OFF	大于 10kΩ
1 与 2	前	大于 10kΩ	1 与 2	前	小于 1Ω
4 与 3	前	大于 10kΩ	4 与 3	前	小于 1Ω
4 与 2	OFF	小于 1Ω	1 与 3	前	大于 10kΩ
4 与 3	OFF	小于 1Ω	4 与 2	前	大于 10kΩ

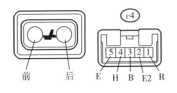

图10-15 腰部支撑控制开关端子示意图

2 检查电动座椅腰部支撑控制开关

折下电动座椅腰部支撑控制开关,断开线束插接器,其端子如图10-15所示。用万用表检查座椅腰部支撑控制开关,具体检查方法见表10-4。如果检查结果与规定值不符,则更换开关。

电动座椅腰部支撑控制开关检查表　　　　表10-4

测量端子	开关状态	规定值	测量端子	开关状态	规定值
1与4	前	小于1Ω	4与5	OFF	小于1Ω
3与4	前	小于1Ω	1与3	后	小于1Ω
1与2	OFF	小于1Ω	4与5	后	小于1Ω

引导问题10 如何检查电动座椅调节电动机?

1 检查滑动调节电动机

断开滑动调节电动机线束插接器c1,其端子如图10-16所示。将蓄电池电压直接施加到电动机上,观察电动机是否旋转,具体检查方法见表10-5。如果检查结果与规定状态不相符,则更换电动机。

图10-16 滑动调节电动机端子示意图

滑动调节电动机检查表　　　　表10-5

测量条件	运转方向	测量条件	运转方向
蓄电池(+)接c1-1 蓄电池(-)接c1-2	前	蓄电池(+)接c1-2 蓄电池(-)接c1-1	后

2 检查电动座椅升降调节电动机

断开升降调节电动机线束插接器c2,其端子如图10-17所示。将蓄电池电压直接施加到电动机上,观察电动机是否旋转,具体检查方法见表10-6。如果检查结果与规定状态不相符,则更换电动机。

升降调节电动机检查表　　　　表10-6

测量条件	运转方向	测量条件	运转方向
蓄电池(+)接c2-1 蓄电池(-)接c2-2	向上	蓄电池(+)接c2-2 蓄电池(-)接c2-1	向下

3 检查靠背倾斜调节电动机

断开靠背倾斜调节电动机线束插接器d1,其端子如图10-18所示。将蓄电池电压直接施加到电动机上,观察电动机是否旋转,具体检查方法见表10-7。如果检查结果与规定状态不相符,则更换电动机。

靠背倾斜调节电动机检查表 表 10-7

测量条件	运转方向	测量条件	运转方向
蓄电池（+）接 d1-1 蓄电池（-）接 d1-2	前	蓄电池（+）接 d1-2 蓄电池（-）接 d1-1	后

4 检查腰部支撑调节电动机

断开腰部支撑调节电动机线束插接器 d2，其端子如图 10-19 所示。将蓄电池电压直接施加到电动机上，观察电动机是否旋转，具体检查方法见表 10-8。如果检查结果与规定状态不相符，则更换电动机。

图 10-17 升降调节电动机端子示意图

图 10-18 靠背倾斜调节电动机端子示意图

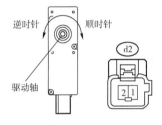

图 10-19 腰部支撑调节电动机端子示意图

腰部支撑调节电动机检查表 表 10-8

测量条件	工作方向	测量条件	工作方向
蓄电池正极（+）接 d2-2 端子 蓄电池负极（-）接 d2-1 端子	顺时针	蓄电池正极（+）接 d2-1 端子 蓄电池负极（-）接 d2-2 端子	逆时针

引导问题 11　如何更换前排电动座椅？

卡罗拉（1.6L）乘用车前排电动座椅总成相关部件在车上的布置如图 10-20 和图 10-21 所示。

前排电动座椅总成相关部件的分解如图 10-22～图 10-24 所示。

1 电动座椅的拆卸

（1）拆卸前排座椅头枕总成。
（2）拆卸座椅外滑轨盖。
①操作电动座椅开关旋钮并将座椅移动到最前位置。
②如图 10-25 所示，脱开 2 个卡爪并拆下座椅外滑轨盖。
（3）拆卸座椅内滑轨盖。如图 10-26 所示，脱开卡爪，脱开导销并拆下座椅内滑轨盖。
（4）拆卸前排座椅总成。
①如图 10-27 所示，拆下座椅后侧的 2 个螺栓。

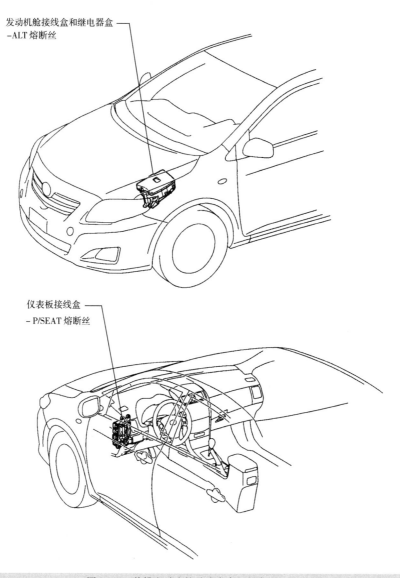

图10-20 前排电动座椅总成在车上的布置(一)

②操作电动座椅开关旋钮并将座椅移动到最后位置。

③如图10-28所示,拆下座椅前侧的2个螺栓。

④操作电动座椅开关旋钮并将座椅移动到中间位置。同时,操作电动座椅开关旋钮并将座椅靠背移动到直立位置。

⑤将电缆从蓄电池负极(-)端子上断开。

断开电缆后等待90s,以防止气囊展开;断开蓄电池电缆后重新连接时,某些系统需要初始化。

学习任务十　电动座椅不能调整的检修

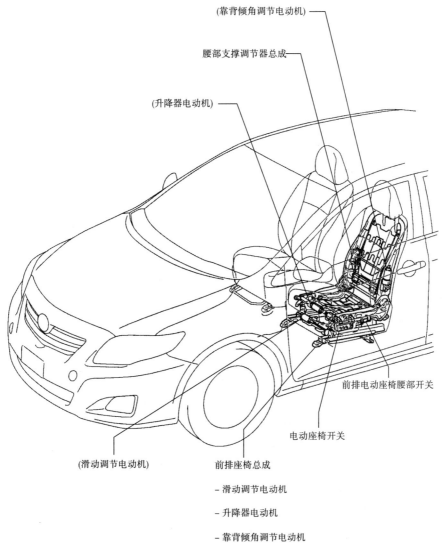

图 10-21　前排电动座椅总成在车上的布置(二)

⑥断开座椅下面的插接器。

⑦拆下座椅。

不要损坏车身。

2 **电动座椅的安装**

(1)安装前排座椅总成(图 10-28)。

241

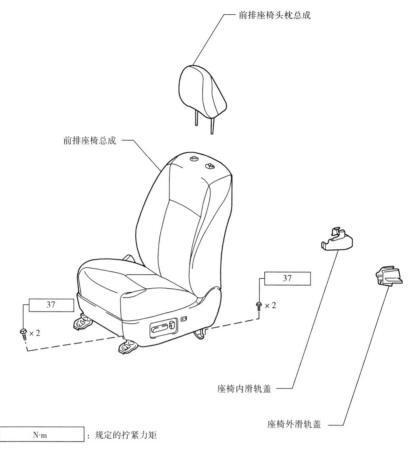

图 10-22　前排电动座椅总成相关部件分解图(一)

①将前排座椅总成放入车厢内。

不要损坏车身。

②连接座椅下面的插接器。
③将电缆连接到蓄电池负极(－)端子上。

断开蓄电池电缆后重新连接时,某些系统需要初始化。

④用4个螺栓临时安装前排座椅总成。
⑤操作电动座椅开关旋钮并将座椅移动到最后位置。

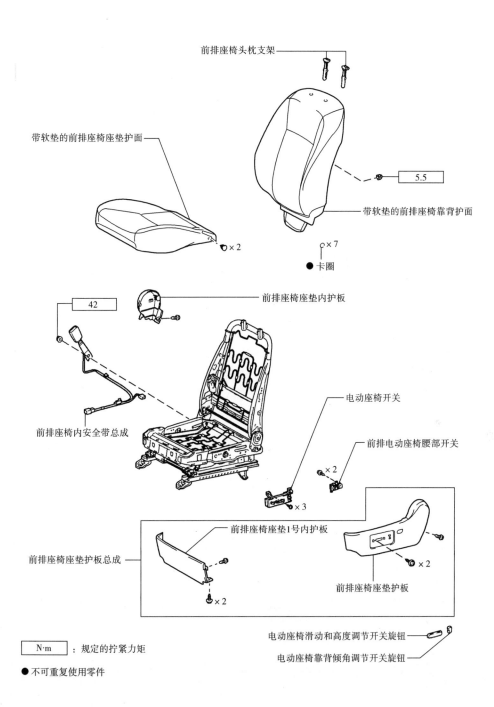

图10-23 前排电动座椅总成相关部件分解图(二)

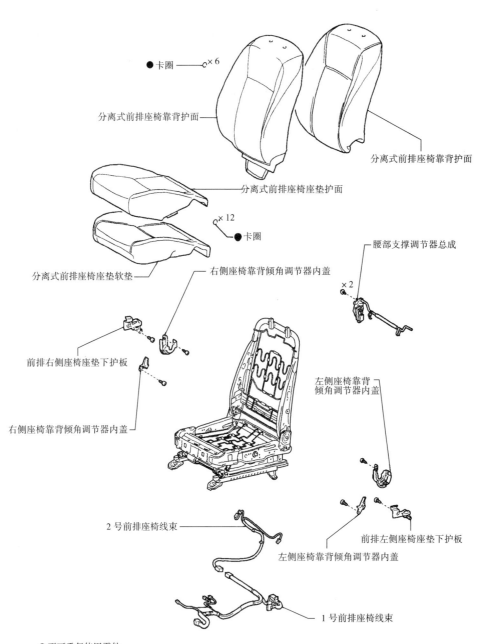

图 10-24 前排电动座椅总成相关部件分解图(三)

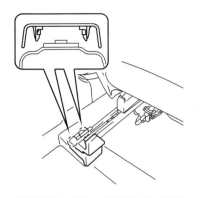

图10-25 电动座椅的拆卸(一)

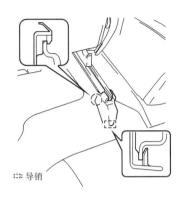

图10-26 电动座椅的拆卸(二)

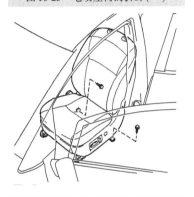

图10-27 电动座椅的拆卸(三)

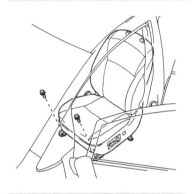

图10-28 电动座椅的拆卸(四)

⑥按图10-29所示顺序紧固座椅前侧的2个螺栓,拧紧力矩:37N·m。
⑦操作电动座椅开关旋钮并将座椅移动到最前位置。
⑧按图10-30所示顺序紧固座椅后侧的2个螺栓,拧紧力矩:37N·m。

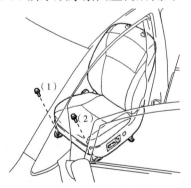

图10-29 电动座椅的安装(一)

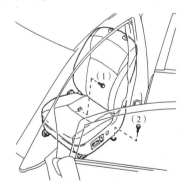

图10-30 电动座椅的安装(二)

(2)安装座椅内滑轨盖(图10-26)。接合导销,接合卡爪并安装座椅内滑轨盖。
(3)安装座椅外滑轨盖(图10-25)。接合2个卡爪并安装座椅外滑轨盖。
(4)安装前排座椅头枕总成。
(5)检查前排电动座椅工作情况总成。
(6)检查SRS警告灯。

引导问题12 如何更换电动座椅开关?

1 拆卸

(1)拆卸前排座椅总成。

(2)拆卸电动座椅靠背倾角调节开关旋钮。如图10-31所示,使用缠有保护性胶带的螺丝刀,撬开2个卡爪并拆下电动座椅靠背倾角调节开关旋钮。

(3)拆卸电动座椅滑动和高度调节开关旋钮。如图11-32所示,使用缠有保护性胶带的螺丝刀,撬开4个卡爪并拆下电动座椅滑动和高度调节开关旋钮。

(4)拆卸前排座椅垫护板总成。

①如图10-33所示,拆下挂钩。

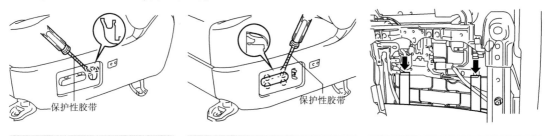

图10-31 电动座椅开关拆卸(一)　　图10-32 电动座椅开关拆卸(二)　　图10-33 电动座椅开关拆卸(三)

②如图10-34所示,拆下5个螺钉,脱开卡爪和导销,并拆下前排座椅垫护板总成,然后再从前排电动座椅腰部开关上断开插接器。

(5)拆卸前排座椅垫1号内护板。如图10-35所示,拆下螺钉,脱开2个卡爪并拆下前排座椅1号内护板。

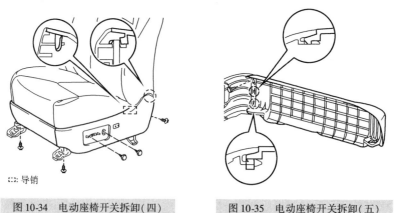

图10-34 电动座椅开关拆卸(四)　　图10-35 电动座椅开关拆卸(五)

(6)拆卸前排电动座椅腰部开关。如图10-36所示,拆下2个螺钉和前排电动座椅腰部开关。

(7)拆卸电动座椅开关。如图10-37所示,拆下3个螺钉,断开插接器并拆下电动座椅开关。

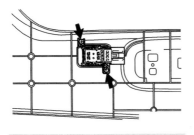

图10-36 电动座椅开关拆卸(六)

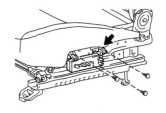

图10-37 电动座椅开关拆卸(七)

2 安装

(1)安装电动座椅开关(图10-37)。

(2)安装前排电动座椅腰部开关(图10-36)。

(3)安装前排座椅垫1号内护板(图10-35)。

(4)安装前排座椅坐垫总成(图10-34和图10-33)。

(5)安装电动座椅滑动和高度调节开关旋钮(图10-32)。

(6)安装电动座椅靠背倾角调节开关旋钮(图10-31)。

(7)安装前排座椅总成。

三、评价与反馈

(1)对本学习任务进行评价,见表10-9。

评 分 表   表10-9

考核项目	评分标准	分数	学生自评	小组互评	教师评价	小计
团队合作	是否协调	5				
活动参与	是否积极主动	5				
安全生产	有无安全隐患	10				
现场5S	是否做到	10				
任务方案	是否正确、合理	15				
操作过程	检查电动座椅调节开关; 检查电动座椅调节电动机; 更换电动座椅总成; 更换电动座椅开关	30				
任务完成情况	是否圆满完成	5				
工具和设备使用	是否规范、标准	10				
劳动纪律	是否能严格遵守	5				
工单填写	是否完整、规范	5				
总分		100				
教师签名:			年 月 日		得分	

(2)在实施作业时每一个安全事项都注意到了吗?如果没有,找出忽略的地方和原因。

(3)能否向车主解释故障诊断及排除的过程?如果不能,分析原因并提出改进措施。

四、学习拓展

(1)查阅别克凯越(1.6L)乘用车维修手册,比较凯越(1.6L)乘用车电动座椅系统与卡罗拉(1.6L)乘用车电动座椅系统在功能和结构上有什么不同。

(2)查阅别克凯越(1.6L)乘用车维修手册,根据卡罗拉乘用车电动座椅不能调整的检修流程制定凯越(1.6L)乘用车电动座椅不能调整的检修流程。

(3)查阅凯越(1.6L)乘用车维修手册,根据卡罗拉(1.6L)乘用车电动座椅的拆装工艺制定凯越(1.6L)乘用车电动座椅的拆装工艺。

学习任务十一

电动后视镜无法调整的检修

学习目标

完成本学习任务后,你应能:
1. 正确描述电动后视镜系统的功用及组成;
2. 正确分析电动后视镜系统的电路图;
3. 掌握电动后视镜的工作过程;
4. 掌握电动后视镜无法调整的检修流程;
5. 掌握电动后视镜系统的检修方法。

 建议完成本学习任务的时间为 **8** 课时。

 学习任务描述

　　一辆卡罗拉(1.6L)手动挡乘用车电动后视镜不工作,到维修站检修。经技术人员分析,可能为电动后视镜开关、电动机或线路有故障,需要对电动后视镜系统元件及线路进行检查或维修。

汽车电气系统维修(第二版)

学习内容

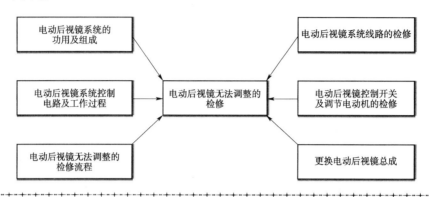

一、资料收集

引导问题 1 电动后视镜系统的功用及组成有哪些？

装有电动后视镜系统的汽车，驾驶人可通过操纵安装在驾驶人附近的电动后视镜开关，能够方便地调节后视镜的位置，获得理想的后视镜可视范围。电动后视镜系统由电动后视镜、控制电路和操纵开关等组成，在车上的布置如图11-1所示。

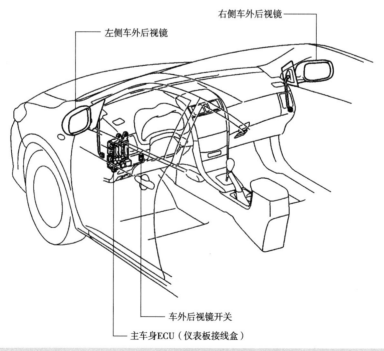

图11-1 电动后视镜系统在车上的布置

250

1 电动后视镜

汽车的电动后视镜一般由镜片、驱动电动机、后视镜壳体等组成,如图11-2所示。

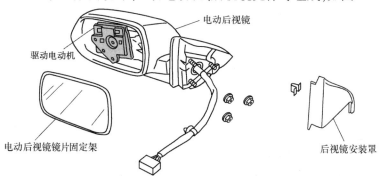

图11-2 电动后视镜结构

后视镜电动机为永磁式直流电动机,安装在后视镜壳体里,如图11-3所示。多数电动后视镜系统安装有两个永磁式电动机,通过调节电动机的旋转方向来改变后视镜片的角度,以达到行车的要求。有些电动后视镜系统还装有用于隐藏后视镜用的电动机。

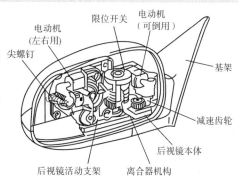

图11-3 电动后视镜电动机的布置

2 操纵开关

电动后视镜操纵开关结构和安装位置如图11-4所示,主要作用用来选择需要调节的后视镜及控制接通相应电动机电路,以控制相应的后视镜按驾驶人的选定的方向调整。

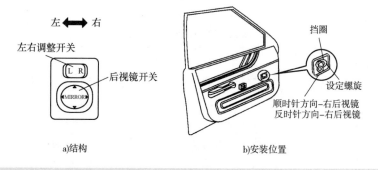

a) 结构   b) 安装位置

图11-4 电动后视镜操纵开关结构及安装位置

引导问题2 电动后视镜的控制电路及工作过程如何?

1 电动后视镜的控制电路

图11-5所示为典型轿车电动后视镜的控制电路。每个后视镜都用一个独立的开关控

制。操纵开关能使一个电动机单独工作,也可使两个电动机同时工作。电动后视镜开关中用实线框和虚线框分别表示操作时总开关内部的联动情况。

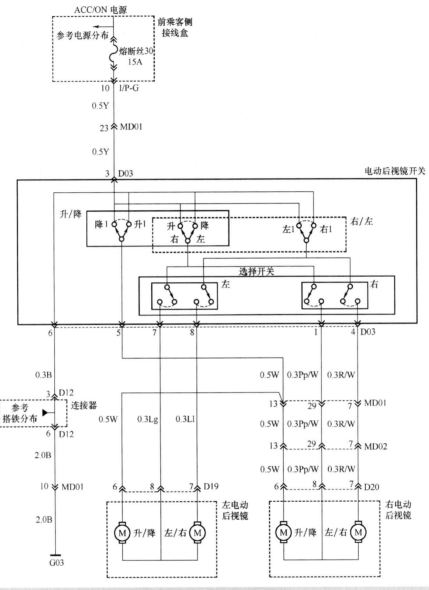

图11-5 典型电动后视镜电路图

2 工作过程分析

下面以一侧后视镜中一个电动机的工作情况来说明电动后视镜的工作过程。若要调节左后视镜垂直方向的倾斜程度,按下"升/降"按钮。

① 电动后视镜"升"的工作过程

当按下"升降"开关"升"按钮时,实线框"升/降"开关中的箭头开关均和"升"接通,此时电流的方向为:电源→熔断丝30→开关端子3→"升右"端子→选择开关中的"左"→端子

7→左电动后视镜连接端子8→"升/降"电动机→端子6→开关端子5→升1→左后视镜线束开关端子6→搭铁,形成回路,这时左后视镜向上倾斜。

❷ 电动后视镜"降"的工作过程

当按下"升降"开关"降"按钮时,实线框"升/降"开关中的箭头开关均和"降"接通,此时的电流方向为:电源→熔断丝30→开关端子3→降1→开关端子5→左电动后视镜连接端子6→"升/降"电动机→左电动后视镜连接端子8→开关端子7→选择开关中的"左"→"降左"端子→开关端子6→搭铁,形成回路,此时后视镜向相反的方向倾斜。

电动后视镜的左右运动的电路分析与此类似,此处不再赘述。

引导问题3 什么是带雨点清除装置的电动后视镜?

图11-6所示为带有超声波雨点清除装置的后视镜。在镜面内侧的压电振动子振动使雨点雾化,而加热板加热后除去镜面上的小雨点,保持后视镜表面光滑清晰。

引导问题4 什么是防炫目电动后视镜?

为防止车门后视镜在后方车辆前照灯的照射下产生眩光,妨碍驾驶人对后方的观察,继而出现了内后视镜,其利用镀铬材料,感知周围亮度与后方灯光的亮度,通过内后视镜中EC元件的电化学反应,使后视镜表面着色,以控制后视镜的反射率,如图11-7所示。

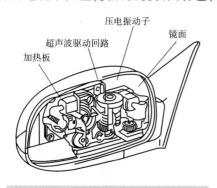
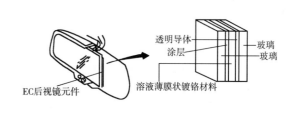

图11-6 带有超声波雨点清除装置的后视镜　　　图11-7 自动防炫目后视镜

引导问题5 如何分析卡罗拉乘用车电动后视镜电路图?

卡罗拉乘用车电动后视镜控制电路如图11-8所示。

引导问题6 电动后视镜无法调整的检修流程如何?

电动后视镜无法调整的检修流程如图11-9所示。

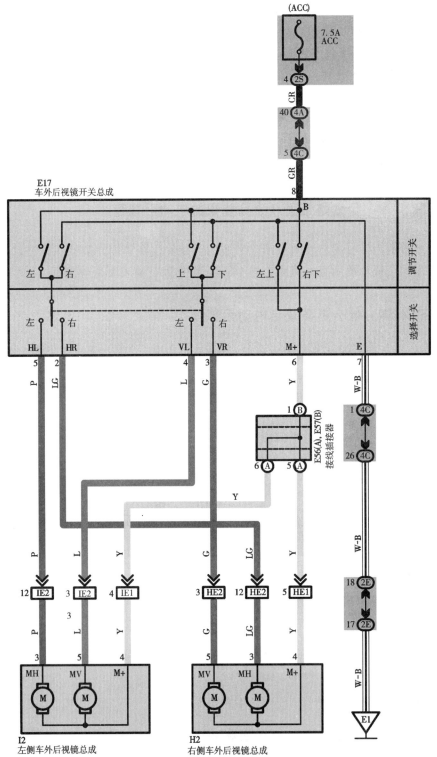

图11-8 卡罗拉乘用车电动后视镜电路图

学习任务十一　电动后视镜无法调整的检修

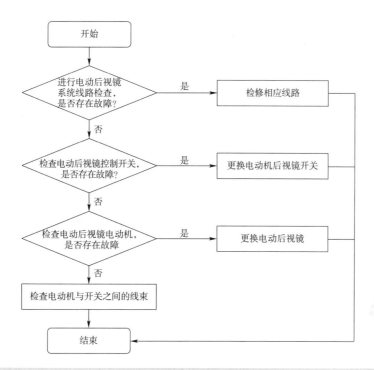

图11-9　电动后视镜无法调整的检修流程

二、实　施　作　业

引导问题7　作业需要哪些工具、设备和材料？

(1)组合工具、扭力扳手、钳子、螺丝刀。
(2)卡罗拉(1.6L)乘用车、万用表。
(3)磁力护裙、座椅套、转向盘套、变速杆手柄套和脚垫、保护性胶带。
(4)卡罗拉(1.6L)乘用车维修手册。

引导问题8　通过查询和查找，填写以下信息。

车辆生产年份＿＿＿＿＿＿，车牌号码＿＿＿＿＿＿，行驶里程＿＿＿＿＿＿，发动机型号及排量＿＿＿＿＿＿，车辆识别代码(VIN)＿＿＿＿＿＿。

引导问题9　如何检查电动后视镜供电线路？

(1)拔下ACC熔断丝(7.5A)，用万用表检查熔断丝是否损坏，如果损坏则更换。
(2)插上完好的熔断丝，将点火开关置于"ON"挡，用万用表测量熔断丝两端电压，应为蓄电池电压。如果无电压或电压值不符合规定,检查供电线路。

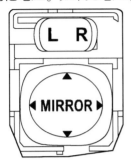

（3）拆下电动后视镜开关线束插接器,将点火开关置于"ON"挡,用万用表测量线束插接器 5 号端子电压,应为蓄电池电压。用万用表测量 7 号端子与车身搭铁之间电阻,应小于 1Ω。如果测量值与规定值不相符,则说明电动后视镜线束存在故障。

引导问题 10 ▶ 如何检查电动后视镜开关？

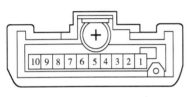

图 11-10　电动后视镜开关端子示意图

拆下电动后视镜开关,断开线束插接器,其端子如图 11-10 所示。用万用表根据表 11-1 和表 11-2 的方法对电动后视镜开关进行检查,如果检查结果与规定值不相符,则更换电动后视镜开关。

当后视镜左/右调节开关在 L 位时,对电动后视镜开关的检查见表 11-1。

当后视镜左/右调节开关在 R 位时,对电动后视镜开关的检查见表 11-2。

电动后视镜开关检查表　　　　　　　　　　表 11-1

测量端子	测量条件	规定值
4 与 8	UP	小于 1Ω
6 与 7	OFF	大于 10kΩ 或更大
4 与 7	DOWN	小于 1Ω
6 与 8	OFF	大于 10kΩ 或更大
5 与 8	LEFT	小于 1Ω
6 与 7	OFF	大于 10kΩ 或更大
5 与 7	RIGHT	小于 1Ω
6 与 8	OFF	大于 10kΩ 或更大

电动后视镜开关检查表　　　　　　　　　　表 11-2

测量端子	测量条件	规定值
3 与 8	UP	小于 1Ω
6 与 7	OFF	大于 10kΩ 或更大
3 与 7	DOWN	小于 1Ω
6 与 8	OFF	大于 10kΩ 或更大
2 与 8	LEFT	小于 1Ω
6 与 7	OFF	大于 10kΩ 或更大
2 与 7	RIGHT	小于 1Ω
6 与 8	OFF	大于 10kΩ 或更大

引导问题 11 如何检查电动后视镜总成?

1 检查电动后视镜电动机

拆下电动后视镜,断开后视镜线束插接器,其端子如图 11-11 所示。对电动后视镜相应端子施加蓄电池电压,检查后视镜的工作情况,具体的检查方法见表 11-3。如果检查情况与规定状态不相符,则更换电动后视镜总成。

电动后视镜检查表　　　　　　　　　　　　　　　　　表 11-3

测量条件	规定状态	测量条件	规定状态
蓄电池正极(+)接端子 5 蓄电池负极(-)接端子 4	上翻	蓄电池正极(+)接端子 3 蓄电池负极(-)接端子 4	左转
蓄电池正极(+)接端子 4 蓄电池负极(-)接端子 5	下翻	蓄电池正极(+)接端子 4 蓄电池负极(-)接端子 3	右转

2 检查电动后视镜加热器

❶ 检查电阻

用万用表根据表 11-4 的内容检查电动后视镜加热器电阻值。如果测量值与规定值不相符,则更换电动后视镜总成。

❷ 工作情况检查

将蓄电池正极接端子 1,负极接端子 2,检查后视镜是否变暖。如果不变暖,则更换电动后视镜总成。

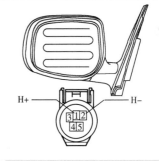

图 11-11　电动后视镜端子示意图

电动后视镜加热器电阻检查表　　　　　　　　　　　　表 11-4

测量端子	测量条件	规定值
1 与 2	25℃	7.6~11.4Ω

引导问题 12 如何更换电动后视镜?

电动后视镜相关部件的分解如图 11-12 和图 11-13 所示。

1 拆卸

(1)拆卸车门内把手框(图 9-22)。

(2)拆卸前扶手座上板(图 9-23)。

(3)拆卸前门装饰板分总成(图 9-25~图 9-28)。

(4)拆卸前门下门框支架装饰条(图 9-30)。

(5)拆卸带盖的车外后视镜总成。如图 11-14 所示,断开插接器,拆下三个螺栓,拆下带盖的外后视镜总成。

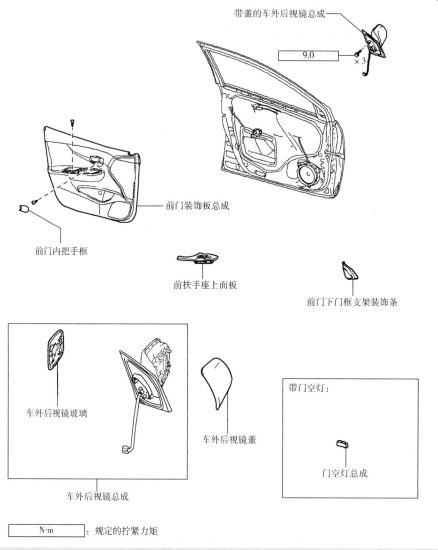

图 11-12 电动后视镜相关部件分解图(一)

(6)拆卸车外后视镜玻璃。

①将保护性胶带贴到车门后视镜的遮阳板底部,推动后视镜镜面的上部,使其倾斜,用防护条拆卸工具脱开2个卡爪,如图11-15所示。

②脱开车外后视镜上部的2个导销,如图11-16所示。

③断开线束插接器,并拆下车外后视镜玻璃,如图11-17所示。

(7)拆卸车外后视镜盖。如图11-18所示,脱开7个卡爪,并将车外后视镜盖从带盖的车外后视镜总成上拆下。

2 安装

(1)安装车外后视镜盖(图11-18)。接合7个卡爪,将车外后视镜盖安装至带盖的后视镜总成上。

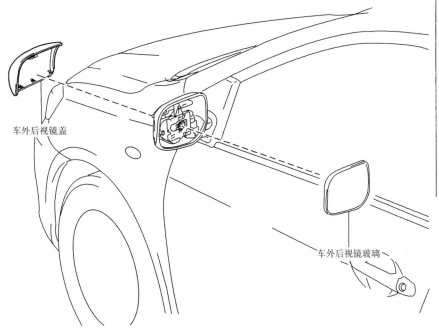

图 11-13 电动后视镜相关部件分解图(二)

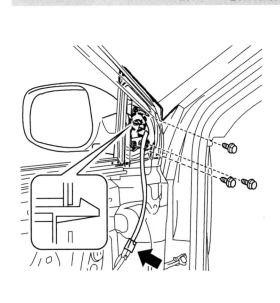

图 11-14 拆下电动后视镜总成

图 11-15 后视镜玻璃拆卸(一)

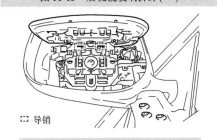

图 11-16 后视镜玻璃拆卸(二)

(2)安装车外后视镜玻璃(图 11-17~图 11-15)。连接插接器,将车外后视镜上部的两个导销接合到车外后视镜上,再将车外后视镜下部的 2 个卡爪接合到车外后视镜上。

(3)安装带盖的车外后视镜总成(图 11-14)。接合卡爪,并暂时安装带盖的车外后视镜总成,安装 3 个螺栓。

(4)安装前门下门框支架装饰条(图 9-30)。

(5) 安装前门装饰板分总成(图9-28~图9-25)。
(6) 安装前门扶手座上板(图9-23)。
(7) 安装车门内把手总成(图9-22)。

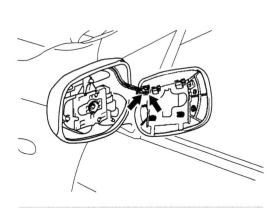

图11-17 后视镜玻璃拆卸(三)

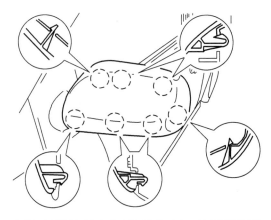

图11-18 拆卸后视镜盖

三、评价与反馈

(1) 对本学习任务进行评价,见表11-5。

评 分 表 表11-5

考核项目	评分标准	分数	学生自评	小组互评	教师评价	小计
团队合作	是否协调	5				
活动参与	是否积极主动	5				
安全生产	有无安全隐患	10				
现场5S	是否做到	10				
任务方案	是否正确、合理	15				
操作过程	检查电动后视镜线路; 检查电动后视镜控制开关; 检查电动后视镜调节电动机; 更换电动后视镜总成	30				
任务完成情况	是否圆满完成	5				
工具和设备使用	是否规范、标准	10				
劳动纪律	是否能严格遵守	5				
工单填写	是否完整、规范	5				
	总分	100				
教师签名:			年 月 日		得分	

(2)在实施作业时每一个安全事项都注意到了吗?如果没有,找出忽略的地方和原因。

(3)能否向车主解释故障诊断及排除的过程?如果不能,分析原因并提出改进措施。

四、学习拓展

(1)查阅别克凯越(1.6L)乘用车维修手册,比较凯越(1.6L)乘用车电动后视镜与卡罗拉(1.6L)乘用车电动后视镜在结构和功能上有什么不同。

(2)查阅别克凯越(1.6L)乘用车维修手册,根据卡罗拉乘用车电动后视镜无法调整的检修流程制定凯越(1.6L)乘用车电动后视镜无法调整的检修流程。

(3)查阅凯越(1.6L)乘用车维修手册,根据卡罗拉(1.6L)乘用车电动后视镜的拆装工艺制定凯越(1.6L)乘用车电动后视镜的拆装工艺。

学习任务十二

中控门锁系统失效的检修

学习目标

完成本学习任务后,你应能:
1. 正确描述中控门锁系统的功用;
2. 掌握中控门锁系统的组成及工作过程;
3. 正确分析中控门锁系统的电路图;
4. 掌握中控门锁系统失效的检修流程;
5. 掌握中控门锁系统的检修方法。

 建议完成本学习任务的时间为 10 课时。

 学习任务描述

一辆卡罗拉(1.6L)手动挡乘用车中控门锁失效,到维修站检修。经技术人员分析,可能为中控门锁系统开关、电动机或线路有故障,需要对中控门锁系统元件及线路进行检查或维修。

学习任务十二 中控门锁系统失效的检修

 学习内容

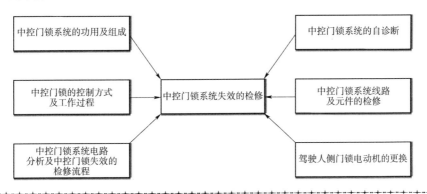

一、资料收集

引导问题1 中控门锁有何功用？

中央控制门锁简称中控门锁。为了提高汽车使用的便利性和行车的安全性,现代汽车越来越多地安装中控门锁。当驾驶人锁住其身边的车门时,其他车门也同时锁住,驾驶人可通过门锁开关同时打开各个车门,也可单独打开某个车门。当行车速度达到一定时,各个车门能自行锁上,防止乘员误操作车门把手而导致车门打开。除在驾驶人身边车门以外,还在其他门设置单独的弹簧锁开关,可独立地控制一个车门的打开和锁住。

中控门锁具有以下功能。

(1)单独控制功能。在车内个别车门需打开时,可分别拉开各自的锁扣,也可由驾驶人操纵门锁控制开关开启车门。

(2)后车门儿童安全锁止功能。只有当中控门锁系统在开锁状态时,儿童安全锁闩才能退出,以防止车内儿童擅自打开车门(有的车锁是当儿童安全锁闩拨到锁止位置时,在车内用内锁扣不能开门,而在车外用外锁扣可以开门)。

(3)中央控制锁止功能。当驾驶人车门锁扣按下时,能同时锁止其他几个车门及行李舱门;当驾驶人车门锁扣拉起时,能同时打开其他几个车门及行李舱门;用钥匙开门,也可实现所有车门同时打开。

(4)钥匙占用预防功能。钥匙插入点火开关中未拔出,即使驾驶人侧的内部锁止开关在锁止位置时,关上车门后,所有车门也会自动打开。防止钥匙遗忘在车内而车门被锁住。

(5)防盗功能。配合防盗系统,实现汽车防盗。

(6)速度控制功能。当车速达到一定时,能自动将所有的车门锁锁定。

引导问题2 中控门锁系统由哪些部件组成？

中央门锁控制系统一般都由门锁控制开关(门锁控制开关、钥匙操纵开关、行李舱开启开关)、门锁执行机构(门锁总成、行李舱开启器)、门锁控制器及控制电路等组成,各部件在车上的安装位置如图12-1所示。

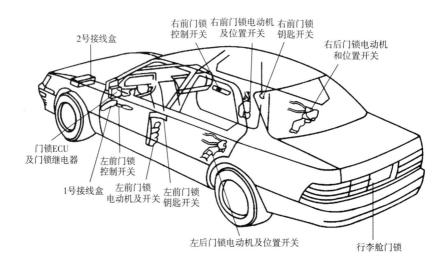

图12-1 中控门锁系统各部件在车上的安装位置

1 控制开关

1 门锁控制开关

门锁控制开关一般安装在驾驶人侧前门的扶手上,如图12-2所示。通过门锁控制开关可以同时锁上或打开所有的车门,将开关推向前门是锁门,推向后门是开门。

2 钥匙控制开关

钥匙控制开关安装在左前门和右前门的外侧门锁上,当从外面用钥匙开门和锁门时,钥匙控制开关便发出开门或锁门的信号给门锁 ECU。钥匙控制开关的安装位置如图12-3所示。

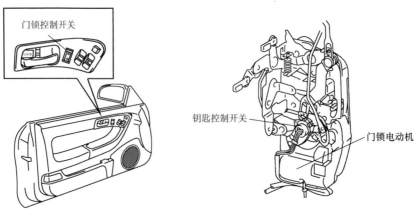

图12-2 门锁控制开关的安装位置　　图12-3 钥匙控制开关的安装位置

③ 门锁位置开关

门锁位置开关位于门锁总成内，用来检测车门的锁紧状态，它由一个触点片和一个开关底座组成。当锁杆推向锁门位置时，位置开关断开，而推向开门位置时接通。当车门关闭时，此开关断开；当车门打开时，此开关接通，图12-4为门锁位置开关在车门锁紧和打开时的状态。

④ 行李舱门开启器开关

行李舱门开启器开关一般位于仪表板下面或驾驶人座椅左侧车厢底板上，拉动此开关便能打开行李舱门，如图12-5所示。行李舱的钥匙门靠近其开启器，推压钥匙门，断开行李舱内主开关，此时再拉开启器开关也不能打开行李舱门。将钥匙插进钥匙门内顺时针旋转打开钥匙门，主开关接通，这样便可用行李舱门开启器打开行李舱。

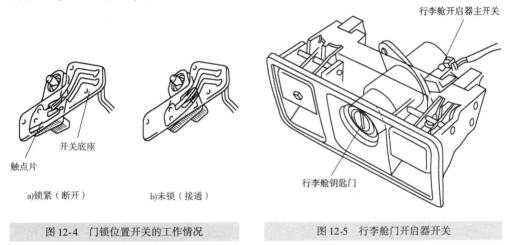

图12-4　门锁位置开关的工作情况　　　图12-5　行李舱门开启器开关

2 门锁执行机构

执行机构主要是指车门门锁、车门门锁传动机构、车门门锁驱动装置和行李舱开启器。

① 车门门锁及门锁传动机构

车门门锁及门锁传动机构主要由车门按钮、连接杆、门锁开关、车门锁芯、钥匙、锁杆、门锁锁扣等组成，如图12-6所示。

其工作过程是：当用钥匙插入车门锁芯后，门锁开关电路接通，使执行机构动作驱动连接杆（或直接扳动车门按钮，拉动连接杆），使门锁锁扣进行开启或锁止。

② 车门门锁驱动装置

车门门锁驱动装置是指车门锁止（或开启）的动力装置，常见的有电动式和电磁式两种。

（1）电动式。图12-7所示是电动式车门门锁驱动装置，它由双向永磁电动机及齿轮和齿条等组成，电动机旋转带动齿条伸出或缩回完成车门锁止（或开启）。

（2）电磁式。图12-8所示的是电磁式车门门锁驱动装置，其工作原理是分别对锁止车门线圈和开启车门线圈进行通电，即可锁止或开启车门。

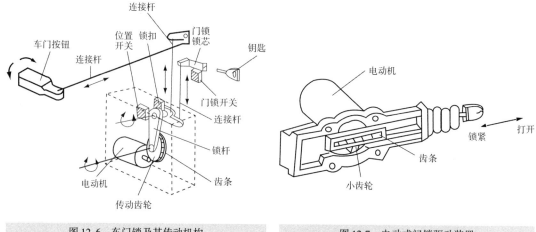

图 12-6 车门锁及其传动机构　　　　图 12-7 电动式门锁驱动装置

❸ 行李舱门开启器

行李舱门开启器装在行李舱门上,一般用电磁线圈代替电动机,由轭铁、插棒式铁芯、电磁线圈和支架组成,如图 12-9 所示。当电磁线圈通电时,插棒式铁芯将轴拉入并打开行李舱门。

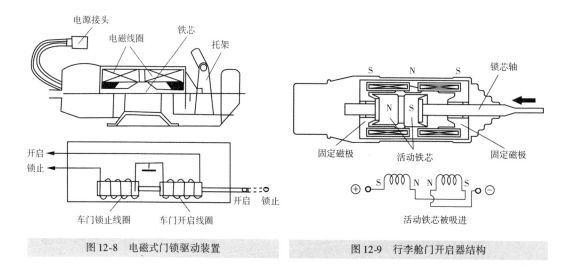

图 12-8 电磁式门锁驱动装置　　　　图 12-9 行李舱门开启器结构

3 门锁控制器

为门锁执行机构提供锁门/开门脉冲电流的控制装置称为门锁控制器。门锁控制器常用形式有继电器式、集成电路(IC)-继电器式和电脑(ECU)控制式。

引导问题3　中控门锁的控制方式有哪些?工作过程如何?

中控门锁按控制方式可分为继电器控制、集成电路(IC)-继电器控制式和电脑(ECU)控制式三种。

1 继电器控制方式

继电器控制方式的中控门锁系统的基本工作原理如图 12-10 所示。当门锁开关置于锁止位置时,锁门继电器线圈通电,触点闭合,执行机构工作,将所有的车门锁止;当门锁开关置于开启位置时,开启继电器线圈通电,触点闭合,执行机构工作,将所有的门锁开启。在带有自动门锁的汽车上,设有速度传感器和电子控制线路,当汽车车速达到设定数值时(相当于图示中的附加功能开关,输入一个较高的车速电信号),电子控制电路使锁门继电器线圈通电,锁止所有的车门。

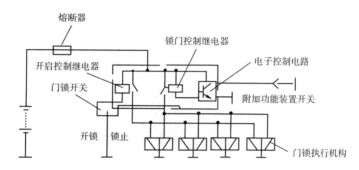

图 12-10 继电器控制方式的中控门锁系统电路原理图

2 集成电路(IC)-继电器式

图 12-11 所示为集成电路(IC)-继电器控制的中控门锁系统电路。门锁控制器由一块集成电路(IC)和两个继电器组成,IC 电路可以根据各种开关发出的信号来控制两个继电器的工作。此电路中的 D 和 P 代表驾驶人侧和副驾驶人侧。

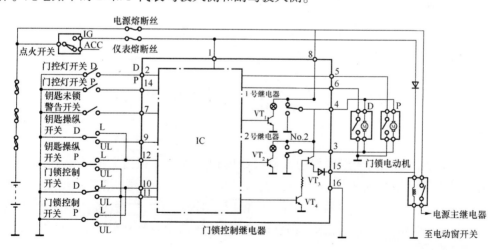

图 12-11 集成电路(IC)-继电器控制的中控门锁电路

1 锁门控制过程

将门锁控制开关推向锁门(LOCK)一侧时,门锁继电器的端子 10 通过门锁控制开关搭铁,将 VT_1 导通。当 VT_1 导通时,电流流至 1 号继电器线圈,1 号继电器开关闭合,电流流至门锁电动机,所有车门均被锁住。

❷ 开锁控制过程

将门锁控制开关推向开锁(UNLOCK)一侧时,门锁继电器的端子 11 通过门锁控制开关搭铁,将 VT_2 导通。当 VT_2 导通时,电流流至 2 号继电器线圈,2 号继电器开关闭合,电流反向通过门锁电动机,所有的车门打开。

3 电脑控制式

图 12-12 所示为电脑控制式中控门锁系统的控制电路。下面分析其工作过程和基本工作原理。

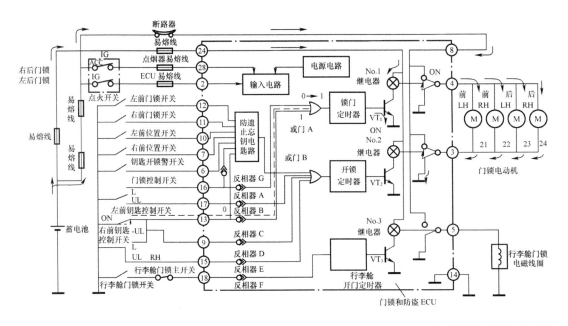

图 12-12 电脑控制式中控门锁系统电路

❶ 锁门控制过程

当把钥匙插入驾驶人侧或副驾驶人侧门锁的锁芯内并向锁门方向转动时,钥匙控制开关将锁门侧(L)接通,防盗和门锁 ECU 的端子 13 与搭铁端接通,相当于开关向 ECU 输入锁门信号。此信号经过反相器 C、或门 A、锁门定时器,使晶体管 VT_1(起开关作用)导通,从而使继电器 No.1 通电,接通了门锁电动机电路,门锁电动机转动,将四个门锁全部锁上。

❷ 开锁控制过程

当将钥匙插入驾驶人侧或副驾驶人侧门锁锁芯内并向开锁方向转动时,钥匙控制开关向开门(UNLOCK)侧接通,防盗和门锁 ECU 的 9 号端子与搭铁之间接通,即开关向 ECU 输入一个开锁请求信号。此信号经过反相器 D、或门 B、开锁定时器,使晶体管 VT_2 导通。继电器 No.2 通电使其触点闭合,接通了门锁电动机电路,门锁电动机反向转动,将四个门锁全部打开。

引导问题 4 ▶ 什么是无线遥控门锁装置?

无线遥控门锁装置就是用一个遥控发射器在一定距离内完成对汽车车门开闭装置的执行器进行遥控的装置,可为驾驶人提供一个打开车门的方便手段。图 12-13 为遥控发射器钥匙的外形图。

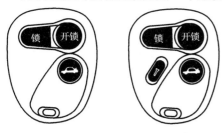

图 12-13 遥控发射器的外形图

无线遥控门锁系统工作原理示意图如图12-14所示。无线遥控门锁的基本原理是通过遥控门锁的发射器发出微弱电波,此电波由汽车天线接收后送至中控门锁系统中的 ECU 进行识别对比,若识别对比后的代码一致,ECU 将把信号送至执行器来完成相应的动作。

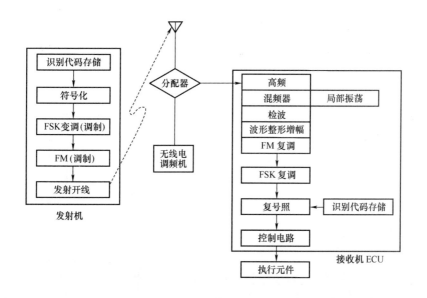

图 12-14 无线遥控门锁系统工作原理示意图

引导问题 5 ▶ 如何分析卡罗拉乘用车中控门锁系统电路?

卡罗拉乘用车中控门锁系统电路如图 12-15 ~ 图 12-17 所示。

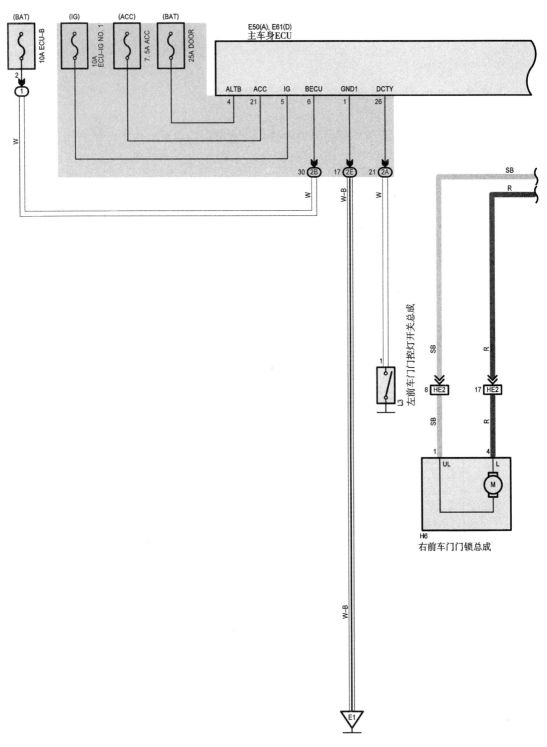

图 12-15 卡罗拉乘用车中控门锁系统电图(一)

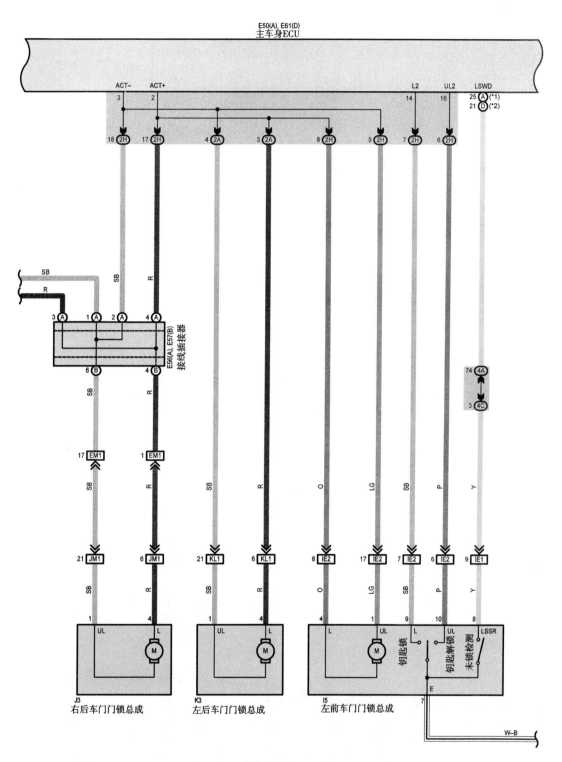

图 12-16 卡罗拉乘用车中控门锁系统电图(二)

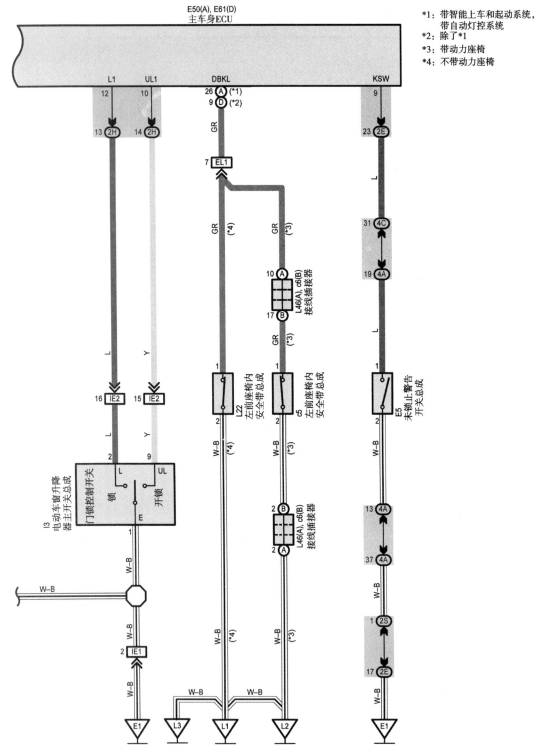

图 12-17 卡罗拉乘用车中控门锁系统电图(三)

引导问题6　中控门锁失效的检修流程如何？

中控门锁失效的检修流程如图12-18所示。

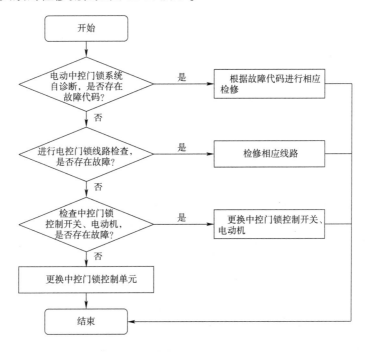

图12-18　中控门锁失效的检修流程

二、实　施　作　业

引导问题7　作业需要哪些工具、设备和材料？

（1）组合工具、扭力扳手、钳子、螺丝刀。
（2）卡罗拉（1.6L）乘用车、智能检测仪、万用表。
（3）磁力护裙、座椅套、转向盘套、变速杆手柄套和脚垫、保护性胶带、通用润滑脂。
（4）卡罗拉（1.6L）乘用车维修手册。

引导问题8　通过查询和查找，填写以下信息。

车辆生产年份＿＿＿＿＿＿，车牌号码＿＿＿＿＿＿，行驶里程＿＿＿＿＿＿，发动机型号及排量＿＿＿＿＿＿，车辆识别代码（VIN）＿＿＿＿＿＿。

引导问题9　如何进行中控门锁系统自诊断？

1 检查 DTC

（1）将智能检测仪连接到 DLC3。
（2）将点火开关置于"ON"挡。
（3）按检测仪提示检查 DTC。

2 清除 DTC

（1）将智能检测仪连接到 DLC3。
（2）将点火开关置于"ON"挡。
（3）按检测仪提示清除 DTC。
（4）检查并确认检测仪显示"DTCS are clear"。

引导问题10　如何检查中控门锁系统线路？

对中控门锁系统进行线路检查时，可按以下步骤进行。

1 检查熔断丝及电源线路

（1）拔下熔断丝，用万用表检查熔断丝是否损坏，如果损坏则更换。
（2）插上完好的熔断丝，然后将点火开关置于"ON"挡，用万用表测量熔断丝两端电压，应为蓄电池电压。如果无电压或电压值不符合规定，更换熔断丝或检查供电线路。

图12-19　中控门锁主开关线束端子示意图

2 检查中控门锁控制开关线路

1 检查中控门锁控制开关侧线束

断开中控门锁控制开关线束插接器 I3，其端子如图 12-19 所示。根据表 12-1 的内容测量各端子，如果测量结果与规定值不相符，则说明线束侧存在故障。

中控门锁主开关线束检查表　　　　　　　表 12-1

测量端子	测量条件	规定值
6 与 1	万用表直流 20V 挡	11～14V
1 与车身搭铁	万用表 200Ω 挡	小于 1Ω
2 与 1	使用钥匙操作驾驶人侧门锁锁芯至 LOCK→UNLOCK	小于 1Ω→10kΩ 或更大
9 与 1	使用钥匙操作驾驶人侧门锁锁芯至 LOCK→UNLOCK	1 小于 1Ω→10kΩ 或更大

❷ 检查中控门锁控制开关

拆下中控门锁控制开关,根据表 12-2 的内容测量开关各端子,如果测量结果与规定值不相符,则更换中控门锁控制开关。

中控门锁控制开关的检查表　　　　表 12-2

测量端子	测量条件	规 定 值
1 与 2	锁止	小于 1Ω
1 与 2 1 与 9	OFF(松开)	10kΩ 或更大
1 与 9	解锁	小于 1Ω

❸ 检查中控门锁控制开关与仪表板之间的线路

断开中控门锁控制开关线束插接器 I3 和仪表板线束插接器 2H,插接器端子如图 12-20 所示。用万用表测量各端子的连接情况,具体测量方法见表 12-3。如果测量结果与规定值不相符,则说明中控门锁控制开关线路存在故障。

中控门锁控制开关与仪表板之间的线路检查表　　　　表 12-3

测量端子	测量条件	规 定 值
I3-2 与 2H-13	万用表 200Ω 挡	小于 1Ω
I3-9 与 2H-14	万用表 200Ω 挡	小于 1Ω
I3-1 与车身搭铁	万用表 200Ω 挡	小于 1Ω
2H-13 与车身搭铁	万用表 20kΩ 挡	10kΩ 或更大
2H-14 与车身搭铁	万用表 20kΩ 挡	10kΩ 或更大

❸ 检查车门钥匙联动锁止/解锁开关与仪表板之间的线路

断开中控门锁车门钥匙联动锁止/解锁开关与仪表板之间的线束插接器,插接器端子如图 12-21 所示。用万用表测量各端子的连接情况,具体测量方法见表 12-4。如果测量结果与规定值不相符,则说明中控门锁车门钥匙联动锁止/解锁开关线路存在故障。

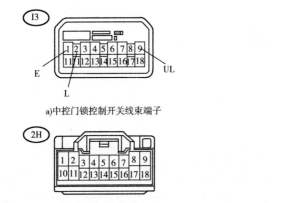

图 12-20　中控门锁控制开关与仪表板之间线束端子示意图　　　　图 12-21　锁止/解锁开关与仪表板之间线束端子示意图

车门钥匙联动锁止/解锁开关与仪表板之间的线路检查表　　　表 12-4

测量端子	测量条件	规定值
I5-9 与 2H-7	万用表 200Ω 挡	小于 1Ω
I5-10 与 2H-6	万用表 200Ω 挡	小于 1Ω
2H-7 与车身搭铁	万用表 20kΩ 挡	10kΩ 或更大
2H-6 与车身搭铁	万用表 20kΩ 挡	10kΩ 或更大

4 检查驾驶人侧前门锁总成

拆下驾驶人侧前门锁总成，对前门门锁进行检查。前门门锁总成插接器端子如图 12-22 所示。

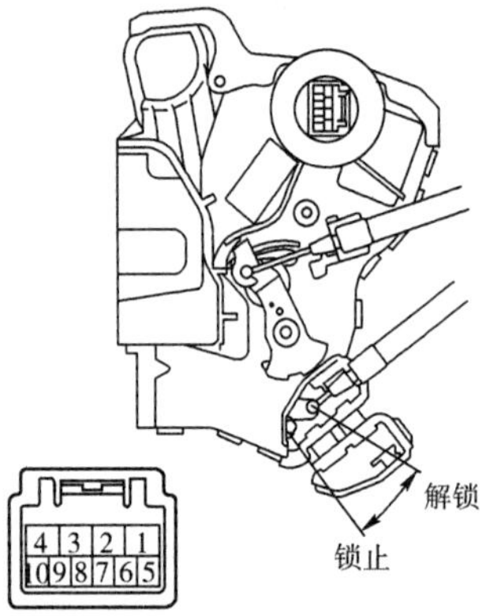

1 检查门锁电动机

根据表 12-5 的内容检查门锁电动机，如果检查结果与规定状态不相符，则更换门锁总成。

2 检查车门钥匙联动开关

根据表 12-6 的内容，检查车门钥匙联动开关，如果检查的结果与规定值不相符，则更换门锁总成。

3 检查门锁位置开关

根据表 12-7 所示的内容，检查门锁位置开关，如果检查的结果与规定值不相符，则更换门锁总成。

图 12-22　驾驶人侧门锁端子示意图

门锁电动机的检查表　　　表 12-5

测量条件	规定状态	测量条件	规定状态
蓄电池正极接端子 4 蓄电池负极接端子 1	锁止	蓄电池正极接端子 1 蓄电池负极接端子 4	解锁

车门钥匙联动开关的检查表　　　表 12-6

测量端子	测量条件	规定值
7 与 9	ON（门锁设置为锁止）	小于 1Ω
7 与 9 7 与 10	OFF（松开）	10kΩ 或更大
7 与 10	ON（门锁设置为解锁）	小于 1Ω

门锁位置开关的检查表　　　表 12-7

测量端子	测量条件	规定值	测量端子	测量条件	规定值
7 与 8	蓄电池正极(+)接端子 4 蓄电池负极接端子 1	10kΩ 或更大	7 与 8	蓄电池正极(+)接端子 1 蓄电池负极接端子 4	小于 1Ω

引导问题 11　如何更换驾驶人侧前门锁总成?

驾驶人侧前门门锁总成相关部件的分解如图 12-23 和图 12-24 所示。

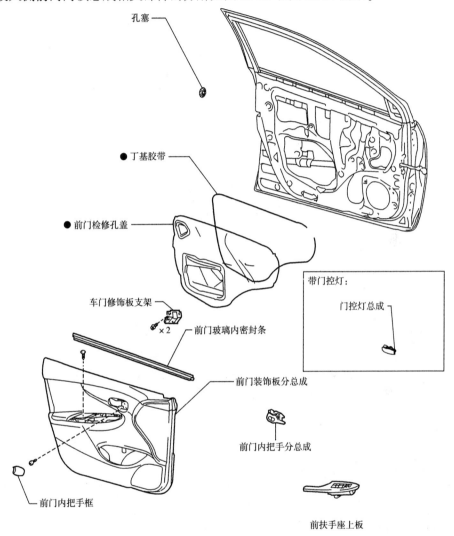

● 不可重复使用零件

图 12-23　驾驶人侧前门锁总成相关部件的分解图(一)

1 拆卸

(1)拆卸前门内把手框。
(2)拆卸前扶手座上板。

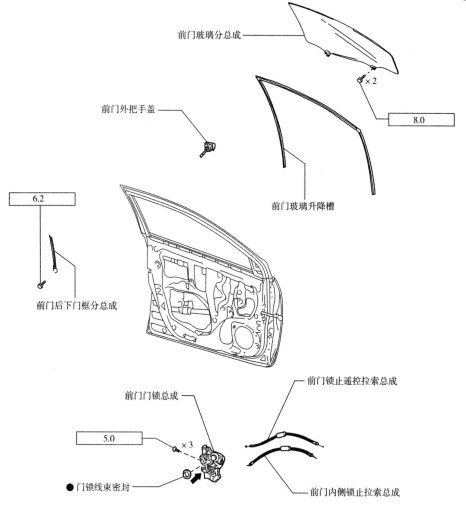

图 12-24 驾驶人侧前门锁总成相关部件的分解图(二)

(3)拆卸前门装饰板分总成。
(4)拆卸前门内把手分总成。
(5)拆卸前门玻璃内密封条。
(6)拆卸车门内装饰板支架。
(7)拆卸前门检修孔盖。
(8)拆卸前门玻璃分总成。
(9)拆卸前门玻璃升降槽,如图 12-25 所示。

(10)拆卸前门后下门框分总成。如图12-26所示,拆下螺栓并拆下前门后下门框分总成。

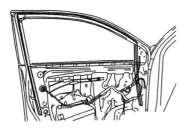
图12-25 拆卸前门玻璃升降槽

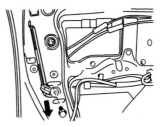
图12-26 拆卸前门后下门框分总成

(11)拆卸前门外把手盖。如图12-27所示,拆下孔塞,用"TORX"梅花套筒扳手(T30)松开螺钉,然后将前门外把手盖和车门锁芯作为一个总成拆下。

(12)拆卸前门门锁总成。如图12-28所示,用"TORX"梅花套筒扳手(T30)拆下3个螺钉,向下滑动前门门锁总成,并将前门锁开启杆从外把手框中拉出,然后将前门门锁总成和拉索作为一个单元拆下。将前门锁开启杆从前门门锁总成上拆下。将门锁线束密封从前门门锁总成上拆下。

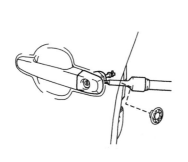
图12-27 拆卸前门外把手盖

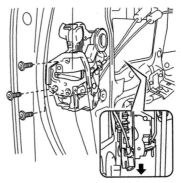
图12-28 拆卸前门门锁总成

(13)拆卸前门锁止遥控拉锁总成(图12-29)。

(14)拆卸前门内侧锁止拉索总成。

①如图12-30所示,用头部缠有胶带的螺丝刀分离3个卡爪。

图12-29 拆卸前门锁止遥控拉锁总成

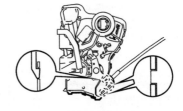
图12-30 拆卸前门内侧锁止拉索总成(一)

②如图12-31所示,拆下前门内侧锁止拉索总成。

2 安装

（1）安装前门内侧锁止拉锁总成（图12-31和图12-30），接合3个卡爪。

（2）安装前门锁止遥控拉锁总成（图12-29）。

图12-31 拆卸前门内侧锁止拉索总成（二）

（3）安装前门门锁总成（图12-28）。

①将通用润滑脂涂抹在前门门锁总成的滑动零件上。

②将一个新的门锁线束密封安装到前门门锁总成上。

③将前门锁开启杆插入前门门锁总成，确保前门锁开启杆牢固地连接到前门门锁总成上。

④用"TORX"梅花套筒扳手（T30）和3个螺钉安装前门门锁总成。

（4）安装前门外把手盖（图12-27）。

（5）安装前门后下门框总成（图12-26）。

（6）安装前门玻璃升降槽（图12-25）。

（7）安装前门玻璃分总成。

（8）安装前门检修孔盖。

（9）安装车门装饰板支架。

（10）安装前门玻璃内密封条。

（11）安装前门内把手分总成。

（12）安装前门装饰板分总成。

（13）安装前扶手座上板。

（14）安装前门内扶手框。

三、评价与反馈

（1）对本学习任务进行评价，见表12-8。

评 分 表 表12-8

考核项目	评分标准	分数	学生自评	小组互评	教师评价	小计
团队合作	是否协调	5				
活动参与	是否积极主动	5				
安全生产	有无安全隐患	10				
现场5S	是否做到	10				
任务方案	是否正确、合理	15				
操作过程	中控门锁自诊断；中控门锁线路及元件检查；更换门锁电动机总成	30				

续上表

考核项目	评分标准	分数	学生自评	小组互评	教师评价	小计
任务完成情况	是否圆满完成	5				
工具和设备使用	是否规范、标准	10				
劳动纪律	是否能严格遵守	5				
工单填写	是否完整、规范	5				
总分		100				
教师签名：			年 月 日		得分	

(2) 在实施作业时每一个安全事项都注意到了吗？如果没有，找出忽略的地方和原因。

(3) 能否向车主解释故障诊断及排除的过程？如果不能，分析原因并提出改进措施。

四、学习拓展

(1) 查阅科鲁兹(1.6L)乘用车维修手册，比较卡罗拉(1.6L)乘用车和科鲁兹(1.6L)乘用车中控门锁系统组成结构有什么不同。

(2) 查阅科鲁兹(1.6L)乘用车维修手册，制定科鲁兹(1.6L)乘用车中控门锁失效的检修流程。

(3) 查阅科鲁兹(1.6L)乘用车维修手册，根据卡罗拉(1.6L)乘用车门锁总成的拆装工艺制定科鲁兹(1.6L)乘用车门锁总成的拆装工艺。

参 考 文 献

[1] 明光星,李培军.汽车电器实训教程[M].北京:中国人民大学出版社,2010.
[2] 纪光兰.汽车电器设备构造与维修[M].北京:机械工业出版社,2009.
[3] 张宗荣.汽车电气系统检修[M].北京:人民交通出版社,2009.
[4] 毛峰.汽车电器设备与维修[M].北京:机械工业出版社,2005.
[5] 朱军.汽车电器常见维修项目实训教材[M].北京:人民交通出版社,2009.
[6] 赵凤杰.汽车电气设备构造与维修[M].北京:人民交通出版社,2005.
[7] 蔡北勤.汽车车身电器维修工作页[M].北京:人民交通出版社,2008.
[8] 杜文工.汽车发动机电器维修工作页[M].北京:人民交通出版社,2007.
[9] 颜培钦.汽车车身电气设备系统及附属电气设备[M].西安:西安电子科技大学出版社,2009.
[10] 寒小平,麻有良.汽车电器与电子技术[M].北京:人民交通出版社,2006.
[11] 上海通用汽车公司.科鲁兹汽车维修手册.